Cynthia Bourgeault

Die Heilige Dreifaltigkeit und das Gesetz der Drei

Cynthia Bourgeault

Die Heilige Dreifaltigkeit und das Gesetz der Drei

Der Schlüssel zum Geheimnis des Christentums

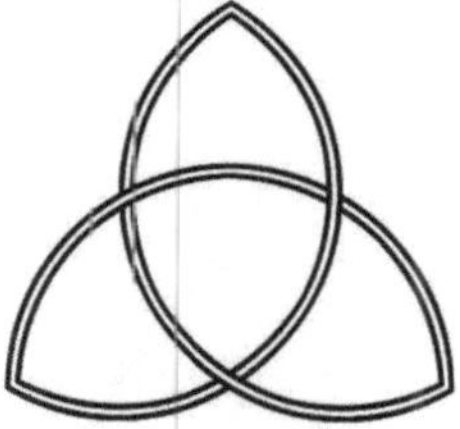

Aus dem Englischen
von Helga Jacobsen und
Robert Cathomas

Chalice Verlag

Die Originalausgabe erschien
2013 bei Shambhala Publications, Inc., Boulder,
unter dem Titel *The Holy Trinity and the Law of Three*

Deutsche Erstausgabe

Buchgestaltung: Robert Cathomas
Herstellung: BoD – Books on Demand GmbH
Printed in Germany

ISBN 978-3-942914-45-1

Inhalt

Für
Helen Daly (1952–2012),
eine wahre Weisheitsfinderin,

und für

Rafe,
immer und überall

Dank

Ein Buch, das von meiner Lebenszeit derart viel in Anspruch genommen hat, hinterlässt zwangsläufig eine breite Schneise der Dankbarkeit. Der erste Entwurf dessen, was schließlich zum Teil drei seines Inhalts wurde, entstand, als ich im Winter 1999/2000 am Contemplative Centre auf der Insel Salt Spring in British Columbia lebte und arbeitete. Der Rest des Buches strömte erst zwölf Jahre später während eines sechsmonatigen Sabbaticals auf Eagle Island, Maine, zusammen. Zwischen damals und heute traf ich Hunderte von Schülerinnen und Schülern sowie unzählige Lehrerinnen und Lehrer, machte lockere Zufallsbekanntschaften, verschlang Bücher, führte Gespräche und saß viele, viele Stunden auf dem Meditationskissen – all dies hat zum vorliegenden Ergebnis beigetragen und für alles bin ich von Herzen dankbar.

Ich hatte das Glück, mit drei der brillantesten christlichen Mystikern unserer Zeit zusammenarbeiten zu dürfen – Bruno Barnhart, Beatrice Bruteau und Raimon Panikkar –, die alle einen wesentlichen Beitrag zu dieser Arbeit geleistet haben. Bruno Barnhart war fast dreißig Jahre lang mein Mentor, und seine schönen Erkenntnisse und der rege Schriftverkehr mit ihm während der Entstehungsphase dieses Buches waren ein außerordentliches Geschenk.

Ebenso dankbar bin ich meinen Lehrerinnen und Lehrern in der Gurdjieff-Arbeit; insbesondere sind hier Elsa Denzey und Jyri Paloheimo zu nennen, die mich unter ihre Fittiche nahmen, unerschütterlich daran glaubten, dass ich es irgendwann »schon verstehen werde«, und mir zeigten, dass »das Werk« Gurdjieffs tatsächlich ein menschliches Herz hat. Von Anfang an war Jyri ein enthusiastischer Unterstützer dieses Buchprojekts und begleitete mich aktiv mit seinem enormen Wissen aus der naturwissenschaftlichen wie auch aus der Gurdjieffschen Kosmologie, bis er viel zu früh im Jahr 2006 verstarb. Dir, mein Freund, sende ich meinen besonderen Dank und meine innigste Überzeugung, dass du es zum »heiligen Planeten Fegefeuer« geschafft hast.

Ein aufrichtiges Dankeschön geht an meinen risikobereiten Kollegen Richard Rohr, der mir zur allerersten Möglichkeit verhalf, diese Ideen öffentlich zu präsentieren, als wir gemeinsam im Januar 2005 eine Konferenz über die Dreifaltigkeit leiteten. Die CDs von dieser Veranstaltung (unter dem Titel "The Shape of God") sind noch immer an seinem Center for Action and Contemplation in Albuquerque, New Mexico, erhältlich und die begeisterte Reaktion auf die Konferenz, die ich bis heute noch immer erhalte, hat mich dazu ermutigt, an eine Zuhörerschaft zu glauben, die wirklich hören will, was ich zu sagen habe.

In einem sehr realen Sinn sind die fünfunddreißig Studentinnen und Studenten, die im Herbst und Winter 2011/12 an unserem Seminar an der Advanced Wisdom School in Orange County, New York, teilgenommen haben, die Geburtshelfer dieses Buches. Ihr Enthusiasmus, ihre Energie und ihr tiefes Verständnis von der Bedeutung der Ideen, die ich mit ihnen teilte, überzeugten mich letztendlich, damit aufzuhören, dieses Material als »mein posthumes Buch« zu bezeichnen, und es tatsächlich zu Papier zu bringen. Das Curriculum, dem wir in unseren drei Sitzungsperioden folgten, wurde dann auch praktisch zum Inhaltsverzeichnis dieses Buches. Tiefe Dankbarkeit schulde ich euch allen: Judy Arnold, Lois Barton, Debra Brewin-Wilson, Robin Cameron, Eileen Clark, Susan Cooper, Liz Dahmus, Helen Daly, Marietta Della Penna, Helen Dunphey, Diane Elliott, Sandra Etemad, Mary Louise Fisher, Steve Fisher, Maureen Hanley, Mary Ellen Jernigan, Wendy Johnston, Carol Leach, Jane McKenna, Elizabeth Moulton, Kathleen Nelson, Barbara Osborne, Sherill und David Pantle, William Redfield, Gina Riccardi, Phil Rogacki, Carol Sadlek, Rosemary Shirley, Patricia Speak, Jane Waldron, Gail und Alec Wiggin sowie Betsy Young. Und selbstverständlich Catherine McCarthy, welche diese »Weisheitsschule« einberief und in den vergangenen zehn Jahren in ihrer Funktion als Koordinatorin des Contemplative Outreach in Orange County die Gastgeberin fast aller meiner Lehrveranstaltungen in New England war.

Ganz besonders möchte ich den herausragenden Beitrag von Robin Cameron erwähnen. Als ich nämlich endlich dazu kam, mein Material über die Dreifaltigkeit an unserer Wisdom School zu unterrichten, war mein ursprünglicher Entwurf, den ich auf meinem alten 1999er-iMac geschrieben hatte, irgendwo im Cyberspace verschwunden. Robin, die supergut tippen kann, verwandelte das Material von einer eingescannten Kopie des Originals (für das Einscannen danke ich Gail Wiggin) in ein mit der Technologie des einundzwanzigsten Jahrhunderts kompatibles Format. Robin ist eine zertifizierte Enneagramm-Lehrerin und sie war es auch, die es arrangierte, dass mein Kapitel über das Enneagramm und das Gesetz der Drei von zwei ihrer Enneagramm-Kollegen, die ebenfalls sehr erfahren in den Gurdjieff-Lehren sind, einer sorgfältig kritischen Sichtung unterzogen wurde. Robin Cameron, Gloria Cuevas-Barnett und Belinda Ashenfelter: Ich danke euch von ganzem Herzen für eure hilfreichen und unermüdlich unterstützenden Kommentare.

Ein spezieller Dank geht auch an Jens Abildgaard, der vor dem Hintergrund seiner (wörtlich!) lebenslangen Erfahrung in der Gurdjieff-Arbeit mein Material über das Gesetz der Drei und das Gesetz der Sieben überprüfte und einige wirklich bedeutsame Fehler in meiner Darlegung korrigierte.

Und schließlich bleibe ich von Ehrfurcht ergriffen angesichts der prophetischen Sorglosigkeit meines Redakteurs David O'Neal, der bereit war, das Risiko für ein unkonventionelles Manuskript zu tragen, für das es keinen einfach zu definierenden Kundenkreis gibt. Mir ist bewusst, dass dieses Buch sich nicht leicht verkaufen lässt: Es ist *viel* zu weit entfernt von der traditionellen akademischen Theologie und wahrscheinlich zu intellektuell für die Kontemplativen, zu mystisch für die Intellektuellen, zu esoterisch für die Orthodoxen und zu orthodox für viele der großen esoterischen Strömungen. Sein Engagement für die Ideen als solche und zugunsten des Paradigmenwechsels, den sie vielleicht helfen können zu beschleunigen, war ein außergewöhnlicher Vertrauensbeweis, auch wenn wir beide uns darüber im Klaren sind, dass die Früchte dieses Unterfangens wahrscheinlich nicht mehr zu unseren Lebzeiten geerntet werden. Danke, David! Danke, dass du mich *siehst!* Dieses Buch war mir eine dieser Lebensaufgaben, und dank dir war ich fähig, sie abzuschließen.

Eagle Island, Maine, September 2012

Einführung

MEINE ERSTE HERAUSFORDERUNG BEIM SCHREIBEN DIESES Buches wird es sein, Sie davon zu überzeugen, dass es hier wirklich etwas Beachtenswertes gibt. Warum sollten wir angesichts der vielen dringenden praktischen Fragen, die sich spirituell Interessierten stellen, Zeit mit der Dreifaltigkeit verschwenden, mit einer Lehre, die von der Mehrheit der Menschen (und auch von vielen Christen) als aufgesetzt und unbedeutend empfunden wird? Es bedarf einer ziemlichen Verrenkung der theologischen Vorstellungskraft zu behaupten, dass sie schon immer Teil der ursprünglichen Lehren Jesu gewesen sei oder dass sie auch nur einen einzigen Beitrag dazu leisten könne, diese Lehren zu verdeutlichen oder stärker zu untermauern. Der bedeutende Theologe Karl Rahner meinte sogar, dass es der Mehrheit der Christenheit gar nicht auffallen würde, wenn die Dreifaltigkeit stillschweigend aus der christlichen Theologie verschwände und nicht mehr erwähnt würde.

Erlauben Sie mir, Ihnen eine weitschweifige Antwort in Form einer Geschichte anzubieten, die mir von dem abchasischen Derwisch-Ältesten Murat Yagan, meinem langjährigen Freund und Lehrer, erzählt wurde.

In den Jahren direkt nach dem Zweiten Weltkrieg, so erinnerte sich Murat, lebte er eine Zeit lang in einer abgelegenen Gegend der Osttürkei und widmete sich der Viehzucht. Dort freundete er sich mit einem älteren Ehepaar an, mit dem er von Zeit zu Zeit die Mahlzeiten teilte. Das Leben hatte es gut mit ihnen gemeint, doch eine Sache machte sie traurig: Sie vermissten ihren einzigen Sohn, der einige Jahre zuvor das Zuhause verlassen hatte, um in Istanbul Arbeit zu finden. Tatsächlich war er ein erfolgreicher Geschäftsmann geworden und so hatten sie nur sehr selten Kontakt zu ihm und vermissten ihn sehr.

Als Murat eines Tages zum Tee vor ihrer Tür stand, platzten sie vor Stolz und waren begierig, ihm ihr neues Geschirrregal zu zeigen, das ihnen ihr Sohn soeben geschickt hatte. Es war tatsächlich ein schönes Möbelstück und die Frau hatte bereits stolz ihr bestes Teeservice auf der oberen Ablage angeordnet. Murat war höflich, aber auch neugierig. Warum sollte sich ihr Sohn in solche Unkosten stürzen, um ihnen ein neues Geschirrregal liefern zu lassen? Und warum fehlte es einem Möbelstück, das eindeutig der Aufbewahrung von Dingen diente, so offensichtliche an Schubladen und Fächern? »Seid ihr sicher, dass dies ein Geschirrregal ist?«, fragte Murat. Ja, sie waren sich sicher.

Aber die Frage nagte weiter an Murat. Als er sich schon zum Gehen bereit machte, sagte er: »Habt ihr etwas dagegen, wenn ich mir das Regal etwas genauer anschaue?« Mit ihrer Erlaubnis drehte er die Rückseite nach vorne und löste etwas verbliebenes Verpackungsmaterial ab. Zwei Schranktüren sprangen auf und enthüllten: ein voll ausgerüstetes Amateurfunkgerät.

Das »Geschirrregal« entpuppte sich also als etwas, das sie mit ihrem Sohn in Verbindung bringen sollte. Doch da sie sich des wirklichen Inhalts des Möbelstücks nicht bewusst gewesen waren, hatten sie es einfach dazu genutzt, ihr Porzellan aufzustellen.

Meiner Ansicht nach ist dies eine aufregend zutreffende Analogie dafür, wie wir Christen mit der Heiligen Dreifaltigkeit umgehen. Sie ist unser theologisches Geschirrregal, in dem wir unser feinstes dogmatisches Teeservice ausstellen, unsere uns so überaus wichtige Erklärung dafür, dass Jesus, ein Mensch, vollkommen Göttlich ist. Das muss nicht zwangsläufig schlecht sein; genauso wenig, wie es eine schlechte Sache war, dass die alte Frau ihre hübschesten Teetassen in dem neuen Möbelstück präsentierte. Doch was wäre, wenn – von kaum jemandem bemerkt – sich im Inneren ein mächtiges Kommunikationsinstrument befände, das uns mit dem Rest der Welten (den sichtbaren wie den unsichtbaren) verbinden könnte, das uns in die Lage versetzen würde, unseren Weg durch viele der dogmatischen und ethischen Blockierungen unserer Zeit zu finden, und mittels dessen sich die Lehren Jesu in einem dynamischen metaphysischen Rahmen verorten ließen, in welchem deren Kraft wirklich offenbar würde?

Es ist ganz einfach eine Frage des Herumdrehens des Geschirrregals. Und genau das ist es, was ich in diesem Buch zu tun vorschlage.

Kurz gesagt: Ich behaupte, dass in dieser theologischen Formel, die wir in der Regel im Autopilot-Modus rezitieren (»im Namen des Vaters, des Sohnes und des Heiligen Geistes«), ein kraftvolles metaphysisches Prinzip liegt, das unser Verständnis des Christentums verändern und uns die Mittel an die Hand geben könnte, die schon so lange und so schmerzlich vonnöten sind, um unsere zerborstene Kosmologie wieder zusammenzufügen, unsere visionäre Vorstellungskraft neu zu entfachen und uns bei der Offenbarung des »Himmelreichs« Jesu hier auf Erden bewusst zusammenarbeiten zu lassen. Dieses Prinzip wird »das Gesetz der Drei« genannt, und die Metaphysik, die sich daraus ableitet, könnte man als »ternäre Metaphysik« bezeichnen.

Das Gesetz der Drei ist, so meine ich, die verborgene Antriebswelle des Christentums, deren Präsenz sich bislang nur intuitiv erahnen ließ, doch vonseiten der Theologen noch nie explizit identifiziert worden ist. Es unterscheidet sich deutlich von den spekulativen Formulierungen der patristischen Theologie und sogar von den abgenutzten metaphysischen Straßenkarten der *sophia perennis* (der »Philosophia perennis« oder »immerwährenden Philosophie«), in der Weisheitsalternativen zur dogmatischen Orthodoxie fast immer ausgedrückt werden. Umfassend, zutiefst ursprünglich und wie alle Antriebswellen auf eine Vorwärtsbewegung ausgerichtet, ist dieses Gesetz der authentische Charakter des Christentums, der Schlüssel, in dem *theoria* und *praxi* ineinandergreifen und all seine Lehren anfänglich zusammenhängen.

Aber dieses Prinzip ist nahezu unbekannt – nicht, weil es besonders geheim oder verborgen wäre, sondern weil dessen Erörterung bislang nur in Kreisen stattgefunden hat, die für die traditionelle akademische und theologische Forschung als streng tabu gelten. Es gehört zu keinem Wissensfundus, der üblicherweise von Theologinnen und Theologen für ihre Studien herangezogen wird. Es ist nicht Teil der patristischen Theologie oder der neuplatonischen Fundamente, auf der diese Theologie beruht. Auch ist es kein Bestandteil der klassischen christlichen Hermeneutik oder der großen Tradition der *sophia perennis.* Und obwohl Andeutungen darüber in bestimmten christlichen Strömungen auszumachen sind (insbesondere bei Jakob Böhme und Teilhard de Chardin), wurde das Gesetz der Drei erst zu Beginn des zwanzigsten Jahrhunderts von dem in Armenien geborenen spirituellen Lehrer Georges Iwanowitsch Gurdjieff (1866–1949) explizit zur Sprache gebracht und bis vor Kurzem ausschließlich in jener Strömung der zeitgenössischen inneren Lehre studiert und vermittelt, die als »das Werk« oder »die Gurdjieff-Arbeit« bekannt ist.

Und diese Lehre Gurdjieffs schießt derart weit über die Grenzen hinaus, wie es nur eben möglich ist.

Zugegeben, die Zeiten ändern sich. Es ist erst gerade eine Generation her, dass der Begriff »Gurdjieff-Arbeit« nahezu überall verständnislose Blicke hervorrief. Nun, da »das Werk« endlich angefangen hat, an die Oberfläche zu kommen (sich sozusagen »outet«, und zwar in einem hohen Maße durch die zeitgenössische Bewegung der Persönlichkeitstypologie nach dem Enneagramm, mit welcher es sich einen beachtlichen Korpus an innerem Material teilt), schauen Menschen mit wiedergewonnener Neugier auf die eklektische und äußerst originelle Metaphysik, von welcher der einzigartige spirituelle Genius Gurdjieff behauptete, er habe sie aus all dem synthetisiert, was er in Weisheitsschulen vorfand, die er nach einer langen Suche in Zentralasien entdeckt hatte.

Laut Gurdjieff umfasst das Gesetz der Drei, zusammen mit seinem Pendant, dem Gesetz der Sieben, das, was er die grundlegenden »Gesetze der Welterschaffung und Welterhaltung« nannte. Die Verflechtung dieser beiden kosmischen Gesetze finden wir in dem Symbol des Enneagramms veranschaulicht, dessen neun Spitzen (zumindest denjenigen, die darin initiiert sind) die Richtung und die energetische Dynamik enthüllen, in und aus der die Welt ihre Vorwärtsbewegung aufrechterhält. In den zehn Jahren, in denen ich selbst am Werk teilnahm, studierten wir unermüdlich diese Gesetze und wandten sie zur Lösung sowohl von alltäglichen Problemen als auch von kosmischen Mysterien an und tanzten ihre Ley-Linien in den berühmten Gurdjieffschen »Bewegungen« (oder *movements*). Nebenbei erfuhren wir auch, dass das Gesetz der Drei seine Ursprünge tief in den mündlichen Überlieferungen der orthodoxen Kirche des Ostens hat und dass das mysteriöse Gebet »Heiliger Gott, heiliger Starker, heiliger Unsterblicher, erbarme Dich unser« in der Tat die Überbleibsel eines Bewusstseins für die im Gesetz der Drei beschriebenen Urkräfte widerspiegeln könnte. Doch begegnete ich in der Gurdjieff-Arbeit niemandem, der ein besonderes Interesse daran zu haben schien, dieses kraftvolle, transformierende Prinzip ins Christentum zurückzuführen (die meisten waren ohnehin der Ansicht, dass das Christentum nicht mehr zu retten sei), und ein Großteil der Christen, die ich aus meinen eigenen Kreisen als episkopale Priesterin und Begleiterin von Exerzitien kannte, waren gegenüber allem, das einen esoterischen Beigeschmack hat, äußerst argwöhnisch eingestellt.

So hielt ich also während einer langen Zeit diese beiden Strömungen voneinander getrennt und erlaubte es dem Wissen, das ich aus meinen Jahren der Gurdjieff-Arbeit in Erfahrung gebracht hatte, meine persönlichen Anstrengungen zu einem inneren Erwachen zu beseelen. Von Zeit zu Zeit fragte ich mich, ob es tatsächlich eine Verbindungslinie zwischen der Dreifaltigkeit und dem Gesetz der Drei gibt, doch all dies erschien zu fragil und zu schwierig, um der Sache weiter nachzugehen.

Was mich aus dieser Warteschleife herausholte, kam aus einer vollkommen unerwarteten Ecke: Ich bemerkte in mir ein überraschendes Unbehagen angesichts einer in unserer Zeit weit verbreiteten theologischen Initiative: nämlich den Versuchen, den Heiligen Geist als eine »Sie« zu reklamieren. Motiviert vom aufrichtigen Wunsch, das »Göttliche Weibliche« innerhalb des Christentums wiederzuentdecken, hat sich diese Grundströmung kontinuierlich zu einem weiblichen Neudenken aufgebaut, das in der Tat eine gewisse linguistische Berechtigung sowie einen starken archetypischen Anklang aufweist. Als Priesterin, die für gewöhnlich am fortschrittlichen Ende des theologischen Spektrums verortet wird, war ich selbst überrascht, wie sehr mich diese Welle auf die Hinterbeine brachte. Doch offensichtlich fügte sich da etwas aus meiner Zeit in der Gurdjieff-Arbeit zusammen, denn ich begriff, dass diese ganze Vorstellung einer »weiblichen Dimension Gottes« einem binären metaphysischen System entspringt, das auf dem kosmischen Gleichgewicht symmetrischer Gegensätze beruht, wohingegen das christliche metaphysische Milieu aufgrund seiner ausgesprochen trinitarischen Abstammungslinie sich in ein ternäres metaphysisches System einreiht. Zwar wusste ich noch nicht genau, was dies bedeutete, doch war mir klar, dass in diesem scheinbar harmlosen Versuch einer Geschlechtergleichstellung zeitgenössische Theologinnen eine ernsthaft falsche Richtung einschlugen und den Verlust eines weit größeren metaphysischen Schatzes riskierten.

Mein Versuch, einige dieser Vorbehalte in Worte zu fassen, führte zu einem Artikel mit der Überschrift »Warum die Feminisierung der Dreifaltigkeit nicht funktioniert«, der im Jahr 2000 in der Weihnachtsausgabe der *Sewanee Theological Review* veröffentlicht wurde. Im Grunde genommen ist er der Same dieses Buches. Mit einem bis zum Hals klopfenden Herzen führte ich das Gesetz der Drei in die christlich theologische Debatte ein und schlug eine

Strategie vor, mit der das »fehlende« Weibliche im Christentum einfach dadurch gefunden werden kann, dass wir von unserer Fixierung auf die drei Personen ablassen und es der Dreifaltigkeit erlauben, entsprechend der inneren Dynamik des Gesetzes der Drei in neue Konfigurationen zu fließen – etwa so, als würden wir ein Kaleidoskop umdrehen. Seit jener Zeit haben mich viele Menschen gebeten, diese Ideen detaillierter auszuführen. Mit diesem Buch will ich versuchen, meine Lehren und Schriften im Zusammenhang mit der Dreifaltigkeit und dem Gesetz der Drei während der vergangenen zwölf Jahre zu bündeln und einen einheitlichen Überblick über die Fragen zu liefern, wie das Gesetz der Drei funktioniert, warum ich es für die metaphysische Antriebswelle der Dreifaltigkeit halte und weshalb es so wichtig ist, uns dieses Gesetz nutzbar zu machen.

Dieses Buch gibt nicht vor, eine umfassende Studie der Dreifaltigkeit zu sein oder ein Versuch, mit den traditionellen theologischen Auffassungen in Dialog zu treten. Im Laufe unserer Untersuchungen werde ich einen kurzen Überblick über einige wirklich aufregende Entwicklungen in der zeitgenössischen Trinitätstheologie geben (was eigentlich auch Karl Rahner auf die Bühne rufen müsste), doch es ist nicht meine Absicht, mich auf irgendeine formale Weise auf sie abzustützen. Obschon es wirklich ermutigend ist festzustellen, dass einige der überzeugendsten Denkerinnen und Denker des Christentums sich mit der Dreifaltigkeit in Worten beschäftigt haben, die der dem Gesetz der Drei innewohnenden Dynamik sehr nahekommen, besteht meine Aufgabe hier darin, mein persönliches, einzigartiges Puzzlestück einzubringen.

Meines Wissens hat bisher noch niemand explizit über die Dreifaltigkeit und das Gesetz der Drei geschrieben oder versucht, die christliche Metaphysik mit G. I. Gurdjieff zu verknüpfen, und ganz sicherlich hat sich bis zum heutigen Tag noch keiner die Mühe gemacht aufzuzeigen, wie die Dreifaltigkeit, wenn sie gemäß dem Gesetz der Drei »rotiert«, tatsächlich eine großartige Landkarte des Göttlichen Werdens liefert, in der mystische Vision, Kosmologie, Evolution, Geschichte – und, ja, das fehlende Feminine des Christentums – alle in einem nahtlosen Bildteppich zusammenkommen, der dann einer klassischen archetypischen Vision von Shakespeares »sieben Akten des Lebens« ähnelt, allerdings in einem wesentlich größeren Maßstab. Das ist es, was ich hoffe, hier darstellen zu können.

Dieses Buch besteht aus drei Teilen. Im ersten werde ich das Gesetz der Drei vorstellen (beginnend mit meinem ursprünglichen Artikel in der *Sewanee Theological Review*), dann mithilfe einiger anerkannter Referenzpunkte im Werk Gurdjieffs die dem Gesetz zugrunde liegenden Prinzipien untersuchen und schließlich aufzeigen, wie man damit praktisch arbeiten kann – weil das Gesetz der Drei vor allem ein *praktisches* Instrument darstellt. Sein Geltungsbereich bezieht sich nicht ausschließlich auf Kosmologie und Metaphysik; es kann ebenso zur Lösung zwischenmenschlicher Probleme herangezogen werden, politische Ergebnisse beeinflussen und uns durch Sackgassen jedweder Art navigieren. Auch werden wir einige der Kernprinzipien der ternären Metaphysik kennenlernen, die in Teil drei dieses Buches eine Rolle spielen.

Im zweiten Teil werde ich mich mit einer schwierigeren Frage beschäftigen: Warum glaube ich, dass das Gesetz der Drei überhaupt etwas mit der Dreifaltigkeit zu tun hat? Zugegeben, dieser Zusammenhang ist von einem geschichtlichen Standpunkt aus schwer zu begründen, da die trinitarische Theologie der Postulierung des Gesetzes der Drei durch Gurdjieff gute sechzehn Jahrhunderte vorausging. Doch möchte ich versuchen, mein Argument eher anhand einer dynamischen Verwandtschaft zu untermauern, als es mit einer linearen Kausalität zu begründen. Ich habe das Gefühl, dass die christliche Metaphysik von Natur aus schon immer ternär war (und zwar insbesondere aufgrund des Christusereignisses in ihrem Epizentrum) und dass die Kernidee der Dreifaltigkeit aus der kollektiven Vorstellung der frühen Kirchenväter entstand, den Raum für diese Erkenntnis offenhalten zu wollen, bis deren eigentliche Arbeitsprinzipien vollständiger formuliert werden könnten. Trotz all ihrer bekannten dogmatisch verklemmten Schlupfpforten verteidigte diese Theologie ihre Linien gegen eine gewisse, dem Christentum von Beginn an innewohnende gnostizistische Tendenz, und bestand auf der zentralen Bedeutung der Inkarnation und auf dem spirituellem Prinzip der Kenosis – der Selbstentäußerung oder Ausgießung – als den grundlegenden Prüfsteinen des christlichen Selbstverständnisses. In diesem Teil werde ich einige dieser Intuitionen detaillierter darlegen und mich dann auf Jakob Böhme berufen, diesen grandiosesten aller visionären Kosmologen des Mittelalters, der mir dabei helfen soll, eine Brücke zu bauen zwischen den äußersten bekannten Referenzpunkten der traditionellen christlichen Mystik und dem Gesetz der Drei.

Der dritte Teil meines Buches ist der herausforderndste – unter anderem, weil er überaus persönlich ist, und teilweise, weil er, offen gestanden, eine ganz eigene Welt ist. Ich könnte ihn als ein metaphysisches Prosagedicht beschreiben – mehr Kunst denn Theologie –, und der Zugang ist für Sie am einfachsten, wenn Sie, wie bei einem sich drehenden Springseil, einfach mitten hineinhüpfen und in seinem Rhythmus mitspringen. Ich bitte gleich von Anfang an um Entschuldigung, wenn dieser Teil in seiner zugegebenermaßen exzentrischen Verschmelzung von mystischer Vision, metaphysischer »Mathe« und Quasikosmologie für einige Leserinnen und Leser etwas zu weit geht; Sie werden sich vielleicht fragen, welchen Bereich der Wirklichkeit ich hier eigentlich beschreibe. Exakt das Gleiche frage ich mich selbst. Aber genau wegen dieses dritten Teils habe ich das ganze Buch geschrieben.

Ich muss gestehen, dass sich dieses Prosagedicht (wenn es denn ein solches ist) ziemlich genau so aus einer einzigen, sehr intensiven Welle visionären Erkennens erhob, nicht lange nachdem ich die ursprüngliche Abhandlung über die Verweiblichung der Dreifaltigkeit fertiggestellt hatte. Wie Sie in Kürze lesen werden, thematisierte ich im letzten Absatz des erwähnten Artikels diese Herausforderung so: »Die Lösung besteht nicht darin, das ternäre Prinzip aufzugeben, sondern darin, es anzuwenden und der Dreifaltigkeit zu ermöglichen, wieder ins Fließen zu kommen.« Eines Nachmittags nahm ich diese Herausforderung an. Was bedeutet es, »der Dreifaltigkeit zu ermöglichen, wieder ins Fließen zu kommen?« Was geschähe, wenn ich das grundlegende Prinzip des Gesetzes der Drei anwenden würde – »die Verflechtung von drei getrennten Kräften schafft ein Neuenststehendes auf einer neuen Ebene« –, um das uns vertraute statische Dreieck von Vater–Sohn–Heiliger Geist in Bewegung zu setzen, es aus sich selbst heraus neue Muster bilden zu lassen?

Wusch! Mehr kann ich wirklich nicht dazu sagen. In weniger als einer Stunde ordneten sich die Zusammenhänge, die das »Drehen« der Dreifaltigkeit bestimmen, mit einer Art mathematischer Eleganz, die mich darin bestätigte, dass ich auf dem richtigen Weg war. Was sich mir in den folgenden Wochen eröffnete, war ein atemberaubender Blick auf die Reise der Göttlichen Liebe in die Zeit hinein, durch die Zeit hindurch und aus der Zeit hinaus – von Alpha zu Omega, vom Ursprung zum endgültigen *«consumatum est»*. In der Unermesslichkeit dieses Firmaments erhielt ich schließlich einen Geschmack von der Weite, aus der die tiefgründige paulinische Hymne an die Kolosser (1.15–20) hervorgegangen war:

Er ist Bild des unsichtbaren Gottes,
der Erstgeborene der ganzen Schöpfung.
Denn in ihm wurde alles erschaffen
im Himmel und auf Erden.

Das Sichtbare und das Unsichtbare,
Throne und Herrschaften, Mächte und Gewalten;
alles ist durch ihn und auf ihn hin erschaffen.

Er ist vor aller Schöpfung
und in ihm hat alles Bestand.
Er ist das Haupt,
der Leib aber ist die Kirche.

Er ist der Ursprung,
der Erstgeborene der Toten;
so hat er in allem den Vorrang.
Denn Gott wollte mit Seiner ganzen Fülle in ihm wohnen,
um durch ihn alles auf ihn hin zu versöhnen.

Alles im Himmel und auf Erden wollte Er zu Christus führen,
der Frieden gestiftet hat am Kreuz durch sein Blut.

Endlich begriff ich, dass diese große kosmologische Hymne nicht bloß eine ekstatische Schwärmerei oder ein überholter christozentrischer Lobgesang ist, heutzutage degradiert zum Status einer »Mythologie«, nachdem mit der kopernikanischen Wende vor sechs Jahrhunderten das Christentum von seinem kosmologischen Fundament gestoßen worden war. Sie ist unsere christliche Charta und unser Geburtsrecht. Denn Wahrheit, echte Wahrheit, ist nahtlos und unteilbar. Christentum ist entweder christozentrisch oder es ist nicht; Christus ist entweder buchstäblich der Eine, »in dem alles Bestand hat«, oder er ist nicht. Ein *dermaßen* fundamentaler Anspruch muss gleichbleibend und verbindlich wahr sein; er kann nicht in einem Bereich (im Bereich des Glaubens) zutreffen und in einem anderen (im Bereich empirischer Wirklichkeit) falsch sein. Der moderne und postmoderne schizophrene Versuch des Christentums, beide Bereiche zu bedienen, hat nach und nach dessen Stärke unterminiert und seine Vision getrübt. Doch wie könnten wir es im Namen intellektueller Integrität anders anstellen? Plötzlich sah ich die Lösung dieser Unwägbarkeit vor mir auftauchen: Es bedurfte schlicht der ganzen Spannweite der trinären Raum-Zeit – erschlossen durch das Gesetz der Drei –, um jede der visionären Wahrheiten des Paulus ihrer richtigen kosmischen Domäne zuweisen und damit Glaube und Kosmologie zu einem einzigen visionären Ganzen zusammenführen zu können. Meine Karte zeigte mir, wie ich es anpacken musste. Aus dieser Periode intensiven »Downloadens« tauchte ich wieder auf mit meiner neu erwachten christlichen mystischen Vorstellungskraft und meinem neu belebten Glauben.

Während der folgenden zwölf Jahre, als ich nach und nach meinen Platz als spirituelle Schriftstellerin und Lehrerin fand, sickerte diese Vision unter die Oberfläche. Ich hatte sie, als ich meine anderen Bücher schrieb: *Jesus: Meister der Weisheit, The Meaning of Mary Magdalene* und *Centering Prayer and Inner Awakening* sowie *Chanting the Psalms.* Sie war da, als ich Workshops leitete und Weisheitsschulen gründete; sie war in meinem Hinterkopf, wann immer ich die großartige witzige Bemerkung von G.K. Chesterton zitierte: »Das Christentum ist kein Fehler; es wurde einfach noch nicht ausprobiert.« Doch ich wusste einfach nicht, wie ich über das, was ich erkannt hatte, sprechen könnte – es lag derart weit außerhalb des gängigen Stroms theologischer Debatten. Wer würde denn jemals die Geduld aufbringen, mir beim Verflechten der einzelnen Teile zuzuhören? Und so begannen die Teilnehmenden meiner Weisheitsschule und ich, darüber zu witzeln, dass es wohl mein »posthumes Buch« werden würde.

Um ehrlich zu sein, war ich mit dieser Einschätzung ganz zufrieden. Aber dann boten sich im vergangenen Jahr einige meiner erfahrensten Studentinnen und Studenten freiwillig als Versuchskaninchen an, um zu schauen, ob meine Ideen vielleicht doch als Lehrmaterial brauchbar wären, und in mir tauchte wieder ein kleiner Hoffnungsschimmer auf. Also begann das große Experiment an unserer Weisheitsschule in Form von drei Semestern, die im Großen und Ganzen der Struktur dieses Buches entsprachen. In den ersten beiden legten wir das Fundament mit einem sorgfältigen Studium des Gesetzes der Drei und der grundlegenden ternären Prädispositionen der christlichen Metaphysik (einschließlich eines Crashkurses über Jakob Böhme). Danach, im dritten Semester, fingen wir an, die Vision »auszupacken«.

Jenes Halbjahr werde ich lange in meinem Herzen tragen, nicht bloß als Zeugnis von etwas Gelungenem, sondern als das Geschenk einer erfüllten Lebensaufgabe. Und es war das Drängen dieser geschätzten Freundinnen und Freunde, unerschütterlichen Weisheitssuchenden, das mich anspornte, mich dieser Aufgabe nochmals zuzuwenden und das Material in eine Form zu bringen, die sich veröffentlichen ließ. »Wenn wir fünfunddreißig es verstehen können«, sagte eine von ihnen, »warum dann nicht die ganze Welt?«

Und so halten Sie es nun in Ihrer Hand. Ich werde mein Bestes geben, um Ihnen die Reise so angenehm wie möglich zu gestalten. Doch letztendlich geht es mir darum, dass wir ankommen, weil ich jenseits aller persönlichen Zweifel weiß, dass es dort, verborgen in diesem trinären Geschirrregal, tatsächlich ein Amateurfunkgerät gibt. Und inmitten dieses langen Winters unserer christlichen Unzufriedenheit, in dem sich spirituelle Vorstellungskraft und Unerschrockenheit auf einem Rekordtief befinden und die Kirche aufgrund ihres Mangels an einer belebenden Vision kurz vor ihrem Ableben schwebt, ist vielleicht jetzt mehr denn je die Zeit reif, das Verpackungsmaterial dieses Geschirrregals zu entfernen und seinen Inhalt zu befreien.

Teil eins

Das Gesetz der Drei

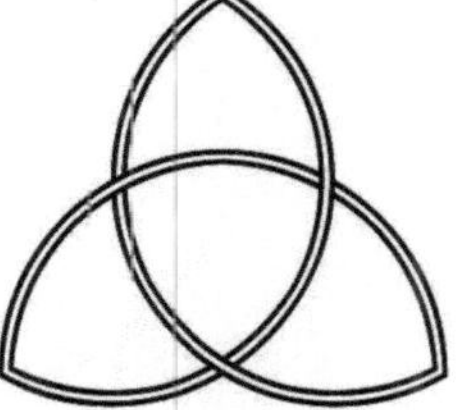

1

Warum die Feminisierung der Dreifaltigkeit nicht funktioniert

Dies ist mein ursprünglicher Artikel,
fast wortwörtlich, wie er im Jahr 2000 in der Dezember-
ausgabe der *Sewanee Theological Review* veröffentlicht wurde.
Mit ihm soll unsere Forschungsreise beginnen.

IN DEN LETZTEN JAHREN IST ES IN LIBERALEN THEOLOGISCHEN Kreisen zunehmend in Mode gekommen, sich die dritte Person der Dreifaltigkeit als weiblich vorzustellen. Aus vielerlei Gründen, linguistischer wie auch archetypischer Natur, scheint diese Festlegung angebracht zu sein. So ließe sich etwa argumentieren, dass der Heilige Geist eigentlich identisch ist mit Sophia, der Weisheit Gottes, die im Alten Testament als weiblich personifiziert wird; oder auch, dass die »Attribute« des Geistes in unserer biblischen Tradition zumeist weiblich sind; und dass der Geist in seiner intuitiven, ihm innewohnenden Empfänglichkeit eine ›weibliche‹ Art des Erkennens und Seins verkörpert, die ein Gegengewicht darstellt zum eher »maskulinen« Erkennen und Sein des Logos oder des »fleischgewordenen Wortes« in der männlichen Personifizierung von Jesus Christus.[1]

Gewiss: Von einem praktischen Standpunkt aus betrachtet liefert dieses Gender-Korrektiv kolossale Vorteile. Wenn, wie es leider offenbar der Fall ist, die ausschließlich maskuline Darstellung von Gottes Innenleben das theologische Fundament für eine exklusiv männliche politische Hierarchie gelegt hat, die das Weibliche und die Frauen im Christentum systematisch abwertet, dann scheint eine authentische feminine Verkörperung einer der Perso-

1. Dieses Argument wurde mit ungefähr denselben Worten entscheidend vorangetrieben von BRUNO BARNHART in seinem Buch *Second Simplicity: The Inner Shape of Christianity*, Mahwah, New York: Paulist Press, 1999. Ich werde später in diesem Kapitel noch ausführlich auf Barnharts Sicht eingehen.

nen der Dreifaltigkeit ein eleganter Weg zu sein, diesen Missstand zu beseitigen und die Schieflagen zu korrigieren, welche so viele Bereiche des kirchlichen Lebens verzerrt haben.

Doch obwohl ich als Frau mir wirklich wünschte, dass es so einfach zu bewerkstelligen wäre, bin ich mehr und mehr davon überzeugt, dass dies nicht funktioniert. Es hieße, das Richtige aus einem falschen Grund heraus zu tun. Mit dem extrem kurzsichtigen metaphysischen Denken, das hier eingeführt wird, ist in diesem Fall der angerichtete Schaden wahrscheinlich größer als der kurzfristig erzielte Nutzen. Wie löblich der Versuch auch sein mag, die feminine Präsenz in der Dreifaltigkeit sicherstellen zu wollen, führt diese aktuelle Strategie zu einem ernsthaften Durcheinander der metaphysischen Systeme, dessen langfristige Auswirkungen das Christentum auf ein post-Jung'sches archetypisches Meer hinaustreiben lassen, in dem seine ureigene intuitive Genialität auf eine verhängnisvolle Weise verwässert wird.

Die scharfsinnigeren unter den feministischen Theologinnen, wie etwa Elizabeth Johnson, sind sich der Falle in diesem kurzfristig angelegten Korrektiv bereits bewusst geworden und haben für eine umfassendere Überarbeitung plädiert. In ihrem einflussreichen Buch *Ich bin, Die Ich bin* erörtert Johnson, wie der Versuch, die dritte Person der Trinität als »die weibliche Seite Gottes« darzustellen, eine doppelte Gefahr birgt: Das ganze Spektrum der Weiblichkeit wird durch eine Gender-Stereotypisierung, in der das Weibliche lediglich mit den Qualitäten des Nährens, der Sanftheit und der Empfänglichkeit assoziiert wird, reduziert, während die Fülle der Göttlichkeit durch »das Ontologisieren des Geschlechts in Gott«, also eine Übertragung menschlicher Einteilungen auf die Gottheit, geschmälert wird.[2] Ihr Lösungsansatz, basierend auf einer Anerkennung des Symbolcharakters von Sprache, besteht darin, einen umfassenden Katalog gleichwertiger Metaphern vorzulegen, der es erlaubt, sich alle drei Personen der Trinität in weiblichen Bildern vorzustellen. Doch obwohl ihr Vorschlag in die richtige Richtung weist, bleibt er im Großen und Ganzen doch nur eine Umgruppierung an der Oberfläche, eine Re-Vision der Personen, während das Konzept der Göttlichen Personifizierung

2. ELIZABETH JOHNSON: *She Who Is: The Mystery of God in Feminist Theological Discourse,* New York: Crossroad, 1992, Seite 54; deutsch: *Ich bin, Die Ich bin,* Patmos: Düsseldorf 1994. Ihre gesamte These ist prägnant in ihrem dritten Kapitel zusammengefasst.

an sich unberührt bleibt. Somit haben wir es mit einem Lösungsansatz auf der theologischen Ebene zu tun. Der wirkliche Ursprung des Rätsels – und damit der Ansatzpunkt des Hebels zu dessen Lösung – liegt jedoch auf der metaphysischen Ebene.

Das metaphysische Korrektiv

Es ist jedoch nicht so einfach, den metaphysischen Fehler, auf dem diese Feminisierung der Dreifaltigkeit beruht, zu beschreiben, weil die Christen selbst es nicht gewohnt sind, über ihre geliebte Dreifaltigkeit in den Begriffen eines metaphysischen Prozesses zu denken. Ihnen wurde eingepaukt, bei der Trinität gehe es um »Personen« – deren Namen »Vater«, »Sohn« und »Heiliger Geist« lauten und welche in einer ewigen, sich selbst generierenden und sich selbst erhaltenden Gemeinschaft leben. Obschon die komplexe Wechselbeziehung unter diesen Göttlichen Personen, abgesehen von geschulten Theologen, allen entgehen mag, beinhaltet die *Tatsache,* dass diese drei Personen wirklich existieren – und sie die drei einzigartigen Manifestationen der unsichtbaren Fülle Gottes sind –, den theologischen Eckpfeiler der christlichen Erfahrung. Mit meinem Einwand, die Trinität könne im Grunde genommen als das christliche Äquivalent zum östlichen Yin-und-Yang-Symbol gesehen werden, habe ich einige Menschen verschreckt. Bei der Trinität geht es vorrangig darum, wie Gott Sich bewegt und fließt, wie Gott Sich innerhalb der Domäne der Manifestation von einer Form (oder einem »Zustand«)[3] in eine andere verändert und die Unbeständigkeit der Schöpfung mit der Ganzheit des Göttlichen Seins durchdringt. Die Vorstellung, dass es bei der Dreifaltigkeit eher um einen Prozess als um Personen geht, scheint offenbar eine radikale Ansicht zu sein.

Doch es ist genau dieser Punkt, an dem ich anfangen muss: Bei der Trinität geht es um den Prozess. Sie fasst ein Paradigma von Veränderung und Transformation zusammen, das auf einem uralten metaphysischen Prinzip basiert, das als »das Gesetz der Drei« bekannt ist. Die Personen sind sicherlich keine Folgen der Dreifaltigkeit, doch sind sie Ableitungen insofern, als dass sie sich ent-

3. Und selbstverständlich ist »Zustand« die genauere Übersetzung des ursprünglichen griechischen *hypostasis,* das üblicherweise mit »Person« übersetzt wird.

sprechend dieses grundlegenderen Prinzips des Gesetzes der Drei entfalten und manifestieren, welches sich (zumindest intuitiv) im Herzen des christlich-metaphysischen Selbstverständnisses offenbart. Daher müssen wir unsere Nachforschungen mit Überlegungen zu diesem System als solchem beginnen.

Binäre und ternäre Systeme

Die meisten der alten metaphysischen Paradigmen sind binäre Systeme. Das heißt, sie funktionieren nach dem Prinzip von Gegensatzpaaren. Yin und Yang sind ein ganz offensichtliches Beispiel dafür. In binären Systemen wird das Universum als durch das symmetrische Zusammenspiel der großen Polaritäten erschaffen und erhalten erlebt: männlich und weiblich, Licht und Dunkelheit, Bewusstes und Unbewusstes, Yin und Yang, *prakriti* und *puruscha.*[4]

Die Kategorien »maskulin« und »feminin« gehören ebenso zum binären System; genau genommen sind sie vielleicht sogar das ursprüngliche binäre System in der Schöpfung. Das Leben erhält sich im Spannungsfeld der Gegensätze und drückt sich auch darin aus; ein Erschlaffen dieser Spannung durch ein Ungleichgewicht der Teile führt zum Kollabieren des ganzen Systems.

Ein ternäres System fasst eine sich davon deutlich unterscheidende Kombination ins Auge. Anstelle von Gegensatzpaaren erfordert es das Zusammenspiel zweier Polaritäten, die ein Drittes hervorrufen, das als das »vermittelnde« oder »versöhnende« Prinzip zwischen den anderen beiden fungiert. Im Gegensatz zum binären System, welches seine Beständigkeit im Ausgleich der Gegensätze findet, erfordert das ternäre System eine dritte Kraft, die als die notwendige Vermittlung dieser Gegensätze zum Vorschein kommt und ihrerseits (und dies ist der wirklich entscheidende Punkt) eine Synthese auf einer ganz neuen Ebene erzeugt. Hier haben wir es mit einer Dialektik zu tun, deren Auflösung gleichzeitig ein neues Reich an Möglichkeiten schafft.

Schauen wir uns ein paar einfache Beispiele an. Ein Weizenkorn, wie Jesus sich ausdrückt, »bleibt allein, wenn es nicht in die

4. *Prakriti* und *puruscha* sind die hinduistischen Gegensätze für Gott als Energie und Gott als Sein. Sie stimmen im Großen und Ganzen mit dem Konzept von *energia* (*prakriti*) und *ousia* (*puruscha*) der kappadokischen Kirchenväter überein.

Erde fällt und stirbt.« Wenn dieses Weizenkorn in die Erde fällt, wird es in einen heiligen transformativen Prozess geworfen. Der *Samen,* die erste oder »bejahende« Kraft, trifft auf die *Erde,* die zweite oder »verneinende« Kraft (und, was dies betrifft, muss es sich um *feuchte* Erde handeln, da Wasser deren allerwichtigste Komponente ist). Doch sogar in diesem Zusammentreffen geschieht nichts, bis das *Sonnenlicht,* die dritte oder »versöhnende« Kraft, in der Gleichung hinzukommt. Danach wird von den dreien ein *Keim* geschaffen, welcher die Verwirklichung der latenten Möglichkeit des Samens ist – und ein ganz neues ›Feld‹ von Möglichkeiten.

Oder nehmen wir als Analogie das Segeln. Wie allgemein bekannt, wird ein Segelboot durch die Wellen getrieben aufgrund des Zusammenspiels vom Wind in seinen Segeln (erste Kraft) und dem Widerstand des Wassers gegen seinen Kiel (zweite Kraft). Ergebnis ist, dass das Boot vorwärts durchs Wasser schießt, fast wie ein ausgespuckter Kern einer Wassermelone. Doch wie jede Seglerin und jeder Segler weiß, ist diese Schulbuch-Analogie nicht vollständig. Ein sich selbst überlassenes Segelboot wird eben gerade nicht vorwärts durchs Wasser schießen; es wird sich im Wind drehen und haltmachen. Damit eine Vorwärtsbewegung eintreten kann, muss eine dritte Kraft in diese Gleichung hineinkommen: der Steuerkurs oder der Zielort, durch welchen die Steuerfrau oder der Steuermann das richtige Setzen des Segels und die Ausrichtung des Kiels bestimmt. Nur wenn diese drei zusammenkommen, kann sich das gewünschte Ergebnis einstellen, welches sich im richtigen Kurs und in der zurückgelegten Strecke zeigt.

Später in diesem Kapitel werde ich mehr über die relativen Stärken und Schwächen von binären und ternären Paradigmen hinsichtlich genau dieses Themas sagen: der Vorwärtsbewegung. In Bezug auf die vorrangige Frage, die wir erörtern wollen, geht es jedoch darum, dass ein binäres System und ein ternäres System nicht vermischt und zusammengeführt werden können, weil sie aus grundsätzlich verschiedenen Metaphern für Prozess stammen. Es ist wie im polyrhythmischen Spiel von »zwei gegen drei« in einer Brahms-Sonate: Die Takte stimmen nicht miteinander überein. In einem ternären System gehen die Kategorien »männlich« und »weiblich« nicht genau auf, da diese Systematik nicht auf Gegensatzpaaren beruht, sondern auf einem dreifachen Prozess.

Ist die Trinität ein ternäres System?

Historisch betrachtet scheint das Dogma der Trinität nahezu ad hoc aus einer Reihe von Verteidigungspositionen aufgetaucht zu sein, die während des vierten Jahrhunderts als Reaktion auf die fortlaufenden Wellen arianischer Herausforderungen an die Göttlichkeit Christi zusammengezimmert wurden.[5] Doch phänomenologisch betrachtet ist die Dreifaltigkeit ein Paradebeispiel für etwas, das in der heiligen Überlieferung manchmal als »Arkanum« bezeichnet wird: ein dicht verschlüsseltes Symbol (ein Bild, eine heilige Geste oder eine liturgische Formel), das, wenn es mit einem erleuchteten Herzen gelesen wird, objektives metaphysisches Wissen zu übermitteln vermag. In diesem Fall stellt die Dreifaltigkeit, wenn wir sie als die ursprüngliche Manifestation der unbeschreiblichen Göttlichen Einheit betrachten, die Schablone bereit, durch welche weitere Manifestationen verständlich gemacht werden und zwar sowohl als ewiges Prinzip wie auch als zeitlicher Prozess. Mit dem Gesetz der Drei als ihrem hermeneutischen Schlüssel enthüllt die Dreifaltigkeit das Wissen darum, wie Gott, das verborgene, nicht-manifestierte, unzugängliche Licht, zum empfängbaren Licht wird, das die Liebe offenbart und erzeugt, und darum, wie die Liebe ihrerseits zur Antriebswelle aller Schöpfung wird und alle Dinge zu ihrer Fülle bringt – nicht indem sie aus dem Geschaffenen flüchtet, sondern indem sie es verzehrt.

Dies zu demonstrieren, und zwar zielgerichtet und den Personen vorausgehend, ist möglich, doch nicht ohne das Durchwaten von metaphysischen Gewässern, die abgesehen von Jakob Böhme nur wenige gemeistert haben. Später in diesem Buch werde ich versuchen, die brillante, aber komplizierte Metaphysik Jakob Böhmes umfassender darzulegen und aufzuzeigen, wie er die Reise, auf welcher die Göttliche Einheit in Form und Vielfalt »sich selber offenbahret«,[6] nachverfolgt – Einsichten, die meiner Meinung nach noch immer den Schlüssel zur Entwirrung des gegenwärtigen Dreifaltigkeitsrätsels bergen.

5. Eine gründliche Untersuchung der Entwicklung der christlichen Lehre der Dreifaltigkeit findet sich bei Catherine Mowry LaCugna: *God for Us: The Trinity and Christian Life,* San Francisco: HarperSanFrancisco, 1991.

6. Jakob Böhme: *Clavis oder Schlüssel etlicher vornehmer Puncten und Wörter,* Amsterdam: 1682, Seite 227.

Ohne bereits an dieser Stelle allzu tief in diese heiligen Mysterien eintauchen zu wollen, möchte ich ganz einfach versuchen, eine Vorstellung von der Dynamik zu vermitteln, die einem ternären System innewohnt. Obwohl sich das Christentum die explosive transformative Kraft, die in diesen kovalenten Bindungen der Dreifaltigkeit steckt, erst noch erschließen muss, ist ihr Potenzial nicht gänzlich unbemerkt geblieben. So schreibt Olivier-Maurice Clément in *The Roots of Christian Mysticism* klug:

> Ein einsamer Gott könnte nicht »grenzenlose Liebe« sein. Ein Gott, Der Sich selbst, gemäß einem in der Mythologie gängigen Muster, zweifaltig erschaffen hätte, würde Sich selbst zur Wurzel einer unglücklichen Vielfalt machen, welcher Er nur Einhalt gebieten könnte, indem Er sie wieder in Sich selbst aufsaugte. Das Drei-in-Einem kennzeichnet die Perfektion der Einheit – die »Über-Einheit« [*hyper henosis*] gemäß Dionysius Areopagita –, die sich selbst in Gemeinschaft [Kommunion] erfüllt und zur Quelle und Grundlage aller Gemeinschaft wird. Es verweist auf die dauernde Überwindung von Gegensätzen.[7]

»Zweifaltigkeit« führt zu zyklischer Wiederholung. Jedweder Fortschritt, jede Art von Vorwärtsbewegung durch die Zeit, operiert unter dem Gesetz der Drei, dessen Asymmetrie den notwendigen Vorwärtsimpuls erzeugt. Es gibt keinen Fortschritt ohne das Gesetz der Drei und kein Gesetz der Drei ohne Fortschritt. Diesen trügerisch einfachen Punkt finden wir im Herzen der christlichen Metaphysik, wenn wir ihn uns nur besser erschließen könnten.

Und die Vierfaltigkeit?

Die Vierfaltigkeit wurde erstmals von C.G. Jung als »Verbesserung« der Dreifaltigkeit eingebracht, da er die viereckige Form (um genau zu sein: das Mandala oder das Viereck in Kombination mit dem Kreis) als eine Form mit größerer Stabilität und archetypischer Vollständigkeit als das Dreieck betrachtete. Er deutete an, dass das »fehlende Weibliche« in der christlichen Trinität durch

7. Olivier-Maurice Clément: *The Roots of Christian Mysticism: Text and Commentary*, New York: New York City Press, 1993, Seiten 74–75.

eine Erweiterung des Systems zur Quaternität gefunden werden könnte, wenn das Weibliche als Boden, oder Erdpol, hinzugefügt würde. Jungs Erkenntnis lieferte sowohl das Programm als auch einen großen Teil der Strategie für die gegenwärtigen Bestrebungen in Richtung einer stärker androgynen Neubetrachtung der Gottheit.[8]

In einer sehr wichtigen neueren Abhandlung zu diesem Thema macht sich Vater Bruno Barnhart in seinem Buch *Second Simplicity* das vierfaltige Schema Jungs enthusiastisch zu eigen, obwohl er gleichzeitig eine bemerkenswerte Variante einführt: Er verortet das Feminine am dritten (statt am vierten) Pol.[9] An dieser Stelle fällt es zusammen mit der traditionellen Platzierung des Heiligen Geistes im trinitarischen Denken und erscheint in dieser neuen Zuordnung als »der immanente und vereinigende Geist, [...] das Göttlich Feminine, [...] die innere Weisheit und Kraft, welche die Geschichte der Menschheit in Richtung ihrer Vollendung bewegen.«[10] Hier schlägt Barnhart eine Brücke zwischen femininem und Jung'schem Denken und leistet damit eine kraftvolle, neue theologische Unterstützung für eine feminine Deutung des Heiligen Geistes.

Doch obschon die anfängliche Anziehungskraft der Vierfaltigkeitsvorstellung stark ist und in Barnharts Worten »die Vermählung des maskulinen Prinzips von Struktur und Polarität mit dem femininen Prinzip von Ganzheit, Schlichtheit und Einheit« darstellt,[11] sollte die Schwachstelle des damit bisher dargelegten metaphysischen Systems offensichtlich sein. Denn die Quaternität ist in Tat und Wahrheit nur eine verdoppelte Binarität und funktioniert deshalb auf dem früheren mythologischen Gesetz der Gegensatzpaare, dieses Mal einfach mit doppelten Paaren. Zwar bewirkt sie eine Vervollständigung der Trinität im Sinne eines »Mandalas«, doch hat sie auch metaphysisch die Gleise gewechselt und führt daher zu einer Verklärung und einer Schwächung des ganzen

8. Eine Zusammenfassung der umfangreichen Schriften von C. G. Jung zu diesem Thema findet sich bei Bruno Barnhart: *Second Simplicity*, Seiten 149–153. Auf Johnsons feministische Kritik an der Argumentation Jungs wurde bereits an früherer Stelle in diesem Kapitel eingegangen.

9. Bruno Barnhart: *Second Simplicity*, Seiten 6 und 90–139. Der vierte Pol wird dann zur Erde, die für ihn die Elemente der Materie, der fassbaren Welt, der Körper und der kosmischen Menschheit repräsentiert.

10. Ebenda, Seite 90.

11. Ebenda, Seite 143.

Selbstverständnisses der dynamischen, asymmetrischen Antriebswelle des ternären Systems. Während binäre Systeme ihre Vollendung in einer »Resorption in das Ganze hinein« suchen, wie Clément beobachtete, suchen ternäre Systeme ihre Vollendung *im Hineintreiben in eine neue Dimension.* Um das »fehlende Vierte« zu finden, müssen wir, gemäß dem Gesetz der Drei, auf einer ganz neuen Ebene danach suchen. Das Vierte ist keine abschließende und beständige Vollendung, sondern das Neuentstehende, das sich unvermeidlich aus dem dynamischen Zusammenspiel der drei ergibt.

Die Dreifaltigkeit fließen lassen

Dennoch ist, zumindest für mich, der zu bezahlende Preis für die feminine Teilhabe an der Trinität (jedenfalls im Rahmen der gegenwärtigen Strategien) viel zu hoch. Im Ergebnis wird eine dynamische Metaphysik der Veränderung und Transformation, die zu verstehen wir noch nicht einmal begonnen haben, dazu gebracht, zu einem behäbigen Prinzip von Symmetrie oder von gleichgewichtigen Gegensätzen zu kollabieren, das zwar auf einer gegebenen Ebene bestehen kann, dem es aber an der Fähigkeit fehlt, ins Neue zu treiben.

Der wirkliche Ursprung des gegenwärtigen Dilemmas hinsichtlich des Versuchs, die Dreifaltigkeit zu feminisieren oder sie in Richtung einer Vierfaltigkeit zu ›korrigieren‹, liegt auf der metaphysischen Ebene – und er besteht in dem Problem, das die Trinität in ihrer eigenen inneren Hermeneutik zu vermeiden sucht: nämlich der Zusammenführung von ewigem Prinzip mit zeitlichem Prozess. Die schwierige Naht zwischen Jesus als Mensch und Jesus als Göttlicher Hypostase hat die Theologen seit Jahrhunderten gequält und bleibt der Kern unseres Rätsels, in dem ein männliches ewiges Prinzip ein ausgleichendes weibliches zu fordern scheint. Ebenso taucht der Heilige Geist, wenn die Unterscheidung zwischen ewigen und zeitlichen Reichen einmal verloren gegangen ist, als eine Verschmelzung von ewiger Weisheit mit der energetischen Gegenwart des auferstandenen Christus auf: eine Spannung von Gegensätzen, die auch Barnhart nicht zufriedenstellend miteinander versöhnen konnte.[12]

12. Indem er Christus mit dem zweiten (männlichen) Pol gleichsetzt und den Geist beziehungsweise die Weisheitsenergie mit dem dritten (weiblichen), ver-

Doch die Lösung besteht nicht darin, das ternäre Prinzip aufzugeben, sondern darin, es anzuwenden und der Dreifaltigkeit zu ermöglichen, wieder ins Fließen zu kommen. Als ein metaphysisches Prinzip ist die Dreifaltigkeit ihrem Wesen nach kinetisch und ergießt sich selbst in neue Ausdrucksformen ihrer immensen kreativen Energie. In unserem dogmatischen Beharren auf nur *einer* Triade dieses ewigen sich manifestierenden Prinzips (Vater–Sohn–Heiliger Geist) haben wir ihre Energie aufgestaut und ihre sich entfaltenden Manifestationen miteinander vermengt. Doch die Lösung liegt nicht im Finden von noch stärker inkludierenden sprachlichen Ausdrücken für diese eine Triade, sondern darin, dass wir in unserer Anwendung des Gesetzes der Drei sehr viel gewandter werden und erkennen, dass die Triade Vater–Sohn–Heiliger Geist in einem ternären metaphysischen System ihren Platz unter vielen weiteren Triaden von Gottes Ausdrucksformen einnimmt – von denen jede eine unterschiedliche Facette der Göttlichen Ganzheit offenbart:

- nicht-manifestiert – sich manifestierend – manifestiert
- verborgener Grund der Liebe – Weisheit – Wort
- Gott – Wort – fleischgewordenes Wort
- Mutter-Sophia – Jesus-Sophia – Geist-Sophia[13]
- Vater – Sohn – Heiliger Geist
- bejahend – verneinend – versöhnend.[14]

Das große Geheimnis der Trinität als metaphysisches Prinzip betrachtet liegt, mit Böhmes Worten, in ihrem Vermögen zur »Fas-

bleibt Barnhart keine Möglichkeit, eine Kontinuität zwischen dem historischen männlichen Jesus und seiner dauerhaften persönlichen Gegenwart als christliche Energie und Grundlage zu etablieren. Sollen wir einwenden, dass, wenn ein Mensch den physischen Körper verlässt, er oder sie in der energetischen Manifestierung weiblich wird? Falls dem so ist, muss die Kontinuität zwischen Geschlecht und Persönlichkeit als nur im physisch-zeitlichen Reich normativ betrachtet werden: eine Position, welche die gesamte binäre Metaphysik entkräftet wie auch die traditionelle Trinitätstheologie, die auf der ewigen Hypostase von Vater, Sohn und Geist basiert. Und dies wäre in der Tat eine Büchse der Pandora!

13. Dies ist das von Elizabeth Johnson vorgeschlagene vollständig feminine ternäre Äquivalent zum männlich-gedachten Vater–Sohn–Heiliger Geist.

14. Dies ist die ternäre Grundlage des Gesetzes der Drei gemäß G. I. Gurdjieff. Siehe Kapitel 2.

sung des Nichts ins Etwas«:[15] zur Manifestierung von ewig Prinzipiellem in Zeit und Form. Zeit – das heißt ein sequenzieller Prozess – ist eine wesentliche Zutat, und gerade in der Zeit werden wir das fehlende Feminine finden. Aus der oben stehenden Auflistung erkennen wir auch, wie das Ternäre ein Prinzip ist, das über die Gegensatzpaare hinausgeht und sich, je nach der jeweiligen Triade, mit dem Maskulinen und mit dem Femininen an verschiedenen Punkten verbindet (das Feminine ist nicht immer automatisch die ›verneinende‹ oder empfangende Kraft, sondern kann verneinen, bejahen oder versöhnen; die Stationen sind fließend).[16] Diese Flexibilität ist nicht nur frei vom Mangel an femininer Teilhabe, sondern auch von Genderklischees, die in den heutigen psychologischen Modellen dermaßen vorherrschen.

Soll das feministische Dilemma zufriedenstellend aufgelöst werden, besteht die wirkliche Aufgabe darin, den Mut zu finden, die Dreifaltigkeit als die theologische Trumpfkarte des Christentums fallen zu lassen (das sie nur ausspielt, um zu beweisen, dass ein Mensch vollständig Gott war), und uns ihr stattdessen in ihrer kosmisch subtilen Rolle als einem ordnenden und offenbarenden Prinzip anzunähern mit Christus als dessen kulminierender Ausdrucksform. Wenn wir das metaphysische Prinzip als eine dogmatische Stütze missbrauchen, haben wir dessen innewohnende Transformationsenergie nicht begriffen. Könnten wir unser Suchen jedoch wieder ausweiten, würden wir möglicherweise entdecken, dass die Trinität Schätze bereithält, die zu erahnen wir noch nicht einmal begonnen haben. Doch dieses Arkanum aus einem gutgemeinten, aber schlecht begründeten Versuch, die »feminine« Dimension des Christentums stärken zu wollen, fallen zu lassen oder zu verfälschen, bedeutet, eine falsche und sehr gefährliche Abbiegung zu nehmen.

15. JAKOB BÖHME: *Clavis,* Seite 258.

16. Elizabeth Johnson spricht von der »in der biblischen Christologie bezeugten Fluidität der Geschlechtersymbolik« (in *She Who Is,* Seite 99); doch von ihrer fixen theologischen Perspektive aus versäumt sie zu erkennen, dass diese Fluidität eine dem ternären System innewohnende Funktion der metaphysischen Fluidität ist, wo die Eigenschaften »bejahend«, »verneinend« und »versöhnend« nicht mit Geschlechtern verknüpft sind.

2

Das Gesetz der Drei erklärt

IM VORANGEGANGENEN KAPITEL HABE ICH NUR EINEN KURzen Überblick über das Gesetz der Drei gegeben. Nun ist es an der Zeit, auf einige der Details genauer einzugehen, sodass wir uns eine bessere Vorstellung von seinen Wirkungsprinzipien und seinem Spektrum an Anwendungsmöglichkeiten machen können.

Wie bereits erwähnt, ist das Gesetz der Drei ein Konzept, das noch bis vor Kurzem außerhalb der inneren Kreise jener Menschen, die sich mit dem Werk Gurdjieffs beschäftigen, völlig unbekannt war. Gurdjieffs anfängliche Darlegung des Konzepts für seine Anhänger erfolgte mündlich und erfahrungsbasiert, und bis zum heutigen Tag wird die Lehre in diesen Kreisen auf diese überaus wirksame Weise vermittelt. Dennoch entstand in den rund einhundert Jahren, seitdem sich jene ersten russischen Gruppen um diesen mysteriösen »Tanzmeister« aus Zentralasien versammelt hatten, eine ganze Literatur über »das Werk«, und so sind es dessen anerkannte ›Patriarchen‹, die ich heranziehen möchte, damit sie mir helfen, etwas präziser auszuführen, was ich in der Einleitung skizziert habe. Lassen Sie mich also meine Sachverständigen kurz vorstellen.

Natürlich bleibt die letzte Berufungsinstanz Gurdjieff selbst, dessen Schriften zu Rate gezogen werden können, insbesondere sein weit ausholender, großartiger und beispielloser Wälzer *Beelzebubs Erzählungen für seinen Enkel;* allerdings werden die meisten Neulinge in dieser Arbeit gerade dieses Buch mit seiner geheimnisvollen Sprache und unnachahmlichen Mischung aus kosmischer Wahrheit und purer Flunkerei wahrscheinlich als allzu ausgefallen empfinden, als dass sie damit einsteigen könnten.

Das übliche Tor, durch das viele Menschen auch heute noch das Werk betreten, ist P.D. Ouspenskys Buch *Auf der Suche nach dem Wunderbaren.* Ouspensky (gestorben 1947) war bereits ein anerkannter Autor und Philosoph, als er Gurdjieff im Jahr 1914 begegnete. Ouspenskys Buch – teils Biografie, teils Darlegung der Prinzipien – ist klar und sehr genau geschrieben; sein besonnenes und ausgeglichenes Wesen unterscheidet sich sehr von Gurdjieffs ausgelassenem, geheimnisvollem und ostentativem Draufgängertum, und so entsteht manchmal der Eindruck, dass er das lebendige Herz des Werks übersah. Die zwei gingen ab dem Jahr 1922 getrennte Wege und ihre jeweiligen Linien drücken sich bis heute in unterschiedlichen Merkmalen der Gurdjieff-Lehre aus.

Der zweite wichtige Kommentator, den ich heranziehen werde, ist Maurice Nicoll (gestorben 1953), dessen riesiges, fünf Bände umfassendes Werk *Psychological Commentaries on the Teaching of Ouspensky and Gurdjieff* einen schriftlichen Korpus umfasst, der nicht weniger voluminös ist als der von Gurdjieff und Ouspensky zusammengenommen. Fairerweise muss angemerkt werden, dass Nicoll niemals die Absicht hatte, solch einen Wälzer zu schreiben; der 1776 Seiten umfassende Text wurde aus den wöchentlichen Vorträgen zusammengestellt, die er während seiner lang andauernden Ausübung der Funktion eines ›Verwalters‹ des Werks in Großbritannien gewissenhaft gehalten hatte. Als Arzt, Psychologe (er war auch eine Zeit lang Schüler von C.G. Jung) und lebenslanger Student der christlichen mystischen Tradition war Nicoll ein besonnener Lehrer, der sich dem Werk verpflichtet fühlte. Seine Kommentare bieten eine ausgewogene und überaus praktische Herangehensweise zur Anwendung der Grundsätze des Werks im Alltag und werden noch immer von einigen der Studentinnen und Studenten des Werks, einschließlich meines eigenen Eremitenlehrers, täglich gelesen.

Ich bedaure, dass ich es in dieser kurzen Untersuchung nicht geschafft habe, John G. Bennett (gestorben 1974) zu berücksichtigen, jenen anderen bemerkenswerten Ausleger des Werks, dessen Einfluss besonders in Nordamerika stark war. Dies sollte nicht als Misstrauensvotum oder Mangel an Respekt verstanden werden, sondern ganz einfach als Ausdruck der Erkenntnis, dass Bennetts Komplexität und Originalität im Verständnis des Werks so etwas wie ein eigenes Universum geschaffen haben, das für Neueinsteiger nicht wirklich den einfachsten Ausgangspunkt bietet – insbesondere in Anbetracht des eng abgesteckten und spezifischen Zwecks, den ich hier verfolge. Einige der Hauptwerke Bennetts sind in der Bibliografie am Ende dieses Buches aufgeführt und ich empfehle sie von ganzem Herzen. Vor allem die Art und Weise, wie er das Enneagramm verstanden hat, sowie seine Ausführungen über die

Quellen von Gurdjieffs Lehren im Nahen Osten und im Sufismus bleiben einzigartig.

Zu diesem etablierten Korpus an Gurdjieff-Literatur sind in den letzten Jahren einige begrüßenswerte Ergänzungen hinzugekommen. Unter diesen möchte ich James Moores *Gurdjieff: The Anatomy of a Myth* als den normativen Ausgangspunkt für die meisten Neueinsteiger in das Werk empfehlen – vorzugsweise noch bevor sie sich daranmachen, Ouspenskys *Auf der Suche nach dem Wunderbaren* knacken zu wollen. Als eine im Vereinigten Königreich in den Kreisen der Gurdjieff-Arbeit höchst angesehene Persönlichkeit, die über einen scharfen Verstand und einen feinen Sinn für Ironie verfügt, liefert Moore hier eine wunderbar umfassende Übersicht über das Werk und offeriert kluge Kommentare zu einigen heiklen Themen, die von weniger unabhängig denkenden Anhängern allzu oft schöngefärbt worden sind. Des Weiteren möchte ich Jacob Needleman nennen, eine schon lange respektierte Stimme in der nordamerikanischen Intellektuellenszene, der mehr und mehr dazu bereit ist, sich öffentlich zu seiner langjährigen Beteiligung im Werk »zu bekennen«, und mit dem ein ganz neuer Strom an Einsichten aufzutauchen beginnt. In seinem kürzlich erschienenen Buch *What Is God?* hat Needleman exzellente und erkenntnisreiche Aussagen zu bieten über das Gesetz der Drei und vor allem über dessen Gegenstück, das Gesetz der Sieben, das ich zu gegebener Zeit heranziehen werde. Mit der jüngsten Veröffentlichung des Buches *Die Wirklichkeit des Seins,* den Vorträgen von Jeanne de Salzmann, Gurdjieffs langjähriger Weggefährtin und Nachfolgerin im Werk, wurde uns nochmals ein weiteres ergiebiges Fenster an Einblicken in die Lehren Gurdjieffs geöffnet.[17]

In diesem Kapitel will ich mich nun auf das Gesetz der Drei konzentrieren. Es ist nicht meine Absicht, Ihnen eine formelle Einführung in das Werk Gurdjieffs geben zu wollen; indem ich einige wesentliche Punkte herausdestilliere, die sich auf unser konkretes Thema beziehen, möchte ich Ihnen einfach die Strapazen ersparen, sich durch diesen ganzen, herausfordernden Fundus an Literatur hangeln zu müssen. Es ist mir ein Anliegen, dass Sie nachvollziehen können, worin genau sich dieses Gesetz der Drei von

17. Anmerkung der Übersetzer: Dieser Liste würde die Autorin mittlerweile sicherlich noch die neueste Biografie *Gurdjieff in neuem Licht: Sein Leben, sein Werk, sein Vermächtnis* von Roger Lipsey hinzufügen (siehe Bibliografie), zu der sie selbst ein umfangreiches Vorwort beigesteuert hat.

anderen Systemen unterscheidet, die Prozess und Veränderung beschreiben; noch wichtiger ist mir, dass Sie vielleicht sogar ein Interesse daran entwickeln, dieses Gesetz auf Ihre eigenen Lebensumstände anzuwenden und zu schauen, was dabei herauskommt. Ich bin mir nicht sicher, ob man die folgende Auflistung als »Das Gesetz der Drei für Dummies« betiteln könnte – jedenfalls habe ich acht Kernpunkte extrahiert, welche die Ausgangsbasis recht gut erklären. Als Erstes werde ich sie kurz aufzählen, nenne dann die Autoren und Titel der zitierten Arbeiten und erörtere anschließend jeden dieser Punkte separat.

Das Gesetz der Drei: die grundlegenden Prinzipien

1 Bei jedem Neuentstehenden sind drei Kräfte involviert: die bejahende, die verneinende und die versöhnende (oder ausgleichende) Kraft.

2 Das Verflechten der drei produziert ein Viertes in einer neuen Dimension.

3 Das Bejahende, das Verneinende und das Versöhnende sind keine Fixpunkte oder permanenten Wesensattribute, sondern können sich verschieben, was sie tatsächlich auch tun, und müssen situativ unterschieden werden.

4 Eine neue Triade kommt immer am ausgleichenden Punkt zum Vorschein.

5 Nicht jede Gruppe von drei Teilen bildet eine Trinität, sondern ausschließlich jene Art von Gruppen, in denen die drei gemäß den Bedingungen des Gesetzes der Drei als dynamisch miteinander verflochten betrachtet werden können.

6 Lösungen im Falle von Blockierungen ergeben sich im Allgemeinen dadurch, dass wir lernen, die dritte Kraft zu entdecken und zu vermitteln, die in jeder Situation präsent, in der Regel allerdings verborgen ist.

7 Das gemäß dem Gesetz der Drei Neuentstehende wird sich im Allgemeinen gemäß dem Gesetz der Sieben weiterentwickeln.

8 Die Idee der dritten Kraft ist in der Religion im Konzept der Trinität zu finden.

Schriften,
aus denen nachfolgend zitiert wird

G. I. Gurdjieff: *Beelzebubs Erzählungen für seinen Enkel*

James Moore: *Gurdjieff: The Anatomy of a Myth*

Maurice Nicoll: *Psychological Commentaries on the Teaching of Ouspensky and Gurdjieff,* Band 1 und 3

P. D. Ouspensky: *Auf der Suche nach dem Wunderbaren*

Bitte beachten Sie, dass diese Liste der Quellen für das Gesetz der Drei keineswegs vollständig ist. Eine wesentlich umfassendere Zusammenstellung von Erläuterungen des Gesetzes der Drei durch Gurdjieff und einzelne seiner Studentinnen und Studenten finden Sie in der Bibliografie. Nun lassen Sie uns jeden der oben aufgeführten Punkte einzeln betrachten.

1
Bei jedem Neuentstehenden sind drei Kräfte involviert: die bejahende, die verneinende und die versöhnende (oder ausgleichende) Kraft

Gurdjieff, Seite 800 • Moore, Seite 44
Nicoll, Seiten 108 und 110 • Ouspensky, Seiten 111–113

Die Essenz des Gesetzes der Drei besagt, dass jede Erscheinung, auf welcher Stufe (von subatomar bis kosmisch) und in welcher Welt auch immer, aus der Wechselwirkung dreier Kräfte entspringt, von denen die erste aktiv, die zweite passiv und die dritte ausgleichend wirkt. In der Sprache des Werks Gurdjieffs werden diese Kräfte als »heiliges Bejahen, heiliges Verneinen und heiliges Versöhnen« bezeichnet oder als »bejahend, verneinend und versöhnend (oder neutralisierend)« beziehungsweise einfach als »erste, zweite und dritte«.

Das Wichtigste, was wir uns hierbei merken müssen, ist, dass die dritte Kraft eine *unabhängige* Kraft ist, den anderen beiden gleichgestellt, also kein *Produkt* der ersten beiden, wie es im klassischen Hegelschen Konzept von »These, Antithese und Synthese« der Fall ist. So, wie es drei unabhängige Haarsträhnen braucht, um einen Zopf zu flechten, werden drei einzelne Kraftlinien für ein neues Entstehen benötigt. Diese dritte Kraft dient dazu, die anderen beiden Kräfte (welche ansonsten unverbunden oder blockiert blieben) in eine Beziehung zueinander zu bringen, aus der sich eine Vorwärtsentwicklung ergeben kann.

Wir erkennen, wie dieses Prinzip den von mir im vorangegangenen Kapitel angeführten Beispielen zugrunde liegt. Der Gegensatz von Wind und Kiel wird kein Segelboot vorwärts durch das Wasser treiben; es braucht die »versöhnende« Präsenz der steuernden Person, um die neue Erscheinung zu erzeugen: den ausgleichenden Kurs über das Wasser. Die Saat wird nicht einfach sprießen, weil man sie in die Erde setzt (auch nicht, wenn diese feucht genug ist); das Sonnenlicht katalysiert den Vorgang. James Moore führt ein den Studierenden des Werks vertrautes Trio weiterer Beispiele an: »Mehl und Wasser werden nur dann zu Brot, wenn sie durch Feuer zusammengefügt werden; Kläger und Beklagter können ihren Fall nur durch einen Richter entscheiden lassen; Zellkern und Elektron bilden nur dann ein Atom, wenn sie sich in einem elektromagnetischen Feld befinden.« Im folgenden Kapitel werden wir dieser Liste noch weitere Beispiele hinzufügen, die ich den praktischen Anstrengungen der Studentinnen und Studenten meiner Weisheitsschule verdanke, als sie sich um das Verständnis dieses Prinzips bemühten, doch bereits die vorliegenden Beispiele genügen, um den Grundgedanken zu verdeutlichen.

Das bedeutet jedoch nicht, dass diese dritte Kraft *vollkommen* unabhängig von den anderen beiden ist. Gurdjieff selbst gab hinsichtlich dieses Punktes widersprüchliche Hinweise, und sein berühmtes Diktum in *Beelzebubs Erzählungen* – »Das Höhere verschmilzt mit dem Niederen, um gemeinsam ein Mittleres zu verwirklichen, das dadurch selbst ein Höheres für das vorhergehende Niedere oder ein Niederes für das nachfolgend Höhere wird« – reichte aus, ganze Klassen von Gurdjieff-Studenten auf fruchtlose Erkundungsversuche zu schicken. Moore vermittelt in diesem Disput mit seinem vernünftigen Vorschlag, dass diese scheinbar widersprüchliche Darlegung eigentlich zu einem ganz anderen Gebiet der Gurdjieffschen Lehre gehöre und eher zu tun habe mit dem Thema des interdependenten Entstehens (oder der »gegenseitigen Erhaltung«, wie Gurdjieff es nennt) als mit der eigentlichen Mechanik des Gesetzes der Drei. Wie dem auch sei – ich kann bestätigen, dass der Hauptteil der Lehren des Werks die Vorstellung von drei voneinander unabhängigen Kräften stützt, und genau darin finden wir auch die meisten grandiosen Belege für die Genauigkeit und den Nutzen dieses Prinzips.

2
Das Verflechten der drei produziert ein Viertes in einer neuen Dimension

Gurdjieff, Seite 150 • Moore, Seite 44
Nicoll, Seiten 108–109

Dieser zweite Punkt bekräftigt im Wesentlichen den ersten, nur kommt die Aussage dieses Mal aus der entgegengesetzten Richtung. Dennoch ist die hier eingenommene Perspektive wichtig genug, um sich mit ihr auseinanderzusetzen. Gurdjieff nannte das Gesetz der Drei auch »das Gesetz der Welterschaffung«; in Wirklichkeit zeigt es auf, wie Neuentstehendes ins Sein kommt – das heißt neue Erscheinungen, neue Welten, neue Ergebnisse, neue Möglichkeiten oder neue »Oktaven« (um einen ganz besonderen Begriff aus der Terminologie des Gurdjieffschen Werks einzuführen). Das Gesetz handelt von der Erschaffung neuer Spielwiesen in einer permanenten Manifestierungsdynamik. Laut Gurdjieff ist es »ein Gesetz, das immer eine Folge nach sich zieht und so Ursache weiterer Folgen wird.«

Wenn wir uns dieses neue »Etwas« betrachten, das durch das Zusammenwirken der drei Kräfte ins Sein kommt, ist es unschwer zu erkennen, dass wir es dabei nicht einfach nur mit einer Fortsetzung einer Abfolge zu tun haben; es ist eine ganz andere Ebene. Ein Zopf ist nicht einfach eine vierte Haarsträhne; er ist eine vollständig neue Kategorie von »Dinglichem«. Ein junger Bohnenspross ist kein Same mehr, er ist eine *Pflanze* mit einem nagelneuen Spektrum an Möglichkeiten, das auf sie wartet. Ein durch die Interaktion von Sperma (bejahend), Ei (verneinend) und Liebesakt (versöhnend) in die Welt gesetztes Kind ist nicht bloß eine Fortführung des Lebens seiner Eltern, sondern ein eigenes Leben mit einem völlig neuen Horizont, der sich vor dem Kind erstreckt, und einer ihm eingeprägten Manifestierungsdynamik. In Gurdjieffs Worten ist das Kind eine »neue Triade« – womit hervorgehoben wird, dass es nicht bloß ein neues Geschöpf, sondern selbst eine schöpferische Kraft ist und das Potenzial in sich trägt, wiederum ein weiteres vollkommen neues Reich von Neuentstehendem ins Sein zu bringen.

»Das Verflechten der drei schafft ein Viertes.« In diesem Sinne hatte Jung Recht mit seinem Instinkt, die Dreifaltigkeit ›vervollständigen‹ zu wollen, indem er versuchte, sie zu einer Vierfaltigkeit auszuweiten. Doch erkannte er nicht, dass das »fehlende Vierte« nicht einfach ein viertes Bein an einer zweidimensionalen, kreuzförmigen Figur sein kann; es geht um eine ganz neue Dimension, die das Dreieck zu einer Pyramide transformiert.

In Teil vier dieses Buches werde ich mich ausführlich auf diesen zweiten Punkt beziehen, um aufzuzeigen, inwiefern die Trinität nicht einfach ein statisches, zweidimensionales Dreieck ist, sondern eine, im wahrsten Gurdjieffschen Sinne des Wortes, echte »Triade«, die das aktive Prinzip in sich trägt (das Gesetz der Drei als solches), welches die Dreifaltigkeit mit der ihm innewohnenden Dynamik einer neuen Schöpfung durchdringt. »Jede Triade kann eine weitere Triade hervorrufen«, schreibt Nicoll, »und unter den richtigen Bedingungen ergibt sich eine Kette von Triaden.« Dies ist im Wesentlichen das Leitprinzip, durch das ich unser traditionelles Verständnis der Trinität zu einer siebenfaltigen Kette von Trinitäten erweitern möchte, welche die Kluft zwischen Alpha und Omega in einer einzigen Flugbahn Göttlicher Selbstmitteilung überbrückt.

3

Das Bejahende, das Verneinende und das Versöhnende sind keine Fixpunkte oder permanenten Wesensattribute, sondern können sich verschieben, was sie tatsächlich auch tun, und müssen situativ unterschieden werden

---

OUSPENSKY, Seite 111 • NICOLL, Seiten 109–112

Dieser Aspekt des Gesetzes der Drei ist für den westlich geprägten Verstand, der konditioniert ist, in großen binären Gegensätzen mit festen archetypischen Charakteren zu denken, etwas gewöhnungsbedürftig. Es ist schwierig, das Begriffspaar »aktiv–passiv« zu hören und es nicht augenblicklich mit »maskulin–feminin« zu übersetzen. Genauso mühsam ist es zu vermeiden, ein Werturteil hineinzudenken wie: Die bejahende Kraft ist »gut«, die verneinende Kraft ist »schlecht«. Diese beiden tief verwurzelten mentalen Gewohnheiten machen es uns schwer, die Neuheit der Idee, welche Gurdjieff uns hier präsentiert, zu begreifen. Wenn wir in die Falle tappen, das heilige bejahende Prinzip als das maskuline Prinzip zu verstehen oder das heilige Verneinende mit dem zu bewältigenden Hindernis gleichzusetzen, haben wir die machtvolle, neue Hebelkraft nicht begriffen, die das Gesetz der Drei unseren traditionellen Auffassungen von Prozess und Veränderung verleihen kann. Genau aus diesem Grund, nämlich alte Assoziationsbahnen zu vermeiden, ziehen viele der Studentinnen und Studenten des Werks es vor, diese drei Kräfte schlicht als »erste, zweite und dritte« zu bezeichnen.

Das Allerwichtigste bei diesem Modell ist, dass alle drei Kräfte *gleichermaßen wichtige* Beteiligte beim Entfalten von etwas Neuentstehendem sind. Das Verneinende (die zweite Kraft) ist niemals ein Hindernis, das es zu überwinden gilt, sondern immer eine legitime und essenzielle Komponente der neuen Manifestation. Bereits diese Erkenntnis an sich führt zu einer drastischen Neuorientierung beim Lösen von Problemen. Der »Feind« ist niemals der Feind, sondern ein notwendiger Teil der »Gegebenheiten« einer jeden Situation; und Lösungen, welche darauf abzielen, die zweite Kraft zu eliminieren, werden niemals funktionieren. Wie Jesus in seiner berühmten Lehre im Lukasevangelium 14.31 sagt: »Oder wenn ein König gegen einen anderen in den Krieg zieht, setzt er sich dann nicht zuerst hin und überlegt, ob er sich mit seinen zehntausend Mann dem entgegenstellen kann, der mit zwanzigtausend gegen ihn anrückt?« – Widerstand muss mit einberechnet werden: nicht nur zum Schutz der eigenen Ausgangsbasis, sondern weil er eine unerlässliche Zutat in der Vorwärtsbewegung ist.

Der zweite, ebenso grundlegende Zusammenhang liegt hier darin, dass »das Bejahende, das Verneinende und das Versöhnende« keine Identitäten, sondern Rollen oder *Funktionen* sind und sich rein situativ zeigen. Für jede Situation, die sich vorwärtsbewegt, müssen alle drei gegenwärtig sein, und die Präzision, mit der man fähig ist, die Funktionen den Kräften zuzuordnen, ist ein wichtiger Baustein zur Lösung jedweden Problems. Oftmals kann eine Situation, die in einer Sackgasse zu stecken scheint, durch ein Auswechseln der Funktionen verändert werden. Ein solcher Wechsel in irgendeiner der drei Kategorien wird augenblicklich die anderen beiden beeinflussen.

Dieser Punkt ist in Nicolls berühmtem Beispiel »des Werks als ausgleichender Kraft« gut dargelegt. Laut Nicoll ist im nichterwachten Menschen die Persönlichkeit aktiv, das Wesen passiv und das Leben selbst die ausgleichende (dritte) Kraft – mit anderen Worten, das Leben plant, den Menschen als das zu belassen, was er ist: konditioniert, oberflächlich und, laut Gurdjieffs nicht sehr schmeichelhafter Einschätzung, »eine Maschine«. Wenn dieser Mensch sich einem Weg des Erwachens verpflichtet und das Werk an die Position stellt, die bisher vom unbewussten Leben eingenommen wurde, beginnt sich eine Veränderung zu vollziehen: Die Persönlichkeit hört auf, den ganze Laden zu schmeißen, und das wahre, bisher aber bloß latente Wesen dieses Menschen beginnt, als die aktive Kraft zum Vorschein zu kommen. Nicoll bemerkt: »Eine Veränderung in der Eigenschaft der ausgleichenden Kraft verändert nicht nur die Beziehung der Kräfte in einer Triade, sondern kann die aktiven und die passiven Kräfte sogar umkehren.« Es ist diese flexible, formverändernde Fähigkeit der drei Kräfte, die in erster Linie verantwortlich ist für die dem Gesetz der Drei innewohnende Dynamik.

4
Eine neue Triade kommt immer am ausgleichenden Punkt zum Vorschein

---

NICOLL, Seite 109

Wenn Sie einmal mit der Funktionsweise des Gesetzes der Drei vertraut sind, ist diese Aussage ziemlich offensichtlich, denn der ausgleichende (oder versöhnende) Punkt ist immer dort, wo die anderen beiden Kräfte aufhören, gegeneinander zu wirken, und miteinander in Beziehung treten. Aber dies ist auch schon das einzige »immer«, das Sie bei der Zuweisung der Funktionen anwenden können. Die Tatsache, dass ein Element die Rolle der aktiven Kraft in einer Triade einnimmt, bedeutet nicht, dass es diese auch in der nächsten Triade innehat. Abweichung ist immer die Regel.

5
Nicht jede Gruppe von drei Teilen bildet eine Trinität, sondern ausschließlich jene Art von Gruppen, in denen die drei gemäß den Bedingungen des Gesetzes der Drei als dynamisch miteinander verflochten betrachtet werden können

---

NICOLL, Seite 109

Das Gesetz der Drei ist Dynamik pur. Es zeigt auf, wie neue Manifestationen aus alten entlang einer ganz besonderen Verlaufsbahn der Wechselwirkung entstehen. Nicht jede beliebige Gruppe von drei Dingen ist Beleg eines gerade ablaufenden ternären Prozesses, sondern nur drei Dinge, die in einer gegebenen Situation auf besondere Art und Weise die Beziehung des Bejahenden–Verneinenden–Versöhnenden eingehen, sodass eine neue Erscheinung katalysiert wird. Bei Rot, Gelb und Blau beispielsweise haben wir es nicht mit einer Triade nach dem Gesetz der Drei zu tun (es sei denn, das gewünschte Ergebnis wäre Schlammgrau); die dynamische Triade in dieser Situation ist tatsächlich Rot–Gelb–*Malpinsel,* was Orange ergibt. So betrachtet stellen sich die meisten klassischen metaphysischen Triaden lediglich als Listen von Bestandteilen heraus: Körper–Verstand–Seele, Monade–Nous–Seele, Erinnerung–Verständnis–Wille. Sogar die berühmte platonische Triade Körper–Psyche–Geist wird nur dann echt ternär, wenn sie dergestalt konfiguriert ist, dass sie aufzeigt, wie die Psyche als heiliges Versöhnen zwischen Körper und Geist funktioniert, um ein Neuentstehendes, das Selbst, ins Sein zu bringen. In ihren üblichen Iterationsschleifen skizziert diese Triade lediglich eine Hierarchie des Seins oder unterschiedliche psychologischer Typen (fleischlicher Mensch, psychischer Mensch, spiritueller Mensch).

Wie steht es mit der Heiligen Dreifaltigkeit selbst, Vater–Sohn–Heiliger Geist? Ist sie Zeugnis eines ablaufenden ternären Prozesses oder ist sie lediglich eine statische Auflistung von Bausteinen? In ihren traditionellen Darstellungen ähnelt sie ganz gewiss wesentlich mehr dem Letztgenannten, und dies ist, so glaube ich, vor allem der Tatsache geschuldet, dass man in der christlichen Metaphysik derart lange keinerlei Ahnung hatte von der echten Dynamik des Gesetzes der Drei. In Teil drei werde ich versuchen, diese drei Bausteine in eine echte Gesetz-der-Drei-Verbindung zu bringen und darzulegen, wie das daraus resultierende Neuentstehende tatsächlich mit einem bestimmten Stadium der anhaltend dynamischen Entfaltung der Trinität übereinstimmt – genau genommen mit dem Stadium, dem unser heutiges Zeitalter angehört. Für den Augenblick ist es jedenfalls wichtig, sich daran zu erinnern, dass »drei Dinge noch keine Trinität ergeben.« Es gibt statische Triaden und dynamische Triaden, und nur die letzte Kategorie erfüllt, was das Gesetz der Drei mit dem Begriff *Triade* wirklich meint.

6
Lösungen im Falle von Blockierungen ergeben sich im Allgemeinen dadurch, dass wir lernen, die dritte Kraft zu entdecken und zu vermitteln, die in jeder Situation präsent, in der Regel allerdings verborgen ist

Ouspensky, Seiten 111–113 · Nicoll, Seiten 109–110 und 968–971 · Needleman, Seite 96 · Moore, Seite 44

»Wenn wir in irgendetwas einen Stillstand beobachten oder eine endlose Verzögerung an derselben Stelle«, so Ouspensky, »dann können wir sagen, dass an der bestimmten Stelle die dritte Kraft fehlt.« Vor dem Hintergrund all dessen, was wir uns im Kontext mit dem Gesetz der Drei bereits angeschaut haben, sollte dies für jede und jeden nachvollziehbar sein: Die dritte oder ausgleichende Kraft ist diejenige, welche die anderen beiden miteinander in Beziehung bringt. Ohne dritte Kraft keine Aktion. Es ist empfehlenswert, die Konsequenzen dieses Prinzips nochmals hervorzuheben im Hinblick auf unser Bestreben, einsichtig zu handeln: Es bringt nichts, sich auf die Seite der einen Kraft zu schlagen, um die andere zu überwinden; eine Lösung wird nur dann auftauchen, wenn die dritte Kraft eintritt. Das Gurdjieffsche Äquivalent zu den buddhistischen »geschickten Mitteln« impliziert, sich immer mit der dritten Kraft in Einklang zu bringen und zu versuchen, ihr dabei zu helfen, in der gegebenen Situation wirksam werden zu können.

Das Problem besteht darin, dass es gar nicht so einfach ist, sich mit der dritten Kraft in Einklang zu bringen; fast alle Autoren aus der Gurdjieff-Tradition haben über genau diese Herausforderung geschrieben, die Needleman am prägnantesten zusammenfasst: »Die dritte Kraft ist für Menschen im Bewusstseinszustand, in dem sie gewöhnlichen leben, unsichtbar.« Dies liegt nicht etwa daran, dass sie an sich so überaus zart und selten ist (obwohl einige Lehrerinnen und Lehrer des Werks dazu neigen, sie so zu beschreiben), sondern weil die Standardeinstellung unseres gewöhnlichen Bewusstseins zum Binären, zum »entweder / oder«, neigt. Es fehlt ihm an der Sensibilität und der *eigentlichen physischen Eignung*, für die dritte Kraft wach zu sein und zu bleiben, wofür es eine echte Fähigkeit braucht, jenseits von Gegensätzen zu leben. Diese Fähigkeit gehört nicht zu unserem gewöhnlichen »formbildenden« Verstand, wie Gurdjieff ihn bezeichnet, das heißt zu unserem egoischen Betriebssystem mit seiner Tendenz, in einfachen und konditionierten »Gedankenbytes« zu denken. Sie wird nur durch hartnäckige Anstrengungen in Richtung eines bewussten Erwachens erreicht, mittels Übungen, die unseren Verstand neu ausrichten und unser Nervensystem stärken, um uns zu befähigen, der höheren, von Gurdjieff »objektive Wahrheit« genannten Schwingungsfrequenz standzuhalten. In einer uns aktuell vertrauteren Begrifflichkeit fällt die Fähigkeit, die dritte Kraft zu erkennen und bewusst einzubinden, unter das, was wir heutzutage als »vereinigendes« oder »non-duales Bewusstsein« bezeichnen, und dessen Beständigkeit in einem Menschen reflektiert einen evolutionären Fortschritt im Bewusstsein.

Die Überlieferung des Werks hinsichtlich des Verständnisses der dritten Kraft ist keineswegs aus einem Guss. Für Autoren mit einer eher mystischen Neigung scheint sie ein Hereinbrechen aus einer höheren Ordnung von Wirklichkeit zu sein (dem ähnlich, was die Christen vielleicht als »Gnade« bezeichnen); für andere ist es offenbar eher so, dass dieses Hereinbrechen einer höheren Wirklichkeit ganz einfach die Augen eines Menschen für die dritte Kraft öffnet, die tatsächlich bereits gegenwärtig, allerdings zumeist verborgen ist. Vielleicht liegt die Wahrheit irgendwo dazwischen: Was auch immer den Verstand für diese höhere Wahrnehmungsebene aufweckt, es »zieht« die dritte Kraft gleichzeitig wie eine Art Blitzableiter »herunter«. Egal, wie die eigentliche Mechanik funktioniert, unterm Strich bleibt doch die Tatsache, dass die dritte Kraft nicht automatisch in eine Situation eintritt; sie braucht die bewusste Vermittlung durch eine aufgeweckte Gegenwart und eine flexible Intelligenz. Die Kultivierung dieser beiden Fähigkeiten ist das wichtigste praktische Anliegen des Werks oder der Gurdjieff-Arbeit.

7
Das gemäß dem Gesetz der Drei Neuentstehende wird sich im Allgemeinen gemäß dem Gesetz der Sieben weiterentwickeln

---

GURDJIEFF, Seite 800 • NICOLL, Seite 108
NEEDLEMAN, Seiten 96–101 • MOORE, Seiten 44–45

Das Gesetz der Sieben ist komplexer als das Gesetz der Drei; umfassend darauf einzugehen, würde den Rahmen dieses Buches sprengen, doch lassen Sie mich nichtsdestotrotz versuchen, die wesentlichen Merkmale dieses Gesetzes zu skizzieren. Es beginnt recht unkompliziert mit der Aussage, dass jeder sich entwickelnde Vorgang durch sieben unterschiedliche Stufen hindurchgehen muss, bevor er zu seinem Abschluss kommt. Soweit ist noch nichts besonders neu; Andeutungen einer intrinsischen Siebenfaltigkeit von Prozessen kennen wir aus allen möglichen Bereichen, von Märchen, über die Biologie, bis hin zu den Wochentagen. Doch dann bringt Gurdjieff seine berühmte Wendung: Entlang dieser siebenfaltigen Flugbahn fließt die Energie nicht gleichmäßig (wie man es gemäß dem Trägheitsgesetz erwarten würde), sondern erleidet an ganz bestimmten Punkten eine ›Einschnürung‹ oder einen Kraftverlust, an denen ein zusätzlicher Energieschub hinzukommen muss, damit der Prozess auf Kurs gehalten werden kann.

Gurdjieff nennt dieses Phänomen »die Unstetigkeit von Schwingungen«; Needleman legt die revolutionären Weiterungen, die sich daraus ergeben, in einem Absatz dar, von dem ich es für lohnenswert halte, ihn in Gänze zu zitieren:

> Ich las [in Ouspenskys *Auf der Suche nach dem Wunderbaren,* Seite 179] über die grundsätzliche Idee der inhärenten Unstetigkeit von Schwingungen: eine Definition, welche dem ersten Bewegungs- oder Trägheitsgesetz von Newton widerspricht, das grob zusammengefasst besagt, dass ein Körper in seinem Zustand gleichförmiger Bewegung verharrt, solange keine äußere Kraft auf ihn einwirkt. Laut Gurdjieff verlieren hingegen sämtliche Schwingungen und folglich alle individuellen Bewegungen von Energie ihre Kraft an ganz bestimmten Stufen ihrer Entwicklung ›inhärent‹ und benötigen daher an bestimmten Stufen oder Intervallen einen Impuls, damit

> sie »geradlinig« vorankommen können, das heißt, um das Ziel oder die Richtung des ursprünglichen Impulses zu erreichen. Gurdjieff macht eine beiläufige Bemerkung zu einigen der (im Jahr 1915) neuesten physikalischen Theorien, die beginnen, die Newtonschen Gesetze ins Wanken zu bringen, doch sagt er: »Die Physik ist noch immer sehr weit entfernt von einer korrekten Sicht auf das Wesen von Schwingungen [...] in der wirklichen Welt.«[18]

Gemäß Gurdjieff war diese »korrekte« Information über das Wesen von Schwingungen bewusst in etwas eingebettet worden, das wir heute als die moderne diatonische Tonleiter mit ihren Halb- und Ganztonschritten kennen. Wie jeder angehende Pianist lernt, lauten die Intervalle auf der Tonleiter *Do Re Mi Fa Sol La Si Do* (obschon die meisten überrascht sein dürften, warum sie so heißen; wer sich dafür interessiert, kann den Grund bei James Moore erfahren). Fünf dieser Intervalle – oder »Stopinder«, wie Gurdjieff sie nennt – sind ganze Schritte: Do–Re, Re–Mi, Fa–Sol, Sol–La und La–Si. Das bestätigt bereits ein Blick auf die Klaviertastatur; wenn Sie dieses Muster auf den weißen Tasten, beginnend mit C spielen, werden Sie sehen, dass sich zwischen den beiden weißen immer eine schwarze Taste befindet. Doch die weißen Tasten von Mi und Fa sowie von Si und Do liegen in direkter Nachbarschaft. Dies sind die Halbschritte – die zwei »kleineren Stopinder« –, und genau hier tritt der Verlust an Kraft ein.

Diese Information mag für einen Klavierspieler nicht so wichtig sein. Doch wenn wir die musikalische Oktave erst einmal als Symbol für den ganzen »Schöpfungsstrahl« (wie Gurdjieff ihn bezeichnet) begriffen haben und beginnen, aufmerksam den kosmischen Harmonien zuzuhören, die hier gespielt werden, fangen wir an, die praktische und sogar dringliche Bedeutung dieser Lehre zu erkennen: Falls an genau diesen Punkten kein zusätzlicher Impuls eingebracht wird, tendiert die ganze Linie der Entwicklung dazu, in eine andere Richtung abzudrehen. An jedem Mi–Fa und Si–Do kommt ein weiterer Abweichungswinkel hinzu, bis schließlich die Linie, im Verlauf einiger Oktaven, wieder dort zurückgekehrt ist, wo sie ihren Anfang genommen hat, und eine Form eines Polygons

18. Jacob Needleman: *What is God,* New York: Jeremy Tarcher / Penguin, 2009, Seite 97.

bildet (die entsprechende Abbildungen finden Sie auf den Seiten 184–186 im Buch *Auf der Suche nach dem Wunderbaren*).

»Dieses Gesetz«, so erklärt Gurdjieff, »zeigt, warum gerade Linien in unserer Tätigkeit nie vorkommen, warum wir nach Beginn einer Sache immer etwas vollständig anderes tun, das oft dem Ersten ganz entgegengesetzt ist, trotzdem wir das nicht bemerken und denken, dass wir die gleiche Sache tun, mit der wir begonnen haben.«[19]

Und dann fügt er einen Kommentar hinzu, der nur mit einem schmerzhaften Bedauern des Anerkennens auf ein christliches Herz treffen kann: »Denken Sie, wie viele Veränderungen in der Entwicklungslinie der Kräfte stattgefunden haben müssen, um von den Bibelpredigten über die Liebe bis zur Inquisition zu kommen; oder von den Asketen der frühen Jahrhunderte, die esoterisches Christentum studierten, zu den Scholastikern, die ausrechneten, wie viele Engel auf einer Nadelspitze Platz haben könnten.«[20]

Ab diesem Punkt werden die Dinge im Werk Gurdjieffs sehr kompliziert und man kann schnell in einen dichten kosmologischen Dschungel hineingezogen werden. Bemerkenswerterweise hängt tatsächlich alles in einem prachtvollen kosmischen Wandteppich von Göttlicher Bestimmung und menschlicher Verantwortlichkeit zusammen, doch für die meisten Menschen ist es eine überaus zähe Schinderei. Gar mancher spirituell suchende Mensch mit den besten Absichten hat seinen Weg im Labyrinth von Gurdjieffs »Wasserstoff-Tabellen« verloren oder ist in den schieren Fluten seiner elektrisierenden Terminologie ertrunken. Jene, die es irgendwie schaffen hindurchzukommen, erwartet allerdings eine atemberaubende Aussicht.

Ohne hier noch weiter ins Detail gehen zu wollen, möchte ich doch nochmals unterstreichen, dass das Gesetz der Drei und das Gesetz der Sieben dazu gedacht sind, als zwei Pfeiler ineinanderzugreifen, die das gesamte System der »Welterschaffung und Welterhaltung« stützen. Doktor Jyri Paloheimo, der lange Zeit die Gurdjieff-Gruppe in Toronto anleitete und mein persönlicher Mentor auf diesem Weg war, bietet einen sehr guten Überblick aus seiner Perspektive als praktischer Wissenschaftler an:

19. Zitiert nach P. D. Ouspensky: *Auf der Suche nach dem Wunderbaren*, Seite 186.

20. Ebenda, Seiten 187–188.

> Es ist interessant, dass die Physik heutzutage nach einer einheitlichen Feldtheorie sucht, welche all die unterschiedlichen Kräfte und die sie bestimmenden Gesetze auf nur noch eine Kraft reduzieren soll. Im Gegensatz dazu kennt Gurdjieff zwei universelle Gesetze, das Gesetz der Drei und das Gesetz der Sieben. Er nennt sie »die Gesetze zur Welterschaffung und Welterhaltung«. Sie bestimmen die Manifestation sämtlicher Erscheinungen, deren Zusammenwirken und deren Transformation von Stoffen. Weil diese Gesetze auf alle Erscheinungen anwendbar sind und nicht nur auf das, was wir »die Welt der Materie« nennen (die physikalische Welt), sind sie auf eine Art umfassender als alle Gesetze der Physik. In ihrer größeren Spannweite sind sie eher so etwas wie organisierende Prinzipien, welche es der Welt ermöglichen zu sein, was sie ist, und nicht wie Regeln, die zur Berechnung dessen dienen, was wohl als Nächstes geschehen könnte. Abgesehen davon, dass diese Gesetze umfassender sind und sowohl auf dem Gebiet des Psychischen als auch der Materie anwendbar sind, schließen sie in ihrer innersten Struktur sowohl das Risiko oder die Ungewissheit auf eine Art und Weise ein, wie es der Physik niemals möglich war.[21]

Das Wesen der Wechselwirkung zwischen diesen beiden Gesetzen ist für jene, »die Augen haben, um zu sehen, und Ohren, um zu hören«, machtvoll verschlüsselt im Enneagramm, worüber ich zu gegebener Zeit mehr zu sagen habe. Für einen wirklich verständlichen Überblick gibt es nichts Besseres als James Moores Kapitel »Die Offenbarung auf dem Prüfstand« in seiner Gurdjieff-Biografie (deutsche Ausgabe Seiten 50–73).

8
Die Idee der dritten Kraft ist in der Religion im Konzept der Trinität zu finden

GURDJIEFF, Seite 801 • NICOLL, Seiten 110–111

Gurdjieff war ein berüchtigter Fuchs, und vieles von dem, was er sagte, muss mit einer gewissen Vorsicht genossen werden. Obwohl

21. JYRI PALOHEIMO: Privater Brief vom 26. März 2002.

es wirklich herrlich wäre, beweisen zu können, dass die uralte trinitarische Formel »Heiliger Gott, heiliger Starker, heiliger Unsterblicher, erbarme Dich unser« ihre Wurzeln in einer rudimentären Erinnerung an ein einstmals ganz konkretes Wissen über das Gesetz der Drei im Frühchristentum hat, ist es gewagt, historisch auf diesem Punkt zu bestehen; eine entsprechende Beweislage ist einfach nicht gegeben.[22] Es scheint mehr als deutlich zu sein, dass das Dogma der Dreifaltigkeit während der ersten vier Jahrhunderte christlicher Identitätsbildung als Antwort auf verschiedene dogmatische und theologische Herausforderungen, die von innen heraus und von außen gestellt wurden, Gestalt annahm. Es gibt keinen

22. In *Beelzebubs Erzählungen für seinen Enkel* bietet Gurdjieff [im englischen Original auf Seite 689; in der deutschen Übersetzung auf Seite 802] einen alternativen Wortlaut für die zweite Anrufung an: Anstelle von *"Holy and Mighty"* präsentiert er die liturgische Formel als *"Holy God, Holy the Firm, Holy the Immortal, have mercy on us."* Ob dies nur eine Exzentrik der Übersetzung ist (*firm,* das heißt »fest« und »substanziell«, kann in gewisser Hinsicht als eine grobe Äquivalenz von *mighty,* das heißt »mächtig«, gelten) oder als eine bewusstere Anspielung auf eine unterschwellige esoterische Bedeutung aufgefasst werden kann, ist ein faszinierendes Thema für Mutmaßungen. Die Fans der Dichterin Annie Dillard werden sich daran erinnern, dass sie ihr zweites Buch mit *Holy the Firm* (New York: Harper and Row, 1977) betitelte und folgende Erklärung für den Begriff gab:

> Nach meiner Lesart postuliert das esoterische Christentum eine Substanz. Es ist eine geschaffene Substanz, auf einer »spirituellen Skala« niedriger als Metalle und Minerale und niedriger als Salze und Erden, die unter den Salzen und Erden in der wachsartigen Tiefe der Planeten auftritt, doch niemals an deren Oberfläche, wo Menschen sie erkennen könnten, und sie steht, am Ausgangspunkt, in Verbindung mit dem Absoluten. In Verbindung mit dem Absoluten! Am Ausgangspunkt. Der Name dieser Substanz lautet: Heiliges Festes [oder Starkes].
>
> Und steht das Heilige Starke in Verbindung mit Metallen und Mineralien? Mit Salzen und Erden? Selbstverständlich, und zwar bis ganz nach oben, bis das »oben« sich wieder zurückwölbt. Sickert etwas, das mit etwas in Verbindung stand, was das Heilige Starke berührt hat, welches am Ausgangspunkt in Verbindung stand mit dem Absoluten, ins Grundwasser, ins Korn? Sind Inseln und Bäume darin verwurzelt? Selbstverständlich (Seiten 72–73).

Die ganz offensichtliche Bedeutung von Dillards Kommentar für unsere trinitarische Nachforschung führt mich zu der Vermutung, dass es sich bei Gurdjieffs Betonung des *"Holy the Firm"* nicht einfach um eine abweichende Übersetzung handelt, sondern eine bewusste Anspielung auf die esoterischen Wurzeln des Dreifaltigkeitsdogmas und auf ein mittlerweile in Vergessenheit geratenes Bewusstsein für die kosmogenetischen und alchimistischen Verwendungen.

Hinweis darauf, dass irgendeiner der großen patristischen Architekten der Dreifaltigkeitstheologie ein explizites Wissen vom Gesetz der Drei besessen hätte oder dass sie ihre komplexen Überlegungen zu den innergöttlichen Beziehungen entsprechend seiner Prinzipien ableiteten. Und Spekulationen hinsichtlich »geheimer esoterischer mündlicher Überlieferungen« müssen bleiben was sie sind: Spekulationen.

Doch genauso richtig ist es, dass die Geschichte dazu geneigt hat, Gurdjieff zu bestätigen, und dass viele Behauptungen, die er in *Beelzebubs Erzählungen* aufstellte und die ursprünglich als exotisch verworfen wurden, sich unterdessen als wahr herausgestellt haben – unter ihnen auch sein Gedanke, dass der Mond das Resultat der Kollision von einem Planeten mit der Erde ist, seine Idee von unstetigen Schwingungen und seine Beschreibungen des »verlorenen Atlantis« und einer urzeitlichen Flut. Man sollte vorsichtig sein bei diesem Fuchs; oft bedient er sich schiefer Linien, um etwas direkt zu beschreiben!

Obwohl wir also bislang über keinen eindeutigen Beweis verfügen, um Gurdjieffs Behauptung zu belegen, die Lehre der Trinität sei einstmals explizit mit dem Gesetz der Drei verbunden gewesen, gibt es einiges, das den Eindruck einer geheimnisvollen Resonanz zwischen den beiden stützt und nahelegt, dass der tatsächliche Kausalitätszusammenhang nicht in horizontaler, sondern in vertikaler Linie verläuft – das heißt, von etwas, das Gurdjieff »objektive Wahrheit« nennt, in unser eigenes Raum-Zeit-Kontinuum hinein. Würden wir als Ausgangspunkt einer Wette wagen zu behaupten, die menschliche Inkarnation Jesu spiegle in einer ganz besonders konzentrierten Weise die kausalen Prinzipien, aus denen er stammt, dann wäre es nachvollziehbar, dass bereits zu seinen Lebzeiten sich die Grundzüge der Trinitätstheologie um ihn herum herauszubilden anfingen und dass seine Anhänger und Anhängerinnen die Dynamik ihres Energiefeldes intuitiv als eine Erweiterung seiner eigenen Präsenz erkannten und ihr aufkeimendes institutionelles Leben daraufhin ausrichteten. Ich bin mir darüber im Klaren, dass dies nach einem Zirkelschluss klingt; im dritten Teil dieses Buches wird es an mir sein zu belegen, dass es keiner ist.

Nun aber wollen wir das Gesetz der Drei noch eingehender untersuchen.

3

Das Gesetz der Drei in Aktion

IM VORHERIGEN KAPITEL HABEN WIR DAS GESETZ DER DREI auf eine theoretische Weise untersucht, um uns mit seinen wichtigsten Regeln und einigen seiner Besonderheiten vertraut zu machen. Außerdem haben wir bereits einige klassische Gesetz-der-Drei-Triaden aufgezählt:

Saat–Erde–Sonne = *Keimling*

Mehl–Wasser–Feuer = *Brot*

Kläger–Beklagter–Richter = *Urteil*

Segel–Kiel–Steuerperson = *richtiger Kurs*

Selbstverständlich sind dies lediglich Musterbeispiele; beim Gesetz der Drei geht es jedoch um Aktion. Es ist eine Sache, eine Gesetz-der-Drei-Anordnung in einer theoretischen Untersuchung zu begreifen; all dies im konkreten Leben zu erkennen und imstande zu sein, sicher und geschickt damit zu arbeiten, stellt eine ganz andere Herausforderung dar. Ob Sie nun bei dieser Erkundungsfahrt zur ternären Entfaltung der Trinität bis ganz ans Ziel mit an Bord bleiben oder nicht: Das Gesetz der Drei ist bereits an sich ein wertvolles Instrument, und es lohnt sich, es besser kennenzulernen.

Zu diesem Zweck besteht dieses Kapitel fast vollständig aus Geschichten vom Gesetz der Drei – viele von ihnen wurden von meinen eigenen Studentinnen und Studenten beigesteuert –, ergänzt um kurze Kommentare und gegliedert entsprechend den fünf oder sechs wichtigsten praktischen Erkenntnissen, die wir aus unserer gemeinsamen Feldforschung mit dem Gesetz der Drei gewonnen haben. Diese Fallstudien und Reflexionen sollen dazu beitragen, dass die acht Grundprinzipien, welche ich im vorhergehenden Kapitel ausführte, aussagekräftiger werden und uns ein besseres Gefühl dafür vermitteln, wie das Gesetz der Drei tatsächlich im alltäglichen Leben funktioniert (betrachten Sie dieses Kapitel als

Ihre offizielle Bedienungsanleitung zu Kapitel 2). Wir werden schon bald sehen, wie sie äußerst interessante Erläuterungen über den Umfang und die weitergehenden Auswirkungen dieses Gesetzes erlauben.

Die Opposition ist niemals das Problem

Die mit Abstand am meisten befreiende Einsicht aus unserer gemeinsamen Arbeit mit dem Gesetz der Drei war die Feststellung, dass das, was die sich widersetzende oder opponierende Kraft zu sein scheint, niemals das eigentlich zu überwindende Problem darstellt. Die zweite oder heilige verneinende Kraft ist eine rechtmäßige und essenzielle Komponente jedes Neuentstehenden: *ohne Widerstand kein Neuentstehendes!*

Schon diese Erkenntnis an sich ordnet das Spielfeld grundlegend neu und verschiebt den Fokus: weg von dem Versuch, den Widerstand zu eliminieren, hin zu einer gemeinsamen Arbeit für eine umfassendere Lösung. Laut dem Gesetz der Drei kann eine einmal aufgetauchte Blockade nicht dadurch aufgelöst werden, dass wir zurückweichen, sondern nur durch eine Vorwärtsbewegung in dieses Neuentstehende hinein, das alle Mitspieler miteinbezieht und sie in eine neue Beziehung zueinander bringt. (In seinem berühmten Diktum, ein Problem könne niemals auf der Ebene gelöst werden, auf der es erzeugt wurde, scheint Albert Einstein sich auf genau diese Erkenntnis zu berufen.) Die drei Kräfte sind wie die drei Strähnen eines Zopfes: Für das Flechten werden alle drei benötigt.

Eine Frau aus unserer Gruppe war fast sofort in der Lage, eine sehr verfahrene Situation mit einem ultrakonservativen Bischof zu bereinigen, als sie erkannte, dass sein Widerstand nicht das zu lösende Problem war, sondern eine Gegebenheit, an der gearbeitet werden musste. Mit einem beinahe hörbaren »Aha!« lockerte sich ihr Gefühl der Polarisierung und sie war fassungslos, als er am nächsten Tag wie durch ein Wunder seine Haltung abgemildert hatte. Ihr war zwar nicht klar, wer im Diözesanarchiv nun tatsächlich der Makler der dritten Kraft gewesen war, doch sie begriff, dass die Entspannungen auf beiden Seiten nicht unabhängig voneinander geschehen waren.

Man kann sich vorstellen, wie sehr die politischen und religiösen Kulturkämpfe unserer Zeit durch dieses einfache Entgegenkommen gemäß dem Gesetz der Drei eingedämmt werden könnten: (1) Der Feind ist niemals das Problem, sondern die Gelegenheit; (2) das Problem wird niemals durch die Eliminierung oder das Ruhigstellen der Opposition gelöst, sondern nur dadurch, dass ein neues Feld der Möglichkeit geschaffen wird, das groß genug ist, um die Spannung der Gegensätze aushalten zu können und in eine neue Richtung zu lenken. Stellen wir uns vor, wie anders unsere Welt aussähe, wenn diese beiden einfachen Regeln verinnerlicht und umgesetzt würden.

Die drei Kräfte sind Funktionen, *keine Identitäten*

Wie ich bereits erläutert habe, muss im Gesetz der Drei nicht dem Aspekt der Identität, sondern dem der Funktion genauere Beachtung geschenkt werden, und das braucht etwas Eingewöhnung. Wir sind kulturell dermaßen darauf konditioniert, Worte wie *aktiv, bejahend, passiv, verneinend* mit festen ontologischen, in der Regel geschlechterbezogenen Prinzipien gleichzusetzen (das heißt, männlich = aktiv, weiblich = passiv), dass es uns eine echte mentale Anstrengung abverlangt, diese vorausgesetzten Muster zu übersteuern. Ein guter Teil der anfänglichen Lernkurve beim Gesetz der Drei hat mit der Entwicklung einer Fähigkeit zu tun, eine Situation offen zu betrachten und die Kräfte entsprechend der Rolle zuzuordnen, die sie tatsächlich spielen, und nicht nach vorgefassten Urteilen oder Erwartungen.

Eine unserer Teilnehmerinnen in der Gruppe fand sich genau in diesen Lernprozess versetzt, als sie ihren andauernden Kampf mit Schlankheitskuren zu ihrem Forschungsfeld bestimmte, genauer gesagt: die Attraktion, die gewisse »reichhaltige, fettige Speisen« auf sie ausübten und die bisher all ihre Bemühungen, ihnen zu widerstehen, zunichtegemacht hatten.

»Als ich diese Situation zu einer Gesetz-der-Drei-Triade aufstellte«, berichtete sie, »entschied ich mich anfangs natürlich dazu, meinem Wunsch nach bewussteren Essgewohnheiten die »bejahende Kraft« zuzuweisen; die »verneinende Kraft« war mein Verlangen nach den schlechten, fetthaltigen Speisen. Demnach sollte dann meine Willensstärke die dritte Kraft sein.«

Aber die Willensstärke war selbstverständlich nicht die dritte Kraft, sondern lediglich ein Gehilfe ihres Wunsches nach einer besseren Figur. Ihre gegensätzlichen Wünsche – nach der Befriedigung, die »reichhaltige, fettige Speisen« bescherten, und gleichzeitig nach einer schlankeren Silhouette – hoben sich ganz einfach gegenseitig auf, was auch der Grund dafür war, dass all ihre wiederkehrenden Diätbemühungen in Frustration endeten.

Doch dann traf sie ein Geistesblitz. Was wäre, wenn sie die erste und die zweite Kraft vertauschte? Wenn sie die »bejahende« als das authentische Verlangen ihres Körpers nach herzhaften Leckereien betrachtete und die »verneinende« als die Sorge ihrer Persönlichkeit um ihr Selbstbild? Plötzlich verschob sich das ganze Bild und sie entdeckte auf einen Schlag, was echte dritte Kraft sein könnte: »Ich beschloss, eine bewusste Beziehung zu diesem gehaltvollen, fettigen Essen einzugehen: es nicht als den Feind zu behandeln, sondern das Verlangen meines Körpers danach zu achten und es zufriedenzustellen – doch bewusst.«

Der Perspektivwechsel stieß einen Dominoeffekt von Resultaten an: Es veränderte sich nicht nur ihre Beziehung zu dieser einen speziellen Nahrungsart, sondern auch ihr Verhältnis zu jedweder Nahrung und zum Essen an sich. In dieser bewussteren Beziehung zu ihrer »Verkörperung« hat sie es bis heute geschafft, ihr neues Gewicht zu halten.

Die Gegenwart der dritten Kraft kann die Rollen der ersten und zweiten ins Gegenteil umkehren

Die mögliche Rollenumkehrung von erster und zweiter Kraft im Gesetz der Drei war insbesondere für Maurice Nicoll faszinierend, der in seinen Lehren immer und immer wieder darauf zurückkam. Seine diesbezüglichen Gedanken finden wir in seinem oft zitierten Ausspruch zusammengefasst: »Wenn das Leben die ausgleichende Kraft ist, dann ist die Persönlichkeit die aktive und das Wesen die passive Kraft im Menschen. Die Positionen kehren sich um, wenn das Werk die Rolle der ausgleichenden Kraft einnimmt – das Wesen, oder der wirkliche Teil, wird zur aktiven und die Persönlichkeit, oder der erworbene Teil, zur passiven Kraft.«[23] Während das

23. MAURICE NICOLL: *Psychological Commentaries on the Teaching of Ouspensky and Gurdjieff*, Boulder, CO, und London: Shambhala, 1984, Seite 111.

»Vierte in einer neuen Dimension« eindeutig das zum Vorschein kommende echte Selbst oder »wirkliche Ich« ist, ist die Umkehrung von erster und zweiter Kraft sowohl Vorbote für dieses Entstehen als auch ein signifikanter Durchbruch an sich.

Genau diese Umkehrung von Wesen und Persönlichkeit wird in der Kurzgeschichte »Anständige Leute vom Land« von der meisterhaften Geschichtenerzählerin Flannery O'Connor brillant veranschaulicht. Die zynische Variante des klassischen Themas vom »überlisteten Gauner« ist eigentlich eine typische Gesetz-der-Drei-Erzählung (von O'Connor zweifelsohne absolut unbeabsichtigt). Die Hauptfigur, Joy, ist eine intellektuell brillante, angriffslustig zornige Frau, die bei einem Unfall in ihrer Kindheit ein Bein verlor und seitdem die Kunst der Opferrolle perfektioniert hat – sogar bis zu dem Punkt, dass sie ihren Namen offiziell in den ausgesucht unschönen »Hulga« abändert. Dann tritt ein junger Bibelverkäufer in ihr Leben, ein Flegel und Schwindler, der sie um den kleinen Finger wickelt. In der letzten Szene der Geschichte führt er sie auf den Dachboden der Scheune, verführt sie und stiehlt dann ihre Beinprothese, mit der er sich aus dem Staub macht. Sie bleibt allein, entblößt und wehrlos zurück.

Am Anfang mag es schwer zu erkennen sein, was diese Erzählung von Manipulation und Schikane mit dem Gesetz der Drei zu tun hat, doch wenn wir genauer hinschauen, enthüllt sich in seinem Licht die tiefere Bedeutung der Geschichte mit voller Wucht. Am Anfang der Erzählung wird die erste Kraft von Hulga übernommen, der zornigen Opferpersönlichkeit. Die zweite Kraft ist das passive Wesen – Joy (die genau jene Freude sucht, die ihr tatsächlicher Name bedeutet). Bevor der Bibelverkäufer auftritt, ist das Leben tatsächlich die dritte Kraft, Hulgas perfekt orchestrierter Teufelskreis. Als der Bibelverkäufer als die neue »ausgleichende« Kraft zwischen diesen sich bekriegenden Gegensätzen auftaucht, gelingt es ihm, Hulgas Opferstatusabzeichen zu ergattern, wodurch sich die Polaritäten der ersten und zweiten Kraft ihres Lebens umkehren. In der klassischen Erzählart Flannery O'Connors stellt er sich am Ende als ein sehr guter Bibelverkäufer heraus, der die frohe Botschaft von Heilung und Befreiung verkündet.

Das Neuentstehende ist kein Kompromiss, sondern ein gänzlich neues Spiel

Ein weiterer wichtiger Schritt auf der Lernkurve des Gesetzes der Drei besteht darin zu beginnen, den Unterschied wahrzunehmen zwischen einem herkömmlich ausgehandelten Kompromiss und etwas authentisch Neuentstehendem gemäß dem Gesetz der Drei. In einer echten Entfaltung nach dem Gesetz der Drei gehört das Element der Überraschung fast immer dazu: Ein Mensch, der unerwartet von draußen hereinkommt, eine plötzliche Synchronizität oder eine jähe Komplikation – eine Gegebenheit, durch welche die ganze Situation in ein neues Spiel befördert wird. Es findet auf einem neuen Spielfeld statt und seine kraftvollste Charakteristik ist eine spürbare Zufriedenheit, die damit einhergeht. Anders als ein Kompromiss, der beide Parteien häufig unerfüllt und unverändert polarisiert zurücklässt, bringt eine Gesetz-der-Drei-Lösung eine »Aha«-Qualität mit sich, die es der ersten und zweiten Kraft ermöglicht, von ihren jeweiligen Positionen zurückzutreten. Die neuen Triade ist frei, sich zu erheben.

Eine für mich absolut unübertroffene wahre Geschichte nach dem Gesetz der Drei veranschaulicht genau diese charakteristische Mischung. Es geschah vor einer ziemlich langen Zeit an einer kleinen, ultraprogressiven geisteswissenschaftlichen Hochschule irgendwo im ländlichen Neuengland. Man befand sich gerade im Prozess der Neubesetzung der Präsidentschaft, als ein sehr lautstarker feministischer Teil des Hochschulkollegiums erfolgreich durchsetzte, dass nur weibliche Kandidatinnen in Betracht zu ziehen seien. Nach einer hochkarätigen Kandidatensuche, die durch rechtliche Herausforderungen und bittere Kontroversen gekennzeichnet war, wurde tatsächlich eine Frau für den Posten ausgewählt, allerdings in einer Atmosphäre, die mittlerweile so schrecklich polarisiert war, dass es ihr unmöglich gemacht wurde, eine Führungspräsenz aufzubauen. Als sich die Situation rapide verschlechterte, reichte sie nach weniger als einem Jahr ihren Rücktritt ein.

Als die Hochschulleitung für eine erneute überregionale Suche zusammenkam, wurde es offenkundig, dass jemand so schnell wie möglich interimsmäßig die Präsidentschaft übernehmen musste, um eine Situation in den Griff zu bekommen, die anfing, chaotische Züge anzunehmen. Hastig ging das Gremium die Liste der infrage kommenden aktuellen und ehemaligen Kuratoriumsmitglieder durch und votierte in einer offenen Abstimmung für die erstbeste Person, die sich bereit erklärt hatte, den Job zu übernehmen. So kam es, dass P., ein pensionierter Banker und bescheiden wirkender, aber untrüglicher Alphamann, »temporär« das Ruder dieser umkämpften kleinen Institution übernahm.

Zehn Jahre später war er noch immer im Amt. Wie das geschah, kann niemand genau sagen. Doch nach und nach entschärften sich die Kampflinien, die Rhetorik wurde weniger schrill und man kehrte zur alten Zufriedenheit zurück. Die offizielle Suche nach einer neuen Präsidentin oder einem Präsidenten wurde formell nie eingestellt; sie verschwand nur nach und nach von den oberen Rängen der Prioritätenliste. Unter P.'s zurückhaltender, aber kluger Förderung entwickelte sich eine neue Vision, und die Hochschule begann, mit einer neugefundenen Energie wieder zu wachsen. An diese »Interims«präsidentschaft erinnert man sich heute gerne zurück als eine Dekade beispiellosen Gedeihens und guten Willens.

Überraschung, Zufriedenheit, Eleganz: die Erkennungszeichen einer Mischung nach dem Gesetz der Drei. Vielleicht war es einfach ein Glücksfall, dass die richtige Person am richtigen Ort zur richtigen Zeit landete. Es könnte aber auch ein aufmerksames Leitungsmitglied gewesen sein, das erkannte, dass die eigentlichen Eigenschaften, die es brauchte, um einen ernsthaft zerstörten Zustand heilen zu können, nichts mit Geschlecht oder ideologischer Ausrichtung zu tun hatten, sondern mit der Fähigkeit, gelassen zu bleiben.

Ein Neuentstehendes ist nicht immer dasselbe wie eine Lösung

Aber halt mal! Habe ich denn nicht als einen unserer obersten Grundsätze zum Gesetz der Drei aufgeführt: »Wenn drei zusammenkommen, entsteht ein Viertes in einer neuen Dimension«? Ja – und dem ist auch so. Der Haken an der Sache ist allerdings, dass diese neue Dimension nicht immer als eine physische Lösung für das jeweilige Problem daherkommt – also als ein *Deus ex machina* oder ein aus dem Hut gezaubertes Kaninchen. Manchmal ist sie ganz einfach nur die Infusion einer feineren Qualität von Lebendigkeit, in deren Licht die wirkliche Bedeutung einer Situation eine andere (oder zumindest klarer) wird. Es ist eine Auflösung auf einer subtileren Ebene, eine imaginative Auflösung.

Diese wichtige Abstufung wird vielleicht am deutlichsten durch eine andere dieser Gesetz-der-Drei-Inkognito-Geschichten: »Das Geschenk der Weisen« (im Original "The Gift of the Magi") des amerikanischen Schriftstellers O. Henry. Diese sehr beliebte Weihnachtsgeschichte erzählt von einem frisch verheirateten Paar. Sie sind ganz verrückt nacheinander, aber arm wie Kirchenmäuse. Um sich gegenseitig ein Weihnachtsgeschenk zu machen, verkaufen sie, ohne dass der jeweils andere davon weiß, das einzige wertvolle Stück, das jeder von ihnen besitzt. Er verpfändet seine goldene Uhr, um schöne Haarkämme für ihr wunderschönes, kastanienbraunes Haar zu kaufen; sie schneidet sich ihr Haar ab und verkauft es, um eine Kette für seine antike Uhr zu besorgen. Am Weihnachtsabend starren sich dann beide entgeistert an und versuchen, die Bedeutung der »sinnlos gewordenen« Geschenke zu begreifen.

Die Geschichte erweist sich als eine klassische Gesetz-der-Drei-Triade, welche zu dieser eher feinsinnigen Auflösung hinleitet. Die erste Kraft (heilig bejahend) ist die gegenseitige Liebe des Paares, die zweite Kraft (heilig verneinend) wird durch ihre Armut repräsentiert. Die dritte Kraft (heilig versöhnend) wird beigesteuert durch ihre Bereitschaft, ihre ihnen jeweils wichtigste Habe dieser Liebe wegen zu opfern. (Diejenigen Leserinnen und Leser, die mit meiner Arbeit vertraut sind, haben diese Qualität sicher bereits als Kenosis oder »sich selbst entäußernde Liebe« ausgemacht.)[24] Das Neuentstehende ist tatsächlich »das Geschenk der Weisen«, wie es der Titel der Geschichte so passend beschreibt: die Wirklichkeit ihrer Liebe füreinander, die zu reiner Agape transformiert wird und sich auf eine ganz neue Art und Weise manifestiert.[25]

24. Siehe dazu insbesondere mein Buch: *Jesus: Meister der Weisheit,* Xanten: Chalice Verlag, 2020, Seiten 80–94.

25. Meiner Überzeugung nach zeigt auch Jesu Kreuzestod diese subtilere Gesetz-der-Drei-Konfiguration. Es kommt keine Engelschar, um den bedrängten Sohn dem Kreuz zu entreißen. Und doch, als die bejahende oder erlösende Liebe auf das unheilige Verneinen des menschlichen Hasses und der Angst im versöhnenden Grund von Jesu hingebungsvollem Herzen trifft (»Vater, vergib ihnen, denn sie wissen nicht, was sie tun«), kommt es tatsächlich zu etwas Neuentstehendem, das genau dort am Fuß des Kreuzes seinen Anfang nimmt, angekündigt durch eine neue Qualität von Präsenz, die von dem Zenturio bereits verstan-

Den besten Zugang zur dritten Kraft erhalten wir durch eine wachsame, flexible Präsenz, die es vermag, die Spannung von Gegensätzen auszuhalten

Lehrerinnen und Lehrer des Werks teilen die Einschätzung, dass Menschen dazu neigen, für die dritte Kraft blind zu sein: »Die dritte Kraft ist für Menschen im Bewusstseinszustand, in dem sie gewöhnlichen leben, unsichtbar.«[26] Der Grund hierfür ist nicht nur darin zu suchen, dass unser »gewöhnlicher Bewusstseinszustand« von den meisten Lehrpersonen des Werks kurzerhand als »Schlaf« abgetan wird, sondern liegt insbesondere darin, dass unser gewöhnliches Bewusstsein fest verdrahtet ist für eine Wahrnehmung durch Unterscheidung – womit ein »entweder / oder«-Denken gemeint ist –, während das Bemerken der dritten Kraft einen fein entwickelten Sinn für das »sowohl / als auch« voraussetzt.

Vor diese Herausforderung gestellt, war unsere Gruppe natürlich neugierig darauf, welche Qualitäten oder Seinszustände für das Erscheinen der dritten Kraft in einer Situation wohl am förderlichsten wären. Fast alle stimmten darin überein, was *nicht* funktioniert: Urteilen sowie ein rigoroses Festhalten an einer Wunschvorstellung oder an einem ersehnten Ergebnis. Doch ab da gingen die Meinungen auseinander (so, wie sie es auch im Werk selbst tun): Wird die dritte Kraft in einer Situation *entdeckt* oder *erzeugt?* Oder wird sie *herbeigerufen?* Befindet sich der fehlende Teil bereits direkt unter unserer Nase oder wird er durch die Infusion einer besonderen Art von Bewusstseinsenergie speziell *katalysiert?*

Möglicherweise unterscheiden sich diese Alternativen voneinander viel weniger stark als es zunächst den Anschein hat. Ein verlorener Ohrring kann ganz unverdeckt an einer dunklen Stelle des Raumes liegen, doch sichtbar wird er erst, wenn Licht darauf fällt. Das jedenfalls schien hinsichtlich dieser Frage die Schlussfolgerung zu sein, die sich aus unseren ergiebigen und oftmals überraschen-

den wird, der leise ausruft: »Wahrhaftig, dieser Mann war der Sohn Gottes!« Im Augenblick von Jesu Tod wurde die innerste Essenz der Göttlichen Liebe als eine spürbare Kraft in den Planeten hinein freigesetzt, und diese fährt fort, ihre energetische Präsenz direkt mitzuteilen. Das ist die Vorstellung der Wiederauferstehung, die wirkliche und andauernde Quelle der erlösenden Kraft des Christentums.

26. Jacob Needleman: *What is God?*, Seite 96.

den Erkundungen abzeichnete. Wie der alte Sufi-Leitspruch besagt: »Du kannst das wilde Pferd nicht einfangen, indem du rennst, aber niemand, der nicht rennt, wird das wilde Pferd fangen.« Der treffendste Ausdruck zur Beschreibung dieser zarten Symbiose, die hier am Wirken ist, lautet vielleicht, dass der dritten Kraft *bei der Geburt geholfen* wird, und ihre Hebamme ist unsere bewusste Aufmerksamkeit.

Ein außergewöhnliches Beispiel für diese Art Geburtshilfe steuerte ein Mitglied unseres kanadischen Weisheitszirkels bei. Als Leiterin einer kleinen, staatlich subventionierten Hilfsagentur wappnete sie sich jedes Jahr wieder neu für das gefürchtete Frühlingsritual, bei dem die Leiterinnen und Leiter all dieser Agenturen aufgefordert waren, vor einem Prüfgremium der Provinz zu erscheinen, um mündlich ihre Budgets zu rechtfertigen und ihre Gesuche um Zuschüsse für das nächste Jahr zu stellen.

Während sie darauf wartete, in dieser scheinbar endlosen Litanei von Anträgen an die Reihe zu kommen, malte sie sich die Situation nach dem Gesetz der Drei aus. Die erste Kraft wurde eindeutig eingenommen von den Antragstellern mit ihren berechtigten Unterstützungsbedarfen und ebenso berechtigten Gefühlen der Verzweiflung. Das heilige Verneinen wurde sehr buchstäblich vom Genehmigungsgremium verkörpert, das mit der Zeit scheinbar immer stärker der Meinung war, eine gewisse Anzahl von Anträgen gänzlich ablehnen zu müssen und die noch verbleibenden zusammenzustreichen. Ihr wurde klar, dass in der Situation, wie sie sich gerade gestaltete, die beiden gegensätzlichen Kräfte auf der energetischen Grundlage von Knappheit, also aus einer Annahme, dass es nicht genug für alle gebe, ganz einfach kollidieren würden. Es gab keine dritte Kraft. Konnte sie irgendetwas tun, um sie zu erzeugen?

Plötzlich hatte sie eine Eingebung. Von einem Augenblick zum anderen verwarf sie ihre vorbereitete Rede und als es an ihr war, ihr Anliegen vorzutragen, lächelte sie warmherzig und begann: »Ich möchte Ihnen allen für die großzügige Unterstützung danken, die wir im letzten Jahr von Ihnen erhalten haben. Wir haben sie wie folgt verwendet.« Sie fuhr fort, all die gute Arbeit, die sie geleistet hatten, im Detail auszuführen und präsentierte, was sie mit dem Geld, das in Tat und Wahrheit eine sehr spärliche Unterstützung gewesen war, geschafft hatten. Während sie sprach, spürte sie, wie sich das Gremium sichtlich entspannte und ihre Kolleginnen und

Kollegen sie mit großen Augen verwundert anstarrten. Sie schloss ihre Rede mit: »Wir möchten Sie nicht um einen einzigen Penny mehr für dieses Jahr bitten, und falls wir uns einschränken müssen, wird dies unsere Strategie sein, mit der wir das umsetzen wollen, sodass unser Service möglichst wenig darunter leidet.«

Es erübrigt sich fast zu erwähnen, dass die von ihr beantragte Summe in Gänze bewilligt wurde. Indem sie Dankbarkeit als die dritte Kraft zur Sprache brachte, hatte sie es geschafft, das Energiefeld von einem Gefühl der Knappheit in ein Gefühl der Fülle zu verwandeln. Und tatsächlich erhielt sie von diesem Feld der Fülle ihr tägliches Brot.

Manchmal trifft diese Infusion der dritten Kraft sogar noch direkter ein. Zwei meiner Studenten berichteten davon, wie sie es unter ziemlich unterschiedlichen, aber vergleichbaren Umständen – das Beruhigen einer Krise in einer U-Bahn und in einer aufgeheizten, außer Kontrolle geratenen Geschäftsbesprechung – bewerkstelligt hatten, sich direkt für eine Weisheit zu öffnen, die von jenseits ihrer selbst zu kommen und durch sie zu sprechen schien.

»Ich stieg auf Luft und sie hielt mich oben«, erinnerte sich T. an den Augenblick in jener geschäftlichen Besprechung, als er intuitiv spürte, dass ihm der Staffelstab übergeben worden war. Bis zu diesem Zeitpunkt hatte er fast wie ein Zuschauer beobachtet – mit einem ungewohnten Gefühl von Distanz. Dadurch war er gewissermaßen vorbereitet im Sinne einer inneren Offenheit, jedoch nicht in dem Sinne, dass er gedanklich gerüstet gewesen wäre, etwas zu sagen.

Was dann folgte, war ein ziemlicher Klassiker der dritten Kraft: »Ich sprach einige Minuten lang. Die Worte kamen einfach aus mir heraus. Alles im Raum veränderte sich. Der Zorn verschwand. Gegensätze lösten sich auf. Andere begannen, sich zu äußern, und wir verließen die Sitzung mit einem fertigen kreativen Vorschlag, doch viel wichtiger als das: mit einer wiederhergestellten guten Kundenbeziehung. Aus einer kompletten Blockade war ein Durchgang geworden.

»Dies könnte die dritte Kraft gewesen sein«, reflektierte er später. »Warum? Weil die vorgebrachten Worte objektiver Natur waren. Was ich damit meine, ist, dass die Worte nicht meine eigenen waren. ›Nicht meine‹ in dem Sinn, dass sie frei davon waren, einen Streit gewinnen zu wollen. Sie waren nicht kämpferisch.

Ohne irgendetwas zu verneinen oder abzuändern, was zuvor gesagt worden war, leiteten sie etwas Neues ein.

Dieser Anklang von ›Objektivität‹ scheint mir ein nützliches Erkennungszeichen der dritten Kraft zu sein. Die dritte Kraft beinhaltet transformative Energie, weil sie sich nicht auf eine Seite schlägt. Sie hat kein Pferd im Rennen. Könnte man sie als ›mitfühlend indifferent‹ bezeichnen?«

T.'s durchdachte Reflexionen sind ein guter Hinweis auf etwas, das dieses Kapitel zu seinem Abschluss bringt. Ob es um die Rettung einer Kundenbeziehung geht, um das Abspecken ungewollter Pfunde, um die Analyse eines literarischen Werks oder um die Erkundung des Geheimnisses der Trinität, das Gesetz der Drei ist über solch ein breites Spektrum an Disziplinen anwendbar, einfach weil es tatsächlich ein kosmisches Gesetz *ist* – ein ordnendes Prinzip, »das es der Welt ermöglicht zu sein, was sie ist«, um mit den Worten von Doktor Jyri Paloheimo zu sprechen, den ich im letzten Kapitel zitiert habe. Die Tatsache, dass es gleichermaßen in den Bereichen der Psyche wie der Materie anwendbar ist (es gilt für alle Erscheinungen und nicht nur für die physikalische Welt, erinnert uns Jyri), mag ein wichtiger Schlüssel für das Heilen dieses gespaltenen Wirklichkeitsfeldes sein (Wissenschaft versus Religion), das den westlichen Verstand seit mehr als fünfhundert Jahren quält. Auf diese Möglichkeit werde ich im letzten Teil dieses Buches zurückkommen. Für den Augenblick reicht es, das Gesetz der Drei auf einer praktischeren Ebene zu kennen, einfach, weil es solch ein verflixt nützliches Instrument ist. Wenn wir erst einmal den Dreh heraushaben, wird es in jeder beliebigen Situation, in der Prozess und Veränderung involviert sind, eine bemerkenswerte Hebelwirkung zur Entfaltung bringen. Und es ist ganz besonders brillant in Situationen, die ausweglos zu sein scheinen. Wie ich bereits erwähnt habe, können Sie es als das Gurdjieffsche Äquivalent dessen begreifen, was die Buddhisten »geschickte Mittel« nennen. Zu lernen, es zu handhaben, ist an sich schon ein Weg der bewussten Transformation; und die bewusste Energie, die es einer beliebigen, von ihm berührten Situation einzuflößen scheint, verleiht einer Welt, die an den »entweder/oder«-Felsen zu zerschmettern droht, einen wertvollen, starken Schub.

4

Das Gesetz der Drei und das Enneagramm

DIE VERFLOCHTENHEIT DES GESETZES DER DREI MIT DEM Gesetz der Sieben ist das große kosmische Mysterium, das im Symbol des Enneagramms eingebettet liegt. Es war Gurdjieff, der dieses Sinnbild als Erster in den Westen brachte. Den Ursprung des Symbols hat er nie wirklich preisgegeben; es schien zum großen Schatz des esoterischen Wissens zu gehören, welches er sich auf seinen Reisen zu den verbogenen Weisheitsschulen Zentralasiens erworben hatte. Mit seiner eindrucksvollen neunzackigen »Heuschrecken«-Gestalt wurde es schnell zum Logo seiner Schule des Vierten Weges und zum Grundstein für deren gesamten Lehrplan. Die diesem Symbol innewohnende Kraft sei dermaßen groß, so meinte Ouspensky, dass man sich Bücher und Bibliotheken getrost sparen könne, wenn man fähig wäre, es richtig zu lesen – denn: »*Alles* kann im Enneagramm inbegriffen sein und in ihm gefunden werden.«[27] Fast ein Jahrhundert lang war es ein in Ehren gehaltenes und streng gehütetes Geheimnis innerhalb der Gurdjieff-Arbeit.

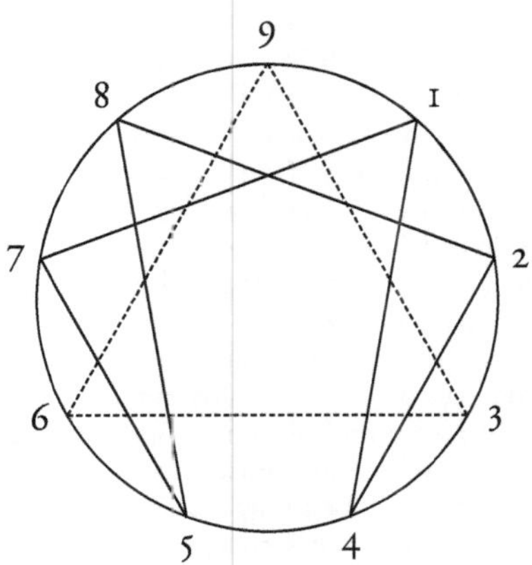

27. P.D. OUSPENSKY: *Auf der Suche nach dem Wunderbaren,* Seite 432.

Zu Beginn der 1970er-Jahre wurde das Symbol erneut in das westliche spirituelle Bewusstsein eingeführt, dieses Mal jedoch mit einem ganz anderen Anstrich. Oscar Ichazo und Claudio Naranjo, die sich in ihren Lehren ebenfalls auf geheime esoterische Quellen berufen, verschafften dem Enneagramm einen neuen Auftritt, indem sie es als ein System zur Persönlichkeitstypisierung einsetzten. Auf einer neuen Bedeutungsebene, die von Gurdjieff selbst angeblich nicht erkannt worden sei, entdeckten sie, dass jeder der neun Punkte des Enneagramms eine bemerkenswert genaue Beschreibung eines unverwechselbaren Persönlichkeitstyps ergab.[28] Sollten Sie mit diesem Material vertraut sein, kennen Sie wahrscheinlich die Typen: (1) Perfektionist / Missionar, (2) Helfer / Geber, (3) Macher / Erfolgsorientierter, (4) Individualist / Künstler, (5) Beobachter / Denker, (6) Ängstlicher / Skeptiker / Loyaler, (7) Idealist / Optimist / Lustiger, (8) Boss / Herausforderer, (9) Vermittler / Friedensstifter.[29] Die Typen, so die Behauptung, seien universell und voll-

28. Eigentlich ist Oscar Ichazo der Vater der Bewegung der Persönlichkeitstypisierung nach dem Enneagramm, weil er dieses Persönlichkeitssystem bereits in den 1950er-Jahren ›entdeckte‹. Allerdings war es Naranjo, der den Ball ins Rollen brachte, als er das System in den 1970er-Jahren an der Universität von Berkeley zu lehren begann. Zu seinen frühesten Studentinnen und Studenten zählten Helen Palmer und der Jesuit Robert Ochs. Sie war führend bei der Verbreitung der Bewegung an der Westküste, während er an die Loyola University in Chicago zurückkehrte, wo er zwölf Jesuiten in das System einführte; unter geistiger Führung der Jesuiten verbreitete sich die Bewegung schnell. Erste Anleitungsbücher und -audioaufnahmen erschienen um die Mitte der 1980er-Jahre.

29. Ich verwende hier die Typologie, wie sie von Helen Palmer entwickelt wurde, der Gründerin einer der frühesten und einflussreichsten Schulen für Enneagramm-Studien, welche wir heute als die Narrative Tradition der Enneagramm-Lehre kennen. Ihr wegweisendes Buch aus dem Jahr 1988, *The Enneagram: Understanding Yourself and the Others in Your Life*, San Francisco: Harper and Row, gab den wesentlichen Anstoß, dass sich das Enneagramm zu einer weit verbreiteten Bewegung entwickelte. Die Typen 4, 5, 6 und 8 sind seit der ursprünglichen Veröffentlichung umbenannt worden; meine hier angeführte Liste verwendet die aktualisierten Bezeichnungen.

Weitere Schulen des Enneagramm-Denkens, die sich großer Beliebtheit erfreuen, sind unter anderem die von Don Riso und Russ Hudson (deren Linie durch die Jesuiten-Seite des Stammbaums fließt und einem eher psychologischen und Pathologie-basierten Modell folgt) sowie die von Kathleen Hurley und Theodore Dobson, die als Erste damit begannen, das Enneagramm bewusst so auszubauen, dass es als ein kinästhetisches transpersonales Werkzeug Anwendung finden konnte. Ichazo und Naranjo, die eigentlichen Urheber der Bewegung, entwickelten weiterhin ihre eigenen unverwechselbaren Methoden zum Einsatz des Enneagramms als diagnostisches und therapeutisches Instrument.

ständig; *jeder Mensch* könne sich selbst in einer dieser Charakterisierungen wiederfinden, und wenn der innere Typ erst einmal korrekt bestimmt sei, werde mit den vorliegenden Mitteln eine enorme Entwicklung der Selbsterkenntnis und der inneren Freiheit möglich. Die Bewegung startete durch und heute kennt man das Enneagramm nicht mehr als das kosmologische Mysterium, als das es ursprünglich aufgefasst worden war, sondern vielmehr als ein Werkzeug der Typenlehre.

Gurdjieffianer der alten Schule reagierten auf diese neue Entwicklung mit nahezu einmütigem Entsetzen. James Moores beißende Zurückweisung der gesamten Bewegung in seiner Gurdjieff-Biografie brachte die vorherrschende Stimmung – sei es nun zum Guten oder zum Schlechten – auf den Punkt:

> Gurdjieffs Lehren finden in dieser Mischmaschversion des Enneagramms keine Beachtung; es ist eine Art oberflächliche psychometrische Typologie, die in den 1980er-Jahren aus dem Human Potential Movement in die Universitäten und römisch-katholischen Exerzitien-Zentren einzusickern begann. Jene, die mit diesem Phänomen in Verbindung standen, [...] scheinen sich die äußere Form des Gurdjieffschen Symbols ausgeliehen zu haben, ohne dessen innere Dynamik zu begreifen.[30]

Die meisten guten Seelen, denen ich in der Persönlichkeits-Enneagramm-Bewegung begegnet bin, zeigten sich ihrerseits aufrichtig fassungslos über diese negative Reaktion. Was sollte daran problematisch sein, wenn man dieses elegante Instrument aus dem spirituellen Werkzeugkasten weiter einsetzte, ein Instrument, das seinen Wert in den psychologischen Durchbrüchen bereits mehr als bewiesen hatte, auch weiterhin einen wertvollen Beitrag liefert und noch immer für Spannung sorgt? Es wird kaum bestritten, dass wesentlich mehr Leben durch das Persönlichkeits-Enneagramm transformiert wurden als durch seinen Gurdjieffschen Prototyp. Tatsächlich ist es doch so: Wenn Menschen heutzutage überhaupt irgendetwas von Gurdjieff hören, ist die Wahrscheinlichkeit groß, dass die meisten seinen Namen über das Persönlichkeits-Enneagramm kennenlernen.

30. James Moore: *Gurdjieff: The Anatomy of a Myth*, Rockport, MA: Element, 1991, Seite 345.

Welche Ironie bei all dem auch immer am Werk sein mag – vielleicht ist es ja sogar die dritte Kraft –, so glaube ich, dass eine ehrliche und hilfreiche Auseinandersetzung (von der ich hoffe, dass sie noch stark zunehmen wird) mit einem sehr genauen Herauskristallisieren der Unterschiede zwischen diesen beiden Systemen beginnen muss. Moderne Enneagramm-Kreise stellen ihre Lehre allzu oft als Weiterführung derjenigen von Gurdjieff dar. Das ist sie nicht. Das Enneagramm, wie es in der modernen Persönlichkeits-Enneagramm-Bewegung präsentiert wird, ist nicht dasselbe Enneagramm, das in den klassischen Schulen des Vierten Weges unterrichtet und studiert wird. Es gibt Überschneidungen, sicher, aber die Unterschiede überwiegen die Ähnlichkeiten, was ganz besonders spürbar wird, wenn man über die Persönlichkeitstypisierung hinausgeht und sich den fundamentaleren spirituellen Prinzipien zuwendet. Grundsätzlich teile ich die Einwände jener Gurdjieffschen »Hardliner«, für welche die Komponente der Persönlichkeitstypisierung im günstigsten Fall eine Art Abweichung, schlimmstenfalls aber eine vollständige Verzerrung der eigentlichen Wahrheit bedeutet, die das Enneagramm zu offenbaren hat. Doch gleichzeitig (vielleicht paradoxerweise) glaube ich, dass das Persönlichkeits-Enneagramm ein wirksamer und neuer Ausdruck dieser Tradition sein kann; es zeigt sich als äußerst angepasst an das Stimmungsbild unserer heutigen Zeit und verfügt über echte Möglichkeiten für unser neues Wachstum und Verständnis. Folglich sind meine Ausführungen an dieser Stelle nicht so sehr der Kritik wegen, sondern der Klarheit halber dargelegt, sodass alle, die es betrifft, produktiver zusammenarbeiten können und der dritten Kraft helfen mögen, zu uns zu gelangen.

Nicht neun, nur drei

Der augenfälligste Unterschied zwischen den beiden Denkschulen besteht darin, dass es für Gurdjieff lediglich drei »Persönlichkeitstypen« gab und nicht neun. Entweder sind Sie ein Bewegungszentrumstyp, ein Gefühlszentrumstyp oder ein Denkzentrumstyp, was davon abhängt, welches der drei unterschiedlichen Systeme verkörperter Intelligenz Ihr ›voreingestellter‹ Ausgangspunkt ist. Und beachten Sie, dass diese drei Typen nicht zu verwechseln sind mit den »Kopftypen«, »Herztypen« und »Bauchtypen« des modernen Psychologismus. Das, was Gurdjieff mit dem Bewegungszentrumstyp meint, entspricht nicht dem »Bauchmenschen«, wie er heutzutage von den meisten Leuten verstanden wird. Beim Bewegungszentrum geht es nicht um primitive, instinktive Gefühle wie Zorn oder Scham. In Gurdjieffs System bezeichnete es »Intelligenz in Bewegung« – wie sie sich beispielsweise in der Fähigkeit spiegelt, ein Tanzmuster zu erlernen, eine Skipiste hinunterzufahren, einen Akzent nachzuahmen oder sich eine neue Sprache anzueignen. Es bezieht sich auf die Begabung eines Menschen, die Welt zu erkunden, Informationen zu sammeln und die Bruchstücke durch seine Beweglichkeit zusammenzufügen.

In Gurdjieffs Terminologie handelt es sich bei den drei Typen genau genommen auch nicht um Persönlichkeitstypen, sondern um *Wesens*typen. Laut ihm ist Ihr Wesen das, womit Sie geboren werden; Ihre Persönlichkeit ist das, was Sie durch äußere Konditionierung erwerben. Das Wesen kann mit einem Kartenblatt verglichen werden, das Ihnen ausgehändigt wird, wenn Sie mit dem Spiel des Lebens beginnen: Es beinhaltet Faktoren wie Geschlecht, Erbmasse, astrologische Einflüsse sowie das grundlegende biologische Naturell und die naturbedingte Prädisposition. Einen ursprünglichen Satz an defensiven oder kompensatorischen Verhaltensweisen, wie ihn moderne psychologische Modelle so häufig postulieren, verkörpert es nicht. Es ist kein falsches Selbst. Sie können genauso wenig ohne Wesen wie ohne Ihre Haut geboren werden. Und niemals werden Sie es in Gänze hinter sich lassen können, da es immer die physikalische Vertäuboje für Ihre Menschwerdung hier auf der Erde bleiben wird.

Dennoch ist der Wesenstyp gemäß Gurdjieffs Lehre nicht dazu gedacht, das ewige Zuhause Ihrer Identität zu sein. Sie werden zum Beispiel nie zu einem »erlösten Bewegungszentrumstyp« werden, so wie sich Enneagramm-Verfechter heutzutage etwa als »erlösten Vierer« bezeichnen, wenn sie sagen wollen, dass sie sich in den höchsten Attributen ihres gegebenen Persönlichkeitstyps selbst verwirklicht haben, indem sie ihren angeborenen »wesentlichen Charakterzug« überwunden haben.[31] Im Gurdjieffschen Sinn ist

31. Im wachsenden Literaturkorpus über das Persönlichkeits-Enneagramm wird jedem Persönlichkeitstyp eine »hauptsächliche Leidenschaft« zugeordnet, welche als die primäre Defensivstrategie und auch als primäre Herausforderung für eine Entwicklung fungiert. Fast von Beginn an korrelierten diese Leidenschaften mit einer der sieben Todsünden (oder Laster) der traditionellen christ-

der Wesenstyp lediglich der Ausgangspunkt für einen Weg der Transformation, der sich entsprechend dem Gesetz der Drei entfaltet; das Wesen wird untergepflügt in das Geflecht und erscheint auf einer vollkommen neuen Ebene als das »wirkliche Ich«.[32] Unabhängig davon, ob Sie Ihre Reise als »Mensch Nummer eins«, »zwei« oder »drei« beginnen (korrespondierend mit den drei Wesenstypen), besteht das Ziel immer darin, diese drei niedrigen Zentren zu stärken und auszubalancieren, damit Sie zum »Menschen Nummer vier« – dem »ausgeglichenen Mensch« – voran-

lichen Lehre, ergänzt um Angst und Täuschung: (eins) Ärger, (zwei) Stolz, (drei) Täuschung, (vier) Neid, (fünf) Gier, (sechs) Angst, (sieben) Unersättlichkeit, (acht) Begierde und (neun) Trägheit. Somit existiert für jeden Persönlichkeitstyp ein bestimmtes, zugehöriges Laster, das erkannt und transformiert werden muss (oder zumindest verantwortungsvoll beherrscht), wenn eine Entwicklung erreicht werden soll.

In Gurdjieffs Lehre ist der hauptsächliche Charakterzug allerdings wesentlich individueller und auch spezifischer. Manchmal ist er etwas Ausgefallenes und sogar Exzentrisches, wie beispielsweise in Gurdjieffs berühmt-berüchtigten Beurteilungen seiner Studenten deutlich wird. Über den einen sagte er: »Sein Hauptzug ist, dass *er nie zu Hause ist*«; einen anderen charakterisierte er mit: »Er hat kein Schamgefühl« (zitiert in Ouspensky: *Auf der Suche nach dem Wunderbaren*, Seiten 393–394). Wenn Sie diesen Hauptzug erst einmal erkannt haben, sehen Sie, wie diese wesentliche Charaktereigenschaft riesige Bereiche Ihres Verhaltens kontrolliert, indem sie ihr selbst-sabotierendes Muster auch Lebensaspekten aufzwingt, die scheinbar in keinerlei Beziehung zu ihr stehen. In allem, was Sie tun, findet sie einen Weg, sich auszudrücken.

Doch dieses *»wenn Sie ihn erst einmal erkannt haben«* ist das, worum es geht. Die allerwichtigste Anforderung in der Gurdjieff-Arbeit besteht darin, dass jeder Mensch seinen eigenen wesentlichen Charakterzug *selbst erkennen* muss. Es geht nicht darum, auf der Grundlage eines Buches oder der aufrichtigen Einschätzung eines Lehrers die eigene typologische Achillesferse in Erfahrung zu bringen. In der Gurdjieff-Arbeit bildet der Kampf, den eigenen blinden Flecken zu sehen, *den* Durchlass zu einem erwachten Bewusstsein. Niemand anderes kann das für Sie tun, und diesem Durchlass muss man Schritt für Schritt näherkommen, wozu eine lang andauernde Praxis der Selbstbeobachtung und eine im Laufe der Zeit erarbeitete Fähigkeit gehören, sich selbst vergeben zu können. Beides gemeinsam führt dazu, dass Sie sich schließlich so sehen, wie Sie sind, ohne daran zu zerbrechen. Die feste Korrelation zwischen Persönlichkeitstyp und wesentlichem Hauptzug erscheint den meisten Gurdjieffianern nicht nur als zu mechanisch, sondern auch als von fragwürdigem praktischem Wert, denn Selbsterkenntnis wird nicht durch die Antwort als solche gewährt, sondern durch deren *Erkennen.*

32. Diese Lehre ist kurz und bündig in einem der bekanntesten Sinnsprüche aus dem Werk zusammengefasst: »Hinter der Persönlichkeit steht das Wesen; hinter dem Wesen steht das wirkliche Ich; und hinter dem wirklichen Ich steht Gott.«

kommen können. Erst hier kann davon gesprochen werden, dass die Personifizierung im wahrsten Sinne beginnt. Ein Mensch, der sich ganz und gar mit seinem Typ identifiziert (egal, ob wir hier einen Wesenstyp oder einen Persönlichkeitstyp meinen), ist nach Gurdjieffs Ansicht lediglich »eine Maschine«.

Die kosmologischen Gesetze

Aber natürlich stellt sich die Grundsatzfrage, ob das Enneagramm überhaupt als ein Werkzeug zur Persönlichkeitstypisierung verstanden werden kann. Die meisten Gurdjieff-Anhänger würden diese Frage mit einem sehr deutlichen »Nein« beantworten, und zwar nicht etwa, weil das Modell nicht funktionieren würde, sondern weil der wahre ursprüngliche Zweck dieses esoterischen Werkzeugs eigentlich ein anderer war: Es sollte die Verflechtung des Gesetzes der Drei und des Gesetzes der Sieben veranschaulichen. Das im Enneagramm verschlüsselte esoterische Wissen ist seinem Umfang nach kosmisch und weitreichend in seinem Einfluss. Es ist *dieses* Wissen, das Ouspensky vorschwebt, wenn er schreibt: »Das Verständnis dieses Symbols und die Fähigkeit, es einzusetzen, geben dem Menschen eine sehr große Macht.«[33] An der Schnittstelle der Drei und der Sieben entspringt ein Geysir kosmischer Weisheit. Doch genau diese Weisheit vermag die gegenwärtige Bewegung des Persönlichkeits-Enneagramms nicht zu erschließen, da sie sich der exoterischen Funktion der Persönlichkeitstypologie widmet.[34]

33. P. D. OUSPENSKY: *Auf der Suche nach dem Wunderbaren,* Seite 433.

34. Als ich einen frühen Entwurf dieses Kapitels mit einigen Kolleginnen und Kollegen teilte, die im Umgang mit dem Gurdjieffschen Enneagramm wie auch mit dem Persönlichkeits-Enneagramm versiert sind, lautete deren übereinstimmende Meinung, dass das Nebeneinanderstellen dieser beiden ein Vergleich von Äpfeln mit Birnen sei, da es hier um zwei vollkommen unterschiedliche Vorstellungen gehe. Beim Persönlichkeits-Enneagramm handelt es sich um ein gezielt exoterisches Werkzeug, dessen Domäne der Bereich des persönlichen Wachstums und der Transformation ist. Das Gurdjieffsche Enneagramm ist ein esoterisches Symbol, das dazu bestimmt ist, kosmisches Wissen zu vermitteln. Somit ist keins von beiden »besser« oder »schlechter«; sie sind einfach unterschiedlich. Doch indem sich das zeitgenössische Enneagramm der Persönlichkeitslehre weiterverbreitet und entwickelt, scheint es unausweichlich, dass diese »parallelen Gleise« sich irgendwann annähern werden.

Dieses ›Versäumnis‹ (als was es die Gurdjieffianer sehen würden) ist alles andere als überraschend, denn aus Sicht des Werks war hier der Fokus von Anfang an auf den Kopf gestellt worden. Indem sie sich auf die individuellen Punkte (die neun Persönlichkeitstypen als solche) fokussiert anstatt auf den Kreislauf unter ihnen, hat die moderne Enneagramm-Bewegung ihre Verbindung zu Gurdjieffs Kernverständnis des Enneagramms als eines »Perpetuum mobile«[35] weitgehend verloren. Und obwohl die eher spirituell ausgerichteten unter den modernen Enneagramm-Lehrerinnen und -Lehrern diesen Eindruck zu korrigieren begonnen haben und nun die transformative Bewegung über die diagnostische Typologie stellen, lässt sich das Muster doch nur im Licht des *gesamten* Kreislaufs lesen (nicht im Vor und Zurück innerhalb der Dreipunktespanne jeden Typs).[36] Das ist im Wesentlichen die Quintessenz des Einwands von James Moore gegen das »Ausleihen der äußeren Form des Symbols, ohne dessen innere Dynamik begriffen zu haben.«

Sogar im Rahmen der heutigen Enneagramm-Pädagogik hat diese konzeptionelle Schwachstelle (wenn es sich denn um eine solche handelt) unmittelbare praktische Auswirkungen. Zu Beginn lernen Enneagramm-Studentinnen und -Studenten schnell, dass das Dreier- und das Siebenermuster nicht interagieren. Wenn Sie sich selbst als eine Eins, Zwei, Vier, Fünf, Sieben oder Acht identifizieren, werden Sie unter diesen Punkten entsprechend dem Verlauf 1–4–2–8–5–7 »fortschreiten« oder sich »zurückentwickeln« (siehe dazu Fußnote 36). Wenn Sie eine Drei, Sechs oder Neun sind, nehmen Sie Ihre Stellung im inneren Dreieck ein und

35. P.D. Ouspensky: *Auf der Suche nach dem Wunderbaren,* Seite 433.

36. Gemäß heutiger Enneagramm-Lehre wird die Bewegungsrichtung der Siebenerreihe durch die Abfolge 1–4–2–8–5–7 festgelegt (was der periodischen Dezimalzahl 0.142857 entspricht, die aus der Division von 1 durch 7, der Zahl der Ganzheit, entsteht) und die Dreierreihe durch den Kreislauf durch die triadischen Punkte 3, 6 und 9. Einige Denkschulen des Enneagramms lehrten ursprünglich, dass man sich zum eigenen »Spannungspunkt zurückentwickelt«, indem man der Bewegungsrichtung folgt, und »fortschreitet«, indem man sich in die Gegenrichtung bewegt (zum Beispiel wird sich eine Zwei entweder zur Acht »zurückentwickeln« oder zur Vier »fortschreiten«) – doch diese Anschauung war zu keinem Zeitpunkt allgemein anerkannt und wird seit Kurzem zunehmend kritisch betrachtet. Entscheidend jedenfalls ist die Bewegung zwischen Punkten innerhalb eines Bereichs von drei Punkten – oder von fünf, wenn wir die beiden »Flügel« dazuzählen (siehe Fußnote 37 auf der nächsten Seite).

bewegen sich ausschließlich zwischen diesen drei Punkten. Es gibt nicht eine einzige Stelle, an der die beiden Reihen direkt miteinander interagieren. Obwohl es als »Enneagramm« *bezeichnet* werden kann, haben wir es aus praktischer Sicht mit zwei konzentrischen Kreisen zu tun, deren Getriebe nicht ineinandergreifen. Das Kreuzen der Linien auf dem Diagramm ist rein symbolischer Natur – in der dazugehörenden psychologischen Lehre überschneiden sie sich nämlich nicht. Wenn Sie eine Sechs sind, werden Sie sich nie zu einer Zwei hinbewegen; und sind Sie eine Fünf, werden Sie nie zu einer Neun.[37]

Aus Gurdjieffscher Sicht gleicht dieses Unvermögen, eine grundsätzliche Verzahnung der drei und der sieben zu begreifen und wirkungsvoll anzuwenden, einer Bankrotterklärung der ganzen Persönlichkeits-Enneagramm-Bewegung – und macht sie zu einem »oberflächlichen« Zeitvertreib statt zu einer kosmischen Wahrheit. Der Fairness halber muss aber eingestanden werden, dass die klassische Lehre Gurdjieffs es einem auch nie besonders leicht gemacht hat, diese Verzahnung zu begreifen. Dabei ist das Geheimnis gar nicht so schwer zu entdecken; wenn man bereit ist, tiefer danach zu graben, lässt es sich bei Ouspensky finden. Doch auch, wenn man es entdeckt hat, ist es nicht so einfach zu verstehen – zum einen weil das Gesetz der Sieben als solches nicht leicht zu verstehen ist, zum anderen weil das, was im Wesentlichen eine verblüffend einfache Lösung ist, schnell unter einer komplizierten pseudomathematischen Geheimnistuerei begraben wird (die berühmt-berüchtigten »absteigenden Oktaven« und »Wasserstofftabellen«, die in Ouspenskys Ausführungen Seite um Seite füllen).

37. In dem Bemühen, diese Begrenzungslinien aufzuweichen, hat die moderne Enneagramm-Lehre das Prinzip der »Flügel« eingeführt, welches rasch einen kanonischen Status erlangte. Die Idee dahinter lautet, dass jeder Typ durch den einen oder den anderen der beiden numerisch benachbarten Typen beeinflusst wird. Dadurch entstehen also »fünfhafte Sechser«, mit einem etwas paranoiden Anstrich, oder »siebenhafte Sechser«, die ein wenig optimistischer und humorvoller gestimmt sind. Dieses Konstrukt soll dem Zusammenwirken der beiden Muster entlang der Nahtstellen 2–3, 5–6, 6–7, 8–9 und 9–1 dienen. Doch bewirkt es noch immer keine volle Zirkulation unter den neun Punkten und erlaubt den einzelnen Typen keinen »Sprung aufs andere Boot«, das heißt ins andere Muster.

Zu einem weiteren Versuch eines zeitgenössischen Enneagramm-Lehrers, eine größere Interaktion zwischen den Punkten zu ermöglichen, siehe David Daniels: "Working with the Harmony Triads" in *Talk Monthly* (Online-Magazin der Enneagramm Association in the Narrative Tradition, Mai 2012).

Lassen Sie uns mal schauen, ob es mir gelingt, Ihnen eine schnörkellose, nicht-mathematische Version des Grundgedankens zu präsentieren.

Bewusster Schock

Die entscheidende Information, die wir brauchen, um den Code des Enneagramms zu knacken, ist die Vorstellung der »unstetigen Schwingungen«, mit der ich Sie bereits im Kapitel 3 (via Jacob Needleman) bekanntgemacht habe. Sie erinnern sich, dass gemäß Gurdjieff alle Schwingungen (oder Energieflüsse) ihrem Wesen nach im Laufe ihrer Entwicklung an ganz bestimmten Punkten ihre Energie verlieren und daher an ebendiesen Punkten einen zusätzlichen Energieimpuls benötigen, damit sie sich in einer geraden Linie fortsetzen können. Diese Punkte der unstetigen Schwingung korrespondieren mit den Intervallen Mi–Fa und Si–Do auf der diatonischen Tonleiter, und der zusätzliche energetische Impuls, den es braucht, damit die Dinge auf Kurs bleiben, wird als *bewusster Schock* bezeichnet (falls Sie Ihre Erinnerung an das Muster der diatonischen Tonleiter auffrischen wollen, empfehle ich Ihnen, sich nochmals dem Kapitel 2 zuzuwenden).

Nun lassen Sie uns gemeinsam betrachten, was geschieht, wenn wir diese uns bekannte diatonische Tonleiter auf unser Enneagramm transponieren. Im ersten Schritt zeichnen wir den Grundriss des Dreiecks, welcher mit einem Kreis umschrieben wird. Nun teilen wir den Umfang des Kreises in neun gleiche Teile und tragen die

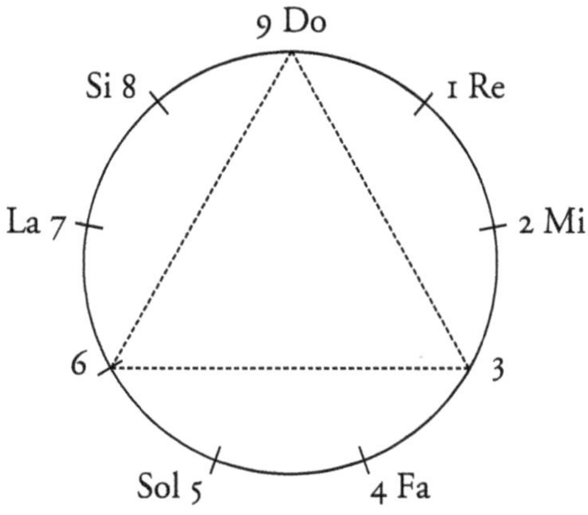

drei triadischen Punkte auf die bekannte Art und Weise ein: zuoberst die 9, rechts die 3 und auf der linken Seite die 6.

Kommen wir nun zum nächsten Schritt: Ordnen wir die sieben Tonleiter-Intervalle ihren entsprechenden Positionen auf dem Enneagramm zu, beginnend mit Re bei 1 – allerdings lassen wir die Punkte 3 und 6 frei (der Grund dafür wird sogleich klar werden). Somit erhalten wir das Diagramm, das wir bei Ouspensky als Figur 48 auf Seite 426 finden. Die Note Do, welche die grundlegende Schwingungsskala für die gesamte Oktave setzt, wird dem Punkt 9 zugeordnet.

Warum haben wir die anderen beiden triadischen Punkte frei gelassen? Wenn Sie sich an das erinnern, was wir über das Gesetz der Sieben gelernt haben, lüftet sich das Geheimnis ganz von selbst. Da jene »niedrigeren Stopinder« oder Halbtonschritte nicht die volle Kraft haben, benötigen sie, energetisch gesprochen, die Zugabe ihres jeweiligen bewussten Schocks, um den Vorgang auf Kurs halten zu können. In diesem Sinne sind bewusste Schocks also im Wesentlichen »Intervalle« – sie repräsentieren ein zusätzliches Schwingungspaket, das eigentlich zur Gesamtheit der Oktave gehört. Und wenn Sie diese beiden Schocks hineinbringen, erweitert sich unsere Siebenschritt-Tonleiter plötzlich zu einer von neun Schritten, die sich wie folgt zusammensetzt:

Do Re Mi X Fa Sol La Si X (Do).

Wenn Sie nun auf unser Diagramm schauen, erkennen Sie, dass unsere erste Angleichung perfekt ist: Punkt 3, zwischen Mi und Fa, korrespondiert ganz genau mit dem Ort, wo die erste Energieunterschreitung stattfindet und wo der erste bewusste Schock empfangen werden muss.

Aber was ist mit dem zweiten Punkt? Er liegt eindeutig *nicht* an der richtigen Stelle. Unser zweiter freier Raum fällt auf den Punkt 6, wohingegen der echte zweite bewusste Schock tatsächlich zwischen Si und Do passiert, also zwischen den Punkten 8 und 9 auf dem Enneagramm. Damit zerschlagen sich schnell unsere anfänglichen Hoffnungen; der erste Punkt passt, der zweite hingegen nicht.

Oder vielleicht doch? Und genau hier kommen wir zum Nadelöhr unseres Rätsels. Wie Ouspensky schlau beobachtet: »Die offensichtliche Anordnung des Intervalls *an einer falschen Stelle* zeigt denen, die fähig sind, das Symbol zu lesen, was für eine Art

›Schock‹ für den Übergang von Si auf Do notwendig ist.«[38] Dieses Geheimnis, einmal gelüftet, erlaubt es uns, das Werkzeug des Enneagramms bewusst als ein Instrument der kosmischen Transformation zu handhaben.

Ouspensky lässt uns fast einhundert Seiten warten, bevor er das Geheimnis preisgibt. Doch wenn er es schließlich lüftet, nachdem er den weiteren Diskurs derart tief in die Gurdjieffsche kosmologische Komplexität verstrickt hat, bemerken wir die verblüffende Brillanz dessen, was er offenbart, womöglich gar nicht.

Im Wesentlichen ist das Geheimnis folgendes: *Dieser erste Schock ist gleichzeitig auch ein neues Do.* Während er die Dinge in ihrer derzeitigen Oktave also auf Kurs hält, stößt der Schock gleichzeitig eine neue Entwicklungslinie in einer ganz neuen Oktave an.

Haben wir diese Transposition erst einmal vorgenommen, fügen sich plötzlich alle Dinge zusammen. Wenn wir am Punkt 3

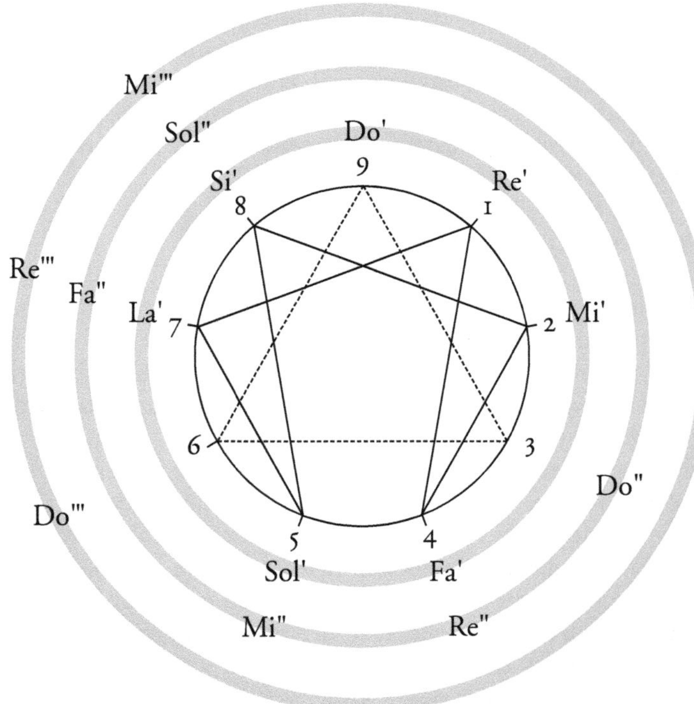

38. P.D. Ouspensky: *Auf der Suche nach dem Wunderbaren,* Seite 428.

ein neues Do setzen, wird es seine eigene Mi–Fa-Passage genau am Punkt 6 erreichen, was nicht den zweiten bewussten Schock in der ursprünglichen Oktave bedeutet, sondern den ersten bewussten Schock *in der zweiten Oktave der Entwicklung!* (Vielleicht lesen Sie diesen Absatz besser ein zweites Mal; es mag anfänglich kompliziert klingen, doch im Grunde genommen ist es ganz einfach.) Und Punkt 6 wird gleichzeitig das neue Do für eine dritte Oktave der Entwicklung. Ist dieser Zusammenhang erkannt, lösen sich die Schwierigkeiten von selbst auf.

Das Geheimnis des Enneagramms liegt also darin, dass wir es ganz und gar nicht mit einem Diagramm eines »geschlossenen Kreises« zu tun haben. Für jene, die dessen Mysterien zu lesen gelernt haben, trägt es seine eigene aufgerollte Feder in sich, die ihre Expansion unvermeidlich vorwärts in neue Oktaven hineintreibt, von denen jede eine feinere Erkenntnisebene jenes Anfangsschubs darstellt. Das ist der Grund, warum das Gesetz der Sieben im Werk auch als das »Gesetz der Oktaven« bezeichnet wird. Wenn also die »lineare« Vorwärtsbewegung von Punkten entlang der sechs Linien, die vom Gesetz der Sieben generiert werden, die »vertikalisierende« Dimension der drei triadischen Punkte kreuzt und eine Wechselbeziehung mit ihr eingeht, explodiert »die Kreuzung des Zeitlosen mit der Zeit« in die Wirklichkeit und eine ganz neue Oktave der Möglichkeit eröffnet sich. Das Enneagramm entpuppt sich als ein Schachtelmännchen!

Dies ist zugegebenermaßen eine extrem flüchtige Skizze. Diejenigen, die sich dazu inspiriert fühlen, tiefer in diese Lehre einzudringen und ihr die Zeit und Reflexion zu schenken, die sie verdient, ermuntere ich ausdrücklich dazu. Meine kurze Zusammenfassung an dieser Stelle soll lediglich helfen, das Entsetzen zu verstehen, das langjährige Studierende des Werks angesichts dessen empfinden mögen, was einer Entweihung ihres heiligen Symbols gleichzukommen scheint. Denn das heutige Persönlichkeits-Enneagramm klappt das Diagramm (und die darin enthaltenen Möglichkeiten) unwissentlich zu einem Paar geschlossener Kreise zusammen, die ihre Runden von 1–4–2–8–5–7 und 3–6–9 unablässig, mechanisch und auf derselben Ebene wiederholen wie ein Hund, der nach seinem Schwanz jagt. Das ursprüngliche Gurdjieffsche Enneagramm hingegen ist dem Wesen nach unbegrenzt und greift nach außen, um die kosmischen Prozesse anzurufen und zu empfangen, die das Leben *in* der Zeit an das Leben *jenseits* der

Zeit binden. Wenn also das Enneagramm auf ein persönlichkeitstypologisierendes Werkzeug reduziert wird, läuft dies für einen erfahrenen Gurdjieffianer in etwa darauf hinaus, »die Liebe, welche die Sonne und die Sterne bewegt«, dafür einzuspannen, eine elektrische Spielzeugeisenbahn immer auf ein und derselben Spur im Kreis fahren zu lassen.

Die dritte Kraft

Schön und gut, aber weshalb funktioniert dann das Enneagramm so gut als ein Werkzeug zur Typologisierung von Persönlichkeit? Dies bleibt ein Geheimnis, das es noch zu lösen gilt; ich vermute, dass diese psychometrische Funktionalität ein glücklicher Mitfahrer auf dem Rücksitz eines mächtigen kosmischen Gesetzes ist. Weil das Gesetz selbst so tiefgreifend und umfassend ist, neigen die darin eingebetteten subsidiären Muster dazu zusammenzuhalten. Und wenn Sie fragen, warum Gurdjieff selbst dieses Muster nicht zu bemerken schien, würde meine Antwort lauten: »Weil seine Aufmerksamkeit auf etwas anderes gerichtet war.« Er suchte nach einem weitaus größeren kosmischen Plan.

Als jemand, die mehr als ein Jahrzehnt an der Gurdjieff-Arbeit teilgenommen hat, weiß ich nur zu gut um die Tiefe, die in der aktuellen Bewegung des Persönlichkeits-Enneagramms verloren gegangen ist. Dennoch teile ich nicht die negative Einschätzung so vieler aktiver Gefährtinnen und Gefährten des Vierten Weges. Ich denke, dass diese neue Form der Enneagramm-Lehre ganz ohne Frage eine positive Entwicklung darstellt und einen kraftvollen, neuen transformativen Impetus in sich trägt. Auch weist sie ausreichende Merkmale der dritten Kraft auf – Überraschung, Eleganz, neue Energie –, sodass wir ernsthaft aufmerksam dafür sein sollten, was sich aus ihr eventuell noch entfalten wird.

Die klassische Enneagramm-Lehre gemäß Gurdjieff ist tatsächlich großartig – *vorausgesetzt,* dass sie verstanden und praktisch angewendet werden kann. Doch lässt sich nur schwerlich behaupten, dass sie in den sieben oder acht Jahrzehnten, während derer das Werk seine Unter-dem-Radar-Präsenz als esoterische Schule beibehalten hat, das Potenzial dieses großartigen Arkanums in seinem Kern vollständig erschlossen hat. Die Lehre neigte dazu, intellektuell, spekulativ und geheim zu bleiben und sich wenig darum zu kümmern, dieses Werkzeug als eine moralische Kraft in der ganzen Gesellschaft zu vermitteln. Gemäß seinem eigenen Selbstverständnis entschied sich das Werk, elitär und im Verborgenen zu bleiben und sich mehr auf das individuelle spirituelle Streben auszurichten, statt Massenbewegungen des »menschlichen Potenzials« loszutreten, was sowieso wie ein Widerspruch in sich klingt.

Das Persönlichkeits-Enneagramm hat jedenfalls die breite Fantasie entfacht, so viel ist sicher. Und man muss eingestehen, dass in seiner Anlage etwas Brillantes und sogar abscheulich Strategisches steckt. Indem es jenen klassischen Köder für das Ego verwendet – »lass mich meinen Typ erfahren, irgendeine interessante neue Sache über *mich* verstehen« –, zieht es die Menschen an, wenn auch nur, um ihnen grundlegende Werkzeuge zur Selbstbeobachtung und Nichtidentifikation an die Hand zu geben, welche die klassischen Psychotherapiemodelle im Allgemeinen zu liefern nicht imstande waren.[39] Fortschreitende Enneagramm-Studierende entwickeln sehr schnell die Fähigkeit zu erkennen, dass sie tatsächlich *nicht* ihr Typ sind; es handelt sich dabei lediglich um ein unpersönliches, mechanisches Muster, das sich in ihnen abspielt. So beginnt sich ihr Selbstgefühl zu verändern: Sie verbleiben immer weniger bei ihren äußeren Persönlichkeitsmanifestationen und leben mehr und mehr in ihrer inneren bezeugenden Präsenz. Indem die tieferen Wurzeln ihrer Identität an die Oberfläche kommen, beginnt die Fixierung auf ihre Persönlichkeit abzunehmen. Und somit vermag die Lehre, Menschen zu einer neuen Ebene innerer Freiheit zu bewegen und sie zu ermutigen, genau jene spirituellen Fähigkeiten zu entwickeln, die Gurdjieff selbst als essenziell für eine bewusste Transformation einstufte, die sein eigenes um-

39. Meiner Ansicht nach leiden sowohl die modernen psychologischen Modelle als auch die klassische christliche spirituelle Lehre an einem fehlenden praktischen Verständnis dieser beiden fundamentalen transformierenden Methoden von innerer Beobachtung und Nichtidentifikation. Die Neigung, die Person mit ihrem egoischen Selbst und die bezeugende Präsenz mit dem egoischen Über-Ich zu verwechseln, hat vieles in der christlichen Morallehre unaufmerksam werden lassen, förmchenhaft, äußerlich und unfähig zu erkennen, wo sie sich ständig selbst blendet. Dieselbe Verwechslung herrscht auch weiterhin in wichtigen Bereichen der heutigen Tiefenpsychologie, wo die Möglichkeit eines Bewusstseins neben dem egoischen Selbst schlichtweg nicht verstanden wird. Eine aufgeklärte Zusammenfassung aus moderner buddhistischer Sicht findet sich bei JOHN WELWOOD: *Toward a Psychology of Awakening*, Boston: Shambhala Publications, 2000.

ständliches System jedoch im Endeffekt so häufig behindert. *Irgendetwas* funktioniert hier eindeutig, und die Bewegung des Persönlichkeits-Enneagramms scheint die Früchte von innerer Arbeit auf eine Art und Weise zu manifestieren, die persönlich authentisch und gleichzeitig statistisch signifikant ist. Vielleicht hätte Gurdjieff ja tatsächlich diesem Mitfahrer auf dem Rücksitz seines so geschätzten kosmischen Symbols mehr Aufmerksamkeit schenken sollen.

Auf jeden Fall hat die neue Bewegung, mit einer Art Handschrift der »dritten Kraft«, eine Brücke gebaut zwischen heutigen exoterischen psychologischen Modellen und den klassischen esoterischen Lehrern der inneren Tradition des Westens, in der die notwendigen spirituellen Kenntnisse und die visionäre Straßenkarte zu finden sind, die uns helfen, den wahrhaftigen Sinn unserer menschlichen Berufung und unserer Bestimmung in einem enorm erweiterten und multidimensionalen Kosmos zu entdecken. Und dies wird von überragender Bedeutung sein für meine eigenen Anliegen in diesem Buch. Denn Sie werden sehen, dass die Unzulänglichkeit, die ich in unserem klassischen theologischen Modell der Dreifaltigkeit ausmache, genau dieselbe Unzulänglichkeit ist, die erfahrene Gurdjieff-Anhänger im Persönlichkeits-Enneagramm erkennen: die Verflachung in nur eine Dimension eines Symbols, dessen ganze kosmische Weisheit ausschließlich in drei Dimensionen begriffen werden kann, vom Inneren der Dynamik als solcher her. Das Wissen darum, wie dies anzustellen ist (sowohl für das Enneagramm als auch für die Dreifaltigkeit), können wir bei Gurdjieff finden, doch bis vor Kurzem fehlte ein zugänglicher Einstiegspunkt. Auch wenn das komplette Gurdjieffsche System eine Spezialdisziplin bleiben mag, enthält seine Lehre Ideen, die definitiv eine größere Verbreitung verdienen, weil sie den Weg aus den theologischen Blockaden aufzeigen, welche die christliche visionäre Vorstellungskraft schon allzu lange gefangen halten. Der heutigen Enneagramm-Bewegung, in deren Reihen nicht nur Therapeuten und Berater zu finden sind, sondern auch spirituelle Lehrerinnen und Lehrer, Geistliche und Ordensleute, ist es gelungen, ein Tor zu öffnen, durch das eine beträchtliche Zahl von Menschen beginnen kann einzutreten. Meine Hoffnung ist, dass das Gurdjieffsche Werk sich über sich selbst erhebt und hinausgehen wird, um diesen Menschen auf halbem Weg zu begegnen.

Teil zwei

Binäre und ternäre Metaphysik

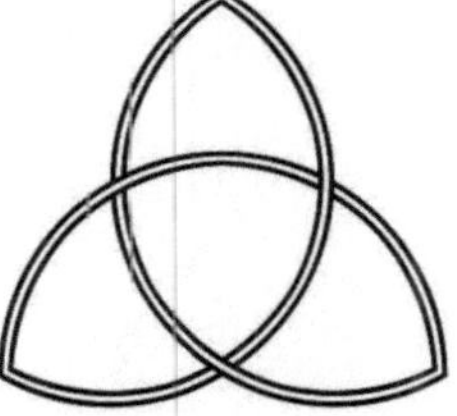

5

Blauverschiebung

IM ERSTEN TEIL DIESES BUCHES HABEN WIR UNS AUSGIEBIG mit den grundlegenden Funktionen des Gesetzes der Drei vertraut gemacht. Ich hoffe, dies war bereits an sich eine interessante Erkundung. Doch wie faszinierend und sogar praxisrelevant dieses Gesetz auch immer sein mag – was sollte mich glauben lassen, dass ein obskures esoterisches Prinzip, das erst im frühen zwanzigsten Jahrhundert formuliert wurde und weder der klassischen Theologie noch der klassischen Metaphysik geläufig war, in irgendeinem Zusammenhang mit der Heiligen Dreifaltigkeit steht? Und warum sollte es für die heutige theologische Auseinandersetzung nützlich oder überhaupt *statthaft* sein?

Wie in der Einleitung angedeutet, werde ich mich gar nicht erst bemühen, diese Betrachtung auf historischem Boden zu führen. Wäre dies mein Ansatz, müsste ich darlegen, dass die kappadokischen Kirchenväter, die vornehmlichen theologischen Architekten der Dreifaltigkeit, Kenntnis vom Gesetz der Drei hatten und diese absichtlich in ihrer Formulierung der Lehre verankerten. Doch ein Beweis für diese Behauptung fehlt schlicht und einfach – und ehrlich gesagt, ich glaube auch nicht, dass ein solcher existiert. Unabhängig davon, ob Gurdjieffs Andeutung, das Wissen vom Gesetz der Drei sei durch monastische mündliche Überlieferungen weitergegeben worden, wahr ist oder nicht, sehe ich für mich als nicht-orthodoxe, nicht-klösterliche, nicht Griechisch sprechende Frau keine Möglichkeit, diese Aussage mittels der mir zur Verfügung stehenden Quellen hinreichend belegen zu können.

Eine imaginative Kausalität

Doch eine historische Kausalität ist nicht die einzige Möglichkeit, die Wahrhaftigkeit eines Sachverhalts zu ermitteln (obwohl es in unserer buchstabengläubigen Kultur ganz sicher die bevorzugte

Methode ist). Seit undenklichen Zeiten haben sich Mystiker, Künstlerinnen, Propheten und visionäre Theologinnen und Theologen (so wie die Kappadokier) zu etwas hingezogen gefühlt, das in der inneren Tradition des Westens klassischerweise als »*imaginative* Kausalität« oder als die Vorrangstellung archetypischer Muster vor der historischen Faktizität bekannt ist. Gemäß dieser Sichtweise entspringen die Muster, die das Energiefeld unserer sichtbaren Welt erzeugen und ordnen, jenseits der Zeit (auf einer höheren Realitätsebene) und werden größtenteils durch Bilder übermittelt (deshalb: *imaginativ*), die auf den glatten Spiegel unserer kontemplativen Vorstellungskraft geworfen werden. (Tatsächlich verweist die ursprüngliche griechische Bedeutung des Begriffs *Kontemplation* nicht auf die Abwesenheit von Denken, sondern auf die Gegenwart visionärer Schau.) C.G. Jungs gefeierte Wiederentdeckung der Archetypen des kollektiven Unbewussten im zwanzigsten Jahrhundert war lediglich ein Wiedererwachen dessen, was lange die herrschende hermeneutische Methode in den westlichen mystischen und esoterischen Traditionen war, die nahezu universell im Christentum Anwendung fand, bis sie von der steigenden Flut der Scholastik im dreizehnten Jahrhundert hinweggespült wurde.

In der imaginativen Kausalität bestimmt das übergeordnete Muster den Bereich, in dem die lineare Kausalität stattfindet. Wenn gezeigt werden kann, dass ein Muster die Datenlage erklärt und dem Feld, das es ordnet, Energie und Klarheit vermittelt sowie intelligente und nützliche Anweisungen für zukünftige Handlungen anbietet, dann wird es für wahr gehalten, unabhängig davon, ob es streng genommen historisch ist. Sobald ein grundsätzliches Zusammenpassen gegeben ist, fügen sich auch die restlichen Puzzleteile in der Regel wie von selbst zusammen und die Anordnung erweist sich als gar nicht mal so unlogisch, wie ursprünglich angenommen, wenn wir erst einmal begriffen haben, dass das ordnende Prinzip eher einem Chiasmus gleicht (konzentrischen Kreisen, die sich aus einem kausalen Epizentrum symmetrisch ausfächern) als einer linearen Kausalität, wie wir sie gewohnt sind. Doch wenn sie bereits auf der imaginativen Ebene grundsätzlich nicht zusammenpassen, wird auch nichts richtig funktionieren.

Im Wesentlichen ist dies das Argument, das ich hier zu untermauern versuche. Um es mit den Worten eines beliebten Märchens auszudrücken: Ich glaube, dass das Christentum von Anfang an ein ternärer Schwan in einem binären Ententeich gewesen ist. Und dieses imaginative Nichtzusammenpassen – das unerkannt blieb, weil es einfach keinen Weg gab, auf dem es in der herrschenden intellektuellen und spirituellen Kultur jener Zeit hätte erkannt werden *können* – war maßgeblich verantwortlich für die unstete und sogar schizophrene Flugbahn, die diese Religion auf ihrem zweitausendjährigen Kurs durch die Geschichte hindurch zurückgelegt hat. Es brachte sie in regelmäßigen Krampfanfällen dazu, ihre mystischen und kontemplativen Traditionen zu verleugnen, ihre eigene transformative Weisheit als »Gnostizismus« zu dämonisieren, mehr als die Hälfte ihres außergewöhnlichen Schatzes heiliger Texte auf den theologischen Schrotthaufen zu werfen,[1] und das Risiko einzugehen, etwas ganz und gar Kostbares, aber vollkommen Unsagbares – nämlich ihre ternäre Essenz – zu verunreinigen oder zu verlieren. Vor dem Hintergrund einer ternären Metaphysik beginnt all dies, einen Sinn zu ergeben.

Nachdem wir das Entenküken erst einmal korrekt als Schwan-Baby identifiziert haben, beginnen wir darüber hinaus wertvolle Hinweise zu erkennen für eine Heilung der Spaltung zwischen Theologie und Metaphysik, welche die Energie des Christentums fast von Anfang an ausgelaugt hat, und für das Nutzbarmachen der Dynamik, der Veränderungskraft und der Prozesse, die einem ternären System innewohnen, um dadurch einen zuversichtlicheren Kurs in Richtung Zukunft einzuschlagen. Das, so glaube ich, ist der wahre Ansporn, diesem theoretisch obskuren esoterischen Prinzip mehr ernsthafte Aufmerksamkeit zu zollen.

1. Hiermit sind die rund fünfzig frühen heiligen Texte gemeint, die im Jahr 1945 in der ägyptischen Wüste in der Nähe von Nag Hammadi in einer Urne wiederentdeckt wurden und im Allgemeinen als die »gnostischen Evangelien« bezeichnet werden (obwohl dies eine ungenaue Beschreibung ist). Die meisten Wissenschaftler gehen davon aus, dass sie von den Mönchen des nahegelegenen pachomianischen Klosters irgendwann nach dem Jahr 367 nach Christus sicherheitshalber in diesem tönernen Gefäß versteckt wurden, als ein Erlass von Bischof Athanasius die offizielle »Auswahlliste« von siebenundzwanzig genehmigten Texten festlegte, welche schließlich das kanonische Neue Testament bilden sollten. Texte, die sich nicht auf dieser Liste befanden, waren gewissermaßen »entkonsekriert« und nicht länger für den offiziellen Gebrauch erlaubt.

Die philosophia perennis

In meinem ursprünglichen Artikel über die Feminisierung der Dreifaltigkeit schrieb ich, dass die meisten traditionellen Kosmologien auf einem binären System beruhen und dass es das Wesen binärer Systeme ist, stabil zu sein. Wie ein Pendel schwingen sie zwischen den großen kosmischen Gegensätzen – Licht und Dunkelheit, Yin und Yang, männlich und weiblich –, doch irgendwann kommen sie ins Gleichgewicht. Ihre Stabilität liegt in der Symmetrie der Gegensatzpaare. Innerhalb solcher Systeme tendiert die Zeit dazu, eine statische Qualität anzunehmen, die durch zyklische Muster der Sättigung und Wiederholung geprägt ist; und die Vollendung wird durch die Einbindung der Gegensätze erreicht.

Die vornehme Witwe all dieser großen binären Systeme ist ganz gewiss jenes erhabene metaphysische Bauwerk, das man heute als die *philosophia perennis* kennt. Der Begriff wurde zu Beginn des zwanzigsten Jahrhunderts von Aldous Huxley geprägt, das System selbst hingegen ist uralt. Zweifellos wählte Huxley diesen Namen, weil er sie als eine universelle Metaphysik am Ursprung aller großen heiligen Welttraditionen erkannt hatte. Auch wenn die in ihrem Namen gemachte Aussage, sie widerspiegele unverfälscht die tiefe Struktur der Wirklichkeit selbst, sich als übertrieben herausstellen mag, spiegelt sie *tatsächlich* mit nahezu perfekter Präzision den Evolutionsschritt im menschlichen Bewusstsein wider, der anstieß, was heute unter dem Begriff »Achsenzeit« geläufig ist. In einer bemerkenswert verdichteten Zeitspanne (im Allgemeinen datiert auf 800 bis 200 vor Christus) scheinen die Menschen weltweit für eine neugewonnene Bedeutung von individueller Bestimmung und persönlicher Verantwortung erwacht zu sein, und die großen spirituellen Traditionen der Welt wurden damals entweder geboren oder in einen neuen Reifegrad katapultiert. Es war das große Zeitalter von Buddha, Laotse, Zarathustra, den Propheten des Alten Testaments, Plato und Pythagoras. Die Wurzeln der Weltzivilisation, wie wir sie heute kennen, reichen tief in den fruchtbaren Boden der *philosophia perennis.*

Als das Christentum intellektuell allmählich erwachsen wurde und anfing, seine eigene Identitätsbildung in Angriff zu nehmen, floss die *philosophia perennis* bereits seit Langem durch die Denkstrukturen der griechischen und semitischen Welt. In Griechenland wurde sie vor allem durch den alles durchdringenden platonischen Einfluss befördert, der dann bereits im dritten Jahrhundert nach der Zeitenwende als christlicher Neuplatonismus wieder auftauchte, brillant verkörpert durch Origenes (gestorben 254), und in einer ununterbrochenen Linie patristischer intellektueller Spekulation und Andachtspraxis weitergegeben wurde. Zeitgenössische Kirchenhistoriker haben darüber häufig als »Hellenisierung des Christentums« gesprochen und beklagt, dass eine gewisse unerschrockene semitische Wirklichkeit unter den allzu leicht zugänglichen kräftigen philosophischen Kategorien des Platonismus zu verblassen schien. Doch das semitische Denken stand gleichermaßen unter dem Einfluss der *philosophia perennis,* die hier allerdings einen anderen Schwerpunkt aufwies. Jesus selbst entwuchs seinen Kinderschuhen im spirituell aufgeladenen Umfeld der *merkava*- oder »Streitwagen«-Mystik, welche den persönlichen Aufstieg hin zu einem höheren spirituellen Reich durch Läuterung und Entsagung hervorhob; und Jesu subtile aber entschlossene Abweichung von diesem Muster blieb lange unbemerkt und zwar nicht nur in seiner eigenen Epoche, sondern bis in unsere heutige Zeit. Die *philosophia perennis* ist, wie ich bereits sagte, im menschlichen Gehirn der Achsenzeit fest verdrahtet. Die üblichen Strukturen des Verstandes können dies nicht erkennen, weil der Rahmen allzu genau mit dem Bild als solchem übereinstimmt. Es braucht eine neue Art von Bewusstsein, bevor wir aufhören, *durch* den Rahmen zu schauen, und beginnen können, ihn direkt *an*zuschauen.

Bezeichnenderweise ist es der zeitgenössische Philosoph Ken Wilber, der – obschon er gerne bereit ist, den Begriff »Metaphysik« gleich ganz zu verschrotten – schließlich die zentralen Eckpunkte der *philosophia perennis* bestätigt und diese nahezu unverändert in seine neue »postmetaphysische« Straßenkarte extrapoliert. Obwohl sich Wilbers Gedanken zu diesem Thema weiterentwickelt haben, lassen sie sich im Wesentlichen noch immer mit einer Beschreibung zusammenfassen, die er in seinem 1997 veröffentlichen Buch *The Eye of Spirit* gibt:

> Zentral für die *philosophia perennis* ist die Vorstellung der *Großen Kette der Wesen* [oder Seinskette]. Die Idee dahinter ist ziemlich einfach. Die Wirklichkeit, so die *philosophia perennis,* ist nicht eindimensional; sie ist kein Flachland von einheitlicher Substanz, das sich monoton vor unseren Augen

> ausdehnt. Vielmehr ist die Wirklichkeit aus mehreren *verschiedenen,* aber *kontinuierlichen* Dimensionen zusammengesetzt. Das bedeutet, die manifeste Wirklichkeit besteht aus verschiedenen Stufen oder Ebenen, ausgehend von den niedrigsten und dichtesten bis hin zu den höchsten und subtilsten und bewusstesten. Am einen Ende des Seinskontinuums oder Bewusstseinsspektrums liegt das, was wir im Westen als »Materie« oder das »Empfindungslose« oder das »Unbewusste« bezeichnen würden. Am anderen Ende steht der »Geist« oder die »Gottheit« oder das »Überbewusstsein« (von dem auch gesagt wird, dass es der alles durchziehende Hintergrund der gesamten Abfolge ist [...]). Dazwischen angeordnet sind, entsprechend ihrem individuellen Grad von Wirklichkeit, andere Dimensionen des Seins. [...] Die zentrale Behauptung der *philosophia perennis* lautet, dass der Mensch wachsen *und sich über die ganze Hierarchie bis hinauf zum Geist als solchem entwickeln (oder entfalten) kann.*[2]

Wenn wir diese Beschreibung genau lesen, entdecken wir, dass die *philosophia perennis* drei grundlegende Prämissen postuliert, die gemeinsam ihr metaphysisches Umfeld definieren. Ich werde nun jede von ihnen mit meinen eigenen Worten schildern.

Kosmologische Rotverschiebung

Was Ken Wilber, in der Nachfolge von Arthur Lovejoy, die »große Kette der Wesen« nennt,[3] würde ich als »kosmologische Roterschiebung« bezeichnen. Dies ist ein alternativer Ausdruck für den im Prinzip gleichen grundsätzlichen Punkt; aber ich glaube, Sie werden schnell erkennen, warum ich diesen Begriff wähle. Die Rotverschiebung (auch »Doppler-Effekt« genannt) ist ein physikalisches Gesetz, wonach sich die Länge von Licht- oder Klangwellen

2. KEN WILBER: *The Eye of Spirit,* Boston: Shambhala Publications, 1977, Seite 39. Wenn ich sage, dass Wilbers Gedanken sich seit dieser Beschreibung »weiterentwickelt« haben, dann meine ich, im Wesentlichen dahingehend, dass er heute den gesamten Bereich der Wirklichkeit, und nicht bloß deren höheren Schichten, als vom Geist durchdrungen anerkennt.

3. ARTHUR LOVEJOY: *The Great Chain of Being,* Cambridge, MA: Harvard University Press, 1936, 1964.

ausdehnt, wenn sich deren Quelle von uns wegbewegt, und sich somit in Richtung des »roten« Endes des Lichtspektrums (beziehungsweise des »tieferen« Endes des Klangspektrums) verändert. Das ist der Grund, weshalb die Sirene eines Krankenwagens auf eine tiefere Tonhöhe fällt, sobald der Wagen Sie überholt hat und von Ihnen weg die Straße hinunterrast.

Das heutzutage gängige wissenschaftliche kosmologische Modell begreift die Geschichte des Universums im Grunde genommen als eine riesige kosmische Rotverschiebung. Aufgrund der Messung des Doppler-Effekts im Licht, das entfernte Galaxien aussenden, konnten Wissenschaftler schließen, dass sich das Universum ausdehnt – das heißt, dass es sich von seiner Quelle wegbewegt. Weil es dies tut, stellen wir einen messbaren Frequenzabfall fest, und zwar nicht bloß aus der Perspektive eines vorübergehenden Zuschauers, sondern objektiv wirklich und verifizierbar. Von seinem Ursprungspunkt eines hypothetischen »Big Bang« aus hat das durch Zeit und Raum hinausrasende Universum beständig an Energie verloren und ist kälter und dichter geworden. Die Energie dieser anfänglichen Explosion ›kühlte‹ sich nach und nach ab und wurde zu Quarks, Teilchen, Atomen, Molekülen, Felsen, Zellen, Amöben, Menschen. In einem Universum der Rotverschiebung, in dem die Energie aus seiner Quelle hinausströmt, nimmt deren Frequenz beständig ab. Die Dinge verfestigen sich, kalten ab und werden der Quelle immer unähnlicher.

Interessanterweise ist es genau dies, was die *philosophia perennis* schon immer ausgedrückt hat – nur, beschrieb sie es im Kontext der spirituellen anstatt der wissenschaftlichen Kosmologie. Was dieser immensen hierarchischen Prozession der Reiche, die traditionell »die große Kette der Wesen« genannt wird, als eigentliches operatives Prinzips zugrunde liegt, ist leicht als etwas zu erkennen, das anschaulich als *spirituelle Rotverschiebung* bezeichnet werden könnte. Wenn wir die Gottheit oder die Quelle als den initialen »Big Bang« der großen Kette der Wesen verstehen, erscheint die Schöpfung zwangsläufig als ein *Hinabsteigen* – als ein riesiger kosmischer Doppler-Effekt. Die Energien der Gottheit strömen nach außen, verlieren in diesem Prozess an Frequenz und erzeugen eine Reihe eingebetteter Universen, von denen jedes dichter und gröber ist als sein Vorgänger.

Sara Sviri, eine zeitgenössische Schriftstellerin in der Tradition der Naqshbandi-Sufis, deren Metaphysik tief in der *philosophia pe-*

rennis wurzelt, beschreibt diese grundlegende Kosmologie der Rotverschiebung prägnant in ihrem Buch *The Taste of Hidden Things:*

> Man stellte sich den Kosmos als eine Reihe konzentrischer Sphären vor, eine innerhalb der anderen und alle in einer absteigenden Ordnung *ausströmend* aus dem Einen, der Quelle, dem Ewigen. Der Eine, in Seiner überfließenden dunklen und verborgenen Leuchtkraft, produzierte eine »Sphäre«, ein »Anderes«. [...] Im Gegenzug produzierte diese Sphäre aus ihrem eigenen Leuchten heraus eine weitere Sphäre, niedriger als sie selbst, weniger leuchtend. Andere Sphären der Existenz *strömten* auf dieselbe Weise aus. Dies sind die Sphären der Planeten und Fixsterne. Je größer ihr Abstand von der Quelle wurde, desto dichter und trüber wurden die Sphären. Die niedrigste Sphäre wurde mit dem Mond assoziiert. Unterhalb des Mondes, in der »sublunaren Welt«, befindet sich unser Universum – die Ebene der Natur, die mit dem Menschen und anderen Lebewesen bevölkert wurde. Diese wurde als die dichteste und dunkelste Ebene des Seins angesehen.[4]

Im Wesentlichen fasst Sviri hier die neuplatonische Grundidee der *Emanation* zusammen, die zum Kern der mystischen und visionären Kosmologie des Westens zählt.[5] Und ihre grundlegenden kosmischen Prinzipien, sowohl energetisch als auch moralisch, lauten (zum einen): Erschaffen zu werden – insbesondere als ein menschliches Wesen aus Fleisch und Blut –, bedeutet, in einen niedrigeren Zustand hinabzusteigen, in eine gröbere und ›heruntergekommene‹ Seinsweise, und den Gesetzen der Entropie und des Verfalls unterworfen zu sein. Dementsprechend ist es (zum anderen) unvermeidlich, dass die Rückkehr zu Gott eine Art *Aufstieg* nach sich

4. SARA SVIRI: *The Taste of Hidden Things,* Inverness, CA: Golden Sufi Center, 1997, Seiten 196–197.

5. Erstmalig formuliert im dritten Jahrhundert vom griechischen säkularen Philosophen Plotin, fand diese Doktrin des »Emanationismus« rasch ihren Weg in die griechische intellektuelle Spekulation und von dort aus über eine Reihe von Philosophen, die oft als »persische Platonisten« bezeichnet werden – der bekannteste unter ihnen ist Suhrawardī (gestorben 1191) –, in die islamische Welt. Die ultimative Quelle ist die *philosophia perennis.* Siehe hierzu HENRY CORBIN: *The Man of Light in Iranian Sufism,* Boston: Shambhala Publications, 1994.

zieht, ein Sich-zurück-Arbeiten entlang des Schöpfungsstrahls wie ein Lachs, der sich seinen Weg stromaufwärts kämpft. Dies sind der zweite und der dritte der Grundsätze der *philosophia perennis,* denen wir uns nun zuwenden wollen.

Das Heruntergekommensein der Materie

Erst im letzten Jahrhundert haben wir definitiv verstanden, dass Geist und Materie nicht grundverschieden sind. Dank Einstein wissen wir, dass Materie lediglich eine verdichtete Form von Energie ist; und das, was wir üblicherweise als »Geist« bezeichnen, könnte möglicherweise nichts anderes sein als ein wesentlich subtilerer Energiezustand. Doch bis zum Beginn des zwanzigsten Jahrhunderts (einem bloßen Tropfen im Eimer der gesamten Lebensspanne der *philosophia perennis*) ahnte man noch nichts von diesem Kontinuum, und in der vorherrschenden Rotverschiebungsmentalität der traditionellen Weisheitsmetaphysik besteht eine nahezu einmütige Neigung, die Dichte (das heißt das zunehmend verdichtete Vorhandensein von Materie) als den Widersacher des Geistes und als eigentliche Ursache allen menschlichen Elends zu betrachten. Auf die »dichteste und dunkelste Ebene« des Seins gestellt, also ans allerletzte Ende der großen Kette der Wesen, wird unsere menschliche Sphäre de facto in maximalem Abstand von Gott verortet, von Dem wir uns nicht nur graduell, sondern auch substanziell unterscheiden. Und es ist genau diese, unserer menschlichen Form verliehene Dichte (üblicherweise »Fleisch« genannt), welche als das vorrangige Heruntergekommensein angesehen wird, das es zu überwinden gilt, wenn wir unsere wahre spirituelle Identität zurückgewinnen wollen.

Diese Tendenz, die Materie (die Dichte) für die primäre Ursache unseres menschlichen Exils zu halten, geht einher mit dem Hang, Gott lediglich mit der Spitze der großen Kette der Wesen gleichzusetzen, nicht mit der Kette als Ganzer. Sogar Ken Wilber fällt dieser tief wurzelnden metaphysischen Neigung zum Opfer, wenn er (in der Passage, die wir uns bereits angesehen haben) schreibt: »Am einen Ende des Seinskontinuums oder Bewusstseinsspektrums liegt das, was wir im Westen als ›Materie‹ oder das ›Empfindungslose‹ oder das ›Unbewusste‹ bezeichnen würden. Am anderen Ende steht der ›Geist‹ oder die ›Gottheit‹ oder das ›Überbewusstsein‹.« Obwohl es zwar so scheint, als habe er sich hier selbst mitten im metaphysischen Akt ertappt und hastig eine Klammer hinzufügt (dass dieses »Überbewusstsein« auch als »der alles durchziehende Hintergrund der gesamten Abfolge« gesehen werden könne), ist er doch immer wieder geblendet von seiner Neigung, die Gottheit mit der Spitze der Pyramide zu identifizieren und »Materie« als »empfindungslos« oder »unbewusst« und deswegen als weit entfernt vom Geist zu betrachten. Sogar seine fundierte Lehre über die »fünf Bewusstseinsstufen«, welche die Leiter der spirituellen Evolution ergeben (grobstofflich, subtil, kausal, bezeugend, non-dual),[6] begünstigt im hohen Maße die Assoziation von Geist mit Bewusstsein und Materie mit Empfindungslosem – eine metaphysische Gewohnheit, die er mit allem Drum und Dran von der *philosophia perennis* importiert hat. Auch wenn das »grobstoffliche« Reich einerseits lediglich als ein rein technischer Begriff erscheinen mag, um die physische Dichte der Sphäre zu beschreiben, die wir Menschen nur allzu gut kennen, wird Ihnen doch jedes einfache Mädchen vom Lande bestätigen können: Grob ist *grob!* Es ist eine nur allzu bequeme (und mittlerweile wissenschaftlich widerlegte) Verkürzung, das Fleisch als solches für den Haupthinderungsgrund zur Vergeistigung zu halten.

Vergeistigung als Aufstieg

Aus den ersten beiden Grundsätzen folgt unausweichlich der dritte. Wenn wir also in Materie und Dichte »gefallen« sind, muss der Heimweg zwangsläufig einen Aufstieg nach sich ziehen. Und da für den Aufstieg, im spirituellen Reich genauso wie im materiellen, Energie benötigt wird, gründen die meisten spirituellen Techniken klassischer Weisheitslehren auf irgendeiner Form von »Energieerhaltung«. Durch Zölibat, Meditation, Besinnung und Achtsamkeit »sammeln« und »intensivieren« wir die Energiereserven, sodass der Geist sich zu seinem »Zuhause im Geist« erheben kann.

Früher in diesem Kapitel habe ich die *philosophia perennis* »die vornehme Witwe aller großen binären Systeme« genannt. Mittlerweile ist vielleicht klarer geworden, warum ich sie auf diese Art und Weise charakterisierte. Trotz all ihrer Ansprüche auf einen meta-

6. Ken Wilber: *Integral Spirituality,* Boston: Shambhala Publications, 2006, Seiten 74–102.

physischen Vorrang enthüllt sie sich doch selbst als binäres System, denn sie basiert auf einem fundamentalen Dualismus – zwischen Materie und Geist, zwischen Abstieg und Aufstieg – und sucht ihre Stabilität in einem symmetrischen Ausbalancieren der Gegensätze. Auf einer Reise mithilfe der Straßenkarte der *philosophia perennis* werden wir uns an drei grundsätzlichen operativen Annahmen ausrichten müssen: (1) an der Identifizierung der Göttlichen Quelle mit dem Subtilen, (2) an der Gleichsetzung des Subtilen mit der höchsten energetischen Schwingung und (3) an der Schlussfolgerung, dass spirituelle Evolution (oder »Rückkehr«) bedeutet, die Frequenzskala hinaufzusteigen, eine manchmal als »Verfeinerung« bezeichnete Transformation. Die Reise hinein in die Form und wieder hinaus wird sich also als ein riesiges *exitus et reditus* (Hinausgehen und Zurückkehren) gestalten, wobei die Rückkehr stets zur ewigen Unveränderlichkeit des Geistes führen wird. Die Reise *durch* die Dichte steuert nur wenig oder gar nichts zur Rückkehr bei; sie bietet lediglich das Umfeld, in dem ein Aufwachen möglich werden kann: als »Mensch die ganze Hierarchie bis hinauf zum Geist selbst zu wachsen und sich entwickeln (oder entfalten) zu können.«

Eine San-Andreas-Verwerfung im Land des Herzens

Angesichts der immensen Bedeutung der spirituellen Autorität hinter dieser Straßenkarte hat sich die christliche Orthodoxie, vielleicht merkwürdigerweise, schon immer unbehaglich mit ihr gefühlt. Womit nicht gesagt werden soll, die *philosophia perennis* hätte keinen Einfluss auf das Christentum gehabt; genau genommen übte sie sogar eine enorme Wirkung aus. Schlagen Sie ein x-beliebiges Lehrbuch der christlichen Spiritualität oder Mystik auf und sie wird Ihnen sogleich ins Auge springen: angefangen beim christlichen Neuplatonismus von Origenes über die Schriften des Pseudo-Dionysius' aus dem sechsten Jahrhundert, die auf die westliche Mystik einen großen Einfluss hatten, bis hin zum Bild von der Leiter, das Johannes Klimakos im siebten Jahrhundert verbreitete und das der klösterlichen Praxis des christlichen Ostens wie auch des Westens ihren Rahmen gab. Es braucht ein gut ausgebildetes theologisches Auge, um den San-Andreas-Graben zu erkennen, der mitten durch dieses erhabene spirituelle Lehrgebäude verläuft. Dennoch existiert diese Verwerfungslinie, und wenn sie erst einmal gesehen wird, macht vieles aus der frühen Geschichte der Christenheit sehr viel mehr Sinn. Dabei geht es mir nicht um die offensichtlichen theologischen Rätsel wie etwa das von »der Gnade und den Werken« des Augustinus, sondern um etwas wesentlich Grundsätzlicheres: eine unbehagliche Intuition, knapp unter der Oberfläche der kollektiven theologischen Vorstellungen, dass in der Metaphysik als solcher etwas grundlegend schiefliegt.

Wir haben gerade einige Seiten darauf verwendet, die wesentlichen metaphysischen Bausteine der *philosophia perennis* zu erforschen, und so fällt es uns leicht, die grundsätzlichen Spannungsherde zu erkennen. Der erste und bedeutendste liegt darin, dass die Tendenz, physische Dichte mit Heruntergekommensein gleichzusetzen und sich die Reise zu Gott als einen Aufstieg zu einer stärker vergeistigten Ebene der Wirklichkeit vorzustellen, mit einer entscheidenden Tatsache christlich gelebter Erfahrung kollidiert: dass nämlich Gott uns in Jesus sehr nahe gekommen ist und tatsächlich »Fleisch wurde und unter uns wohnte« (Johannes 1.14). Genau im Epizentrum christlicher Identität – und als unmittelbare Herausforderung der Straßenkarte der *philosophia perennis* – erleben wir die Erfahrung, dass *Gott keine Energie verliert, wenn Er in die Form eintaucht.* Wenn überhaupt, ist die Schubkraft genau entgegengerichtet, hin zu einer Art spiritueller »Blauverschiebung«, in der Jesus, wie ein riesiges Vergrößerungsglas, die erreichbare Gegenwart des Göttlichen Geistes konzentrierter und lebendiger werden lässt. Auch wenn das Christentum häufig den Mut verloren hat, diese Vergrößerungskraft irgendjemand anderem als Jesus selbst zuzugestehen, liegt der Kern der theologischen Verkündung der Aussage: »Ja, Gott war es, Der in Christus die Welt mit Sich versöhnt hat« (1 Korinther 5.19) darin, dass Gott in der physikalischen Welt vollständig gegenwärtig sein kann, ohne dass die Form eine Behinderung für die Göttlichkeit darstellt – oder um es anders auszudrücken, dass die Dinge nicht ihren Geist verlieren, nur weil sie eine Form bewohnen. Der Blauverschiebungsmodus christlich gelebter Erfahrung steht im direkten Spannungsverhältnis mit der Stoßrichtung der Rotverschiebung in der großen Straßenkarte der *philosophia perennis.* Noch stärker gegen den metaphysischen Strich bürstet Johannes mit seiner atemberaubenden Aussage, der Grund für Jesu Mission liege darin, dass »Gott die Welt so sehr geliebt« hat (Johannes 3.16). Wir haben es mit mehr als einer bloßen Rettungsaktion zu tun; die geschaffene Welt ist an sich unermesslich edel und wertvoll.

Dieser Intuition folgend – und damit in Kontrast zur vorherrschenden Aufwärtstendenz der »ewig währenden« Straßenkarte – lautet der daraus abgeleitete und wiederum in der gelebten christlichen Erfahrung wurzelnde Grundsatz, dass der Weg zu Gott nicht nach oben, sondern nach unten verläuft. Die Essenz dieser Eingebung findet sich brillant ausgedrückt in der folgenden paulinischen Hymne an die Philipper (2.6–11), die in stark verdichteter und unwiderstehlicher Form das Energiefeld beschreibt, das sich durch die gesamte Überlieferung der Evangelien zieht. Im Kern dieser ursprünglichen christlichen Vision, die gegen die neuplatonischen Unterströmungen ankämpfte, welche sie schließlich dennoch verschluckten, liegt die standhafte Intuition, dass es beim Jesus-Mysterium schlussendlich nicht um ein Aufsteigen, sondern um ein Hinabsteigen geht: Sein Epizentrum liegt nicht in der Vergeistigung, sondern in der Kenosis, der Selbstentäußerung.

Er war Gott gleich,
hielt aber nicht daran fest,
Gott gleich zu sein,

sondern er entäußerte sich[7]
und wurde wie ein Sklave
und den Menschen gleich.

Sein Leben war das eines Menschen,
er erniedrigte sich und war gehorsam bis zum Tod,
bis zum Tod am Kreuz.

Darum hat ihn Gott über alle erhöht
und ihm den Namen verliehen,
der größer ist als alle Namen,

damit alle im Himmel,
auf der Erde und unter der Erde ihr Knie beugen
vor dem Namen Jesu

7. Auf Griechisch lautet das als »sich selbst entäußern« übersetzte Wort *kenosein,* aus dem der Begriff *Kenosis* abgeleitet ist.

und jeder Mund bekennt:
»Jesus Christus ist der Herr!«
zur Ehre Gottes, des Vaters.

Natürlich hatten die Theologen ihre helle Freude an dieser Passage, welche die Vorzüge der spirituellen Tugendhaftigkeit und des Gehorsams betont. *Metaphysisch* jedoch bezeugt auch sie diese der Intuition zuwiderlaufende Weisheit, dass wir mit dem Eintritt in das Reich der Form nichts an Kraft oder Göttlichkeit verlieren – wir bewegen uns nicht von Gott weg, ganz im Gegenteil: Das Hinabsteigen scheint das Hauptmoment im Geschehenlassen der Göttlichen Manifestation zu sein.

Ehrlich gesagt, empfinde ich das Wort *Hinabsteigen* hier auch nicht als besonders treffend, und die theologische Polarisierung, die sich in diesem Kontext entwickelt hat, ist mehr als nur ein bisschen unglücklich. »Hinab-« oder »Herabsteigen« ist lediglich die größte zur Verfügung stehende theologische Annäherung, um diese korkenzieherförmige Bewegung in neue Manifestationen zu beschreiben, welche kennzeichnend für die ternäre Metaphysik ist. Die Stoßrichtung geht eigentlich nach außen, nicht nach oben, und womit wir es hier in Tat und Wahrheit zu tun haben, ist kein Herabsteigen, sondern die dritte Kraft. Tatsächlich kann das Ostermysterium als ein ziemlich direkter Ausdruck des Gesetzes der Drei betrachtet werden. Wenn wir das *Bejahen* Jesus zuordnen, dem menschlichen Lehrer des Weges der Liebe, das *Verneinen* der Kreuzigung und den feindseligen Kräften, die zu ihr führten, sowie das *Versöhnen* dem Prinzip der Selbstentäußerung oder der bewusst eingegangenen kenotischen Liebe, dann ist das *Vierte,* welches durch diese Verflechtung unweigerlich offenbart wird, das Reich Gottes, sichtbar manifest inmitten menschlicher Grausamkeit und Gebrochenheit. Mir ist durchaus bewusst, dass ich hier schon einen Schritt vorausgeeilt bin, doch möchte ich sichergehen, dass Sie bei den Gesetz-der-Drei-Triaden nicht aus der Übung kommen; darüber hinaus will ich an dieser Stelle etwas Saatgut aussäen für das, worauf wir uns zubewegen.

Um für den Moment auf das zurückzukommen, womit wir uns gerade beschäftigen, reicht es anzumerken, dass diese beiden Schauplätze des direkten Zusammenpralls das Christentum in einer fundamental verzwickten Lage hinsichtlich seiner metaphysischen Grundfesten zurückließen. Vielleicht ist dies die Bedeutung von

Jesu kryptischer Warnung in Lukas 12.52 (wie auch im Logion 16 des Thomasevangeliums): »Drei werden gegen zwei stehen und zwei gegen drei.« Eine grundsätzlich ternäre Theologie, errichtet auf den Fundamenten einer binären Metaphysik, muss zu einer kognitiven Dissonanz führen. Und obwohl diese Dissonanz nie benannt wird, zeigt sie sich in jenen wiederkehrenden Umwälzungen und Kurskorrekturen, welche die ersten Jahrhunderte der christlichen Geschichte derart dominieren.

Ich war sehr froh darüber, dass Vater Bruno Barnhart in seinem letzten Buch *The Future of Wisdom* dieses Thema schließlich beim Namen nannte, welches schon derart lange der sprichwörtliche Elefant im Raum gewesen ist, über den man lieber schwieg. In einem Abschnitt mit der Überschrift »Grenzen der klösterlichen Weisheit« – in dem es um die Einflüsse geht, die den inneren christlichen Weisheitskompass ablenkten – schreibt er insbesondere von »einem sehr starken platonischen Einfluss, der die vertikalen und verinnerlichenden klösterlichen Möglichkeiten unterstützt und einen aufsteigenden gläsernen Turm spiritueller Theologie billigt.«[8] Schon in seinem zehn Jahre zuvor veröffentlichten Buch *Second Simplicity* begann Bruno Barnhart, seine Zweifel daran zu formulieren, ob es richtig sei, die christliche Metaphysik einfach unter die *philosophia perennis* zu subsumieren. Sein tiefes monastisches Lauschen hatte sein Ohr bereits eingestimmt auf die feine Dissonanz zwischen der neuplatonischen Straßenkarte und dem Predigen des Evangeliums:

> Die *philosophia perennis*, so unübertroffen sie ist in der ihr eigenen Ausrichtung auf Schlichtheit und Tiefgründigkeit und in der von ihr gespiegelten Kraft der vereinigenden Erfahrung, liefert nicht im Entferntesten eine angemessene Beschreibung des Christentums. Die Ausdrücke der »Göttlichen Vereinigung« im Neuen Testament sind dynamisch und überaus persönlich; sie vermitteln eine Energie, die in der Welt etwas gänzlich Neues darstellt.[9]

Ich werde in Kürze auf diesen Gedanken zurückkommen, da ich glaube, dass dieses »in der Welt gänzlich Neue« tatsächlich der

8. Bruno Barnhart: *The Future of Wisdom; Toward a Rebirth of Sapiential Christianity*, New York: Continuum, 2008, Seite 12.

9. Bruno Barnhart: *Second Simplicity*, Seite 25.

Kern christlich gelebter Erfahrung ist und nur in einem ternären System Platz finden kann; denn eine ternäre Metaphysik ist besonders dazu geeignet, Neuauftretendem auf eine Art und Weise Raum zu geben, wie dies ein binäres System niemals leisten könnte. Diesem Thema werden wir uns im nächsten Kapitel widmen.

Viele Menschen halten Metaphysik (ob vormoderne oder postmoderne) noch immer für eine objektive Wissenschaft – die jederzeit und überall wahr ist –, anstatt sie zu begreifen als die Kunst des selektiven Wählens der »richtigen Sichtweise« (wie es die Buddhisten nennen), der Schablone, welche die gelebte Wirklichkeit einer besonderen Glaubenstradition am besten hervorhebt und vereint. In meiner eigenen Arbeit begegne ich beim Versuch, eine authentische christliche Weisheitstradition zu reklamieren, diesem Vorurteil immer wieder. Es ist bemerkenswert, wie viele Menschen annehmen, dass ich die Metaphysik der *philosophia perennis* lehren würde, nur weil ich das Wort *Weisheit* verwende. Diese Vermutung verleitet viele meiner »eher spirituellen als religiösen« Bekanntschaften zu der Annahme, ich hätte mich der verschrobenen Vorstellungen der christlicher Theologie ganz einfach entledigt und meinen Weisheitsgrund in der »transzendenten Einheit der Religionen« gefunden.[10] Und sie ließ eine wesentlich größere Zahl traditionell denkender Christen meine Arbeit kurzerhand als gnostisch ablehnen. Beide Annahmen sind gleichermaßen falsch.

Trotz der transzendenten Einheit der Religionen haben wir es im Christentum wohl oder übel mit einer gänzlich anderen metaphysischen Farbe zu tun. Es ist kein Platonismus und kein Neuplatonismus, kein Traditionalismus oder Gnostizismus; weder handelt es sich um Jung'sche Archetypen noch um Anthroposophie und auch nicht um die *philosophia perennis.* In jenen frühen Jahrhunderten der christlichen Identitätsbildung scheinen die allermeisten Kirchenväter ternäre Metaphysik gerochen zu haben, auch wenn sie diese nicht zum Ausdruck bringen konnten. Auch wenn patristische Denker wie Irenäus und Tertullian heutzutage wegen ihres unnachgiebigen Wetterns gegen die Häresie in Ungnade gefallen sind, müssen wir zugeben, dass diese frühen christlichen Patriarchen ein klares intuitives Verständnis davon hatten, wo der

10. Diesen Begriff prägte der zeitgenössische traditionalistische Metaphysiker Frithjof Schuon. Siehe dazu FRITHJOF SCHUON: *Von der inneren Einheit der Religionen,* Freiburg: Verlag Hans-Jürgen Maurer, 2007.

metaphysische Schwerpunkt des Christentums tatsächlich lag, und einen sechsten Sinn dafür, wann die Christenheit von diesem metaphysischen Kurs abwich. Im Verlauf der Jahrhunderte – von diesen frühen Polemikern des zweiten und dritten Jahrhunderts über die Inquisitoren des Mittelalters bis hin zu den päpstlichen Bullen aus jüngeren Epochen – hat das institutionelle Christentum sich selbst mehr als bereit gezeigt, sogar seine erhabensten mystischen Ausdrucksformen und tiefstgehenden non-dualen Lehren zu verleugnen und zu verdammen, um bloß nicht das Risiko zu laufen, die gesamte theologische Struktur durch ein metaphysisches Gefüge in Gefahr bringen zu lassen, das man intuitiv als fremd empfand. Es ist eine Art brachialer, intuitiver Mut, an sich zwar nicht schön, aber begründeterweise auf etwas hindeutend, was zu kostbar ist, als dass es verloren gehen darf. Als »ternäre Metaphysik« bezeichnet, kann es heute vielleicht mit weniger Hitze und mehr Licht betrachtet werden.

6

Dynamismus

Aufgeladen ist die Welt mit Gottes Herrlichkeit.
Aufflammen wird sie wie geschütteltes Flitterwerk.

GERARD MANLEY HOPKINS

BRUNO BARNHART BRINGT IN SEINEM ZULETZT ERSCHIENENEN Buch *The Future of Wisdom* eine gewagte Hypothese vor. Er vermutet, dass unsere moderne westliche Welt in all ihrer sich ausbreitenden Unordnung keine Abweichung vom Weg Christi darstellt, sondern dessen legitime und eigentlich sogar zwangsläufige Verlaufskurve. Die dauernden Umbrüche und Umwälzungen der Moderne – naturwissenschaftliche Revolution, Weltlichkeit, globalisierte Wirtschaft, Computerzeitalter – sollten nicht als Betrug am Geist verstanden werden, sondern als eine weitere schöpferische Ausdrucksweise desselben dynamischen christlichen Bodens.

»Die scheinbare Verfinsterung der christlichen Weisheit im Verlauf der Geschichte ist eine optische Täuschung«, schreibt er, »denn die Geschichte als solche ist eine Entfaltung des Christusereignisses.«[11]

Genau aus diesem Grund, so glaubt er – und setzt damit eine Denkrichtung fort, die wir im vorherigen Kapitel untersucht haben –, fühlt sich »die Weisheit des Christentums unter den anderen Weisheitstraditionen der Welt nicht wirklich zu Hause.« Im Gegensatz zum großen aufsteigenden spirituellen Streben der *philosophia perennis* »verschwindet die in Christus manifest gewordene vereinende Weisheit – um es etwas kühner auszudrücken, könnten wir auch sagen: *verwandelt sich* – in einen immanenten historischen Dynamismus, der die gesamte erschaffene Wirklichkeit transformiert.«[12]

Dies ist ein Gedankengang, der Barnhart bereits mindestens ein Jahrzehnt zuvor beschäftigt hatte. In einer eindrucksvollen Meditation in seinem 1999 erschienenen Buch *Second Simplicity* überlegt er:

> Es gibt ein Geheimnis inmitten des Lebens, das nicht nur das regungslose weiße Licht ist. Es ist nicht nur der Ruhepol der sich drehenden Welt, nicht nur das lichterfüllte leere Zentrum. Es ist genauso der Löwe des Feuers, die unaufhörliche Explosion des sich ausdehnenden Seins, des sich vermehrenden Lebens aus dem Zentrum. Es ist die Urenergie, die danach verlangt, sich überall und durch jedwede Form auszudrücken. [...] Es ist nicht nur Geheimnis, sondern auch Manifestation: die verborgene Manifestation, das Namenlose, die allgegenwärtige Macht, die in unserem eigenen unruhigen zentrifugalen Leben zum Ausdruck kommt.
>
> Die geheime Kraft der Evangelien, häufig noch nicht einmal von der Christenheit selbst erkannt, liegt im Auf- und Einbringen all unserer Leidenschaft, unserer entropisch-zentrifugalen Energie, unseres Hinausstrebens und unserer vitalen Zwanghaftigkeit, Weltlichkeit und Fleischlichkeit in diese Göttliche Energie, die stetig aus ihrer verborgenen Quelle hervorströmt.[13]

11. Bruno Barnhart: *The Future of Wisdom*, Seite 186.
12. Ebenda.
13. Bruno Barnhart: *Second Simplicity*, Seite 21.
14. Bruno Barnhart: *The Future of Wisdom*, Seite 143–144.

Er drückt keineswegs ein Auge zu, was die dunkleren Manifestationen der westlichen Kultur angeht; dennoch ist er fähig – und das mit imposanter Eindringlichkeit – zu sagen:

> Der Westen besitzt das Alleinstellungsmerkmal der einen großen Zivilisation, die, durch das Christusereignis geeint und geformt, die Vereinigung der Menschheit vermittelt hat. Vor allem die westlichen Völker und Zivilisationen haben die Geschenke der Inkarnation in der Welt verbreitet. Zu diesen Geschenken zählen nicht nur der christliche Glaube, sondern auch die – wesentlich mehr Menschen berührenden – humanen und sozialen Werte, Rationalität und Freiheit, Wissenschaft und Technologie, welche die Welt nach und nach menschlicher machen und als eine Welt zusammenbringen.[14]

Barnharts provozierende, letztendlich aber hoffnungsvolle Vision der Zukunft christlicher Weisheit ist eng an die Bereitschaft gebunden, dieses Erbe (sowohl seine Schatten als auch sein Geschick) geltend zu machen und zu lernen, in dieser Laufrichtung – nicht gegen sie – einem Dynamismus zu folgen, den er als von Christus selbst ausströmend erkennt.

Gleich zu Beginn seiner Gedankengänge beruft sich Barnhart auf den Geist Teilhard de Chardins, und dies aus gutem Grund. Als ein wissenschaftlicher Kollege, Priester und Mystiker tritt Barnhart sicherlich in die Fußstapfen dieses außergewöhnlichen jesuitischen Visionärs aus dem zwanzigsten Jahrhundert. Doch was für einen Unterschied bereits ein halbes Jahrhundert ausmachen kann! Seine brillanten, originellen Versuche, der christlichen Mystik einen neuen Kurs *durch* die Welt statt *aus* der Welt *hinaus* aufzuzeigen, brachten Teilhard das Los ein, im Großen und Ganzen missverstanden und abgelehnt zu werden. Während seine katholischen Vorgesetzten ihm Pantheismus vorwarfen und es ihm verboten, seine Arbeiten zu veröffentlichen, schien den Metaphysikern mit einer eher traditionellen Neigung seine Begeisterung für die Dichte als einem evolutionären Prinzip und seine rückhaltlose Umarmung der Moderne genau in die falsche Richtung zu zielen. In den Kreisen der metaphysischen Traditionalisten wird sein Name noch immer regelmäßig verunglimpft.

Aber Teilhard blieb standhaft, und heute, ein halbes Jahrhundert später, dreht sich das Blatt zu seinen Gunsten. In jenen dunklen Tagen des Kalten Krieges (er starb am Ostersonntag des Jahres 1955) sah er prophetisch voraus, dass die wachsende Urbanisierung der Menschheit, die Beschleunigung der Technologie – und, besonders herausfordernd für die meisten seiner liberalen Zeitgenossen, die Entdeckung und Nutzbarmachung der Kernenergie – eine zunehmende, sich schnell auf einen Omega-Punkt[15] zubewegende Konzentration Göttlicher Energie verhießen, die er mit offenen Armen begrüßte. Es lässt sich nur erahnen, was dieser unerschrockene, »metaphysisch unkorrekte« Zukunftsprophet über die explosive Beschleunigung menschlicher Kommunikation in unserer heutigen Internet-Welt gedacht hätte.

Was mich in unserem Zusammenhang am meisten interessiert, ist, dass Barnhart und Teilhard im Grunde genommen denselben Dynamismus aufgreifen, der in ihren Augen aus dem Christusereignis explodiert und das Universum auf eine Flugbahn bringt, die sich deutlich von derjenigen unterscheidet, welche die *philosophia perennis* postuliert. Hier ist eine andere Energie am Werk, durch die – vielleicht, weil ihr Epizentrum in der Inkarnation liegt – der Dynamismus sich in einem andauernden Strom von Innovation und Schöpfung in die Welt hinein zu entfalten versucht. In Barnharts Worten: »Spirituelle Wirklichkeit – Göttlichkeit – tritt in die irdische Materie ein, um eine neue *sakramentale* Schöpfung zu initiieren.«[16] Teilhards Sprache ist komplizierter, doch im Kern sagt er dasselbe: Der auferstandene Christus tritt *organisch* als die neue Antriebswelle der Evolution in die physische Wirklichkeit dieses Universums ein. »Kosmogenese [die andauernde Evolution des Planeten] wurde zur Christogenese«, erklärt Teilhard, da die Welt auf ihren Omega-Punkt zuläuft, in Christus, »wo die Vollendung Gottes und die Vollendung der Welt konvergieren.«[17]

Es braucht keine allzu große Vorstellungskraft, um erkennen zu können, was beide Autoren – ohne es zu wissen – hier tatsächlich beschreiben: den dynamischen Boden ternärer Metaphysik. Der Dynamismus als solcher ist eine Zugabe.

15. Der von Teilhard de Chardin proklamierte End- oder Zielpunkt der Evolution [A.d.Ü.].

16. Bruno Barnhart: *The Future of Wisdom*, Seite 32.

17. Zitiert nach Ilia Delio: *Christ in Evolution*, Maryknoll, New York: Orbis Books, 2008, Seite 71.

Wie wir bereits sehen konnten, ist ein binäres System von seinem Wesen her stabil und symmetrisch, ein ternäres System dagegen asymmetrisch und von Natur aus innovativ. Anders als ein Pendel, kann das Ternäre innerhalb seiner eigenen Einflusssphäre nicht in einen Zustand des Gleichgewichts kommen; seine Beständigkeit sucht es auf einer neuen Ebene, und zwar in einer Auflösung, die zugleich etwas Neuentstehendes ist. Es schraubt sich seinen Weg durch Zeit, Materie und Form – welche Ebene sich auch immer gerade anbietet – in einem Aufruhr von Ungewissheiten und neuen Kombinationen, der als Ganzes (nicht nur an der Spitze der Pyramide) die Fülle der Göttlichen Wirklichkeit darstellt. Aus gutem Grund nannte Gurdjieff das Gesetz der Drei »das Gesetz der Welterschaffung«, da sein Auftrag darin besteht, die Dinge voranzutreiben. Obwohl Barnhart und Teilhard ihre Argumente in traditionellen theologischen und christozentrischen Kategorien entwickelten, fällt das von ihnen beschriebene Energiemuster unter das Gesetz der Drei.

Tatsächlich verweisen diese beiden christlichen Visionäre im Verlauf ihrer Erörterungen auf Christus als ein »Drittes« – und zwar in Begrifflichkeiten, die der dritten Kraft sehr nahekommen –, obwohl ihnen auch hier die Bedeutung dessen, was sie damit sagen, nicht bewusst ist. Barnhart erklärt das »versöhnende« Wesen Christi als eine Brücke zwischen zwei Ebenen der Wirklichkeit und schreibt dazu: »Zwischen der metaphysischen Sonne und der physikalischen Sonne entsteht etwas Drittes: die verkörperte Göttliche Sonne, die Jesus Christus ist – in dem das Metaphysische und das Physische eins geworden sind.«[18] Und Teilhards ausgedehnte mystische Spekulation über das, was er »die dritte Natur Christi« (der kosmische oder wiederauferstandene Christus) nannte, gipfelt in einer bemerkenswert genauen Stellenbeschreibung für die dritte Kraft. In *Christ in Evolution* kommentiert die Theologin Ilia Delio Teilhards Gedanken in einer meisterhaften Zusammenfassung:

> Indem Teilhard den Begriff »dritte Natur« verwendet, gibt er zu verstehen, dass Christus nicht einfach nur juridisch, sondern organisch mit dem gesamten Kosmos verbunden ist. […] Da der kosmische Christus der wiederauferstandene Christus

18. Bruno Barnhart: *The Future of Wisdom*, Seite 142.

> ist, taucht diese dritte oder kosmische Natur aus der Einheit der Göttlichen Naturen auf, sodass sie weder das eine noch das andere ist, sondern vielmehr das Einssein von beidem, obwohl sie auf der Seite der Schöpfung existiert. Das ist es, woraus wir erkennen können, dass Christus der Erlöser auch Christus der Evolvierende ist, oder, wie Teilhard es ausgedrückt hat: Kosmogenese ist Christogenese.[19]

Mit einem Kommentar, der uns bis an die Türschwelle dieses ternären, metaphysischen Terrains bringt, beendet Delio ihre diesbezügliche Erörterung, indem sie sich zu der Bemerkung ihres Wissenschaftskollegen James Lyons äußert, Christus sei in seiner dritten Natur das ordnende Prinzip von Teilhards evolutionärem Universum: »Während der alexandrinische Logos das ordnende Prinzip des beständigen [das heißt *binären*] griechischen Kosmos war, müssen wir heute, so Lyons, Christus mit einem ›neuen Logos‹ gleichsetzen: dem evolutionären Prinzip eines Universums in Bewegung.«[20]

Bitte verstehen Sie mich nicht falsch: Ich behaupte hier nicht, dass *ternäre Metaphysik* ein Begriff sei, den diese zeitgenössischen christlichen Visionäre, Barnhart und Teilhard, bestätigen oder überhaupt anerkennen würden. Doch das von ihnen beschriebene Muster ist tatsächlich das ternäre Muster, und beide spüren intuitiv, dass es genau dies ist, wodurch sich das Christentum so deutlich von den anderen großen Weisheitstraditionen unterscheidet.

Eine neue Generation von Dreifaltigkeitsdenkern

Der bedeutsamste Indikator für dieses dämmernde ternäre Bewusstsein ist vielleicht eine neue Art von Verständnis, das sich innerhalb der Hauptströmung der trinitarischen Wissenschaft allmählich einzustellen beginnt. Mit der wachsenden Zahl hochangesehener zeitgenössischer Theologinnen und Theologen, die zu einer genaueren Betrachtung der Dreifaltigkeit zurückkehren, wandelt sich das Bild immer weiter weg von Engeln, die auf einer Nadelspitze tanzen, hin zu einem Mandala von Liebe in Bewegung. Dynamismus, Relationalität und Kreativität (oder Co-Schöpfung)

19. Ilia Delio: *Christ in Evolution*, Seite 76.
20. Ebenda.

in einem nicht-begrenzten Untersuchungsfeld sind die Kennzeichen dieser neuen Generation von Denkerinnen und Denkern der Trinität. Im Folgenden werde ich auf drei der einflussreichsten unter diesen Stimmen eingehen. Die neuen Routen, die sie für die zeitgenössische Trinitätstheologie aufzeigen, verlaufen zumindest in ähnlicher Richtung. Und wiederum führen sie uns an die Schwelle zur ternären Metaphysik, die sie zwar nicht formal bestimmen, aber intuitiv erahnen lassen.

Catherine LaCugna

Die Veröffentlichung des Buches *God for Us: The Trinity and Christian Life* von Catherine Mowry LaCugna, das von der amerikanischen Catholic Press Association verdientermaßen zum »Theologiebuch des Jahres 1992« gewählt wurde, verlieh den trinitarischen Studien einen erheblichen Schub.[21] In Anbetracht des abgrundtiefen Sauerstoffmangels der trinitarischen Spekulation jener Zeit ist es mehr als ein kleines Wunder, dass dieses Buch überhaupt das Licht der Welt erblickte; das noch größere Wunder besteht indes darin, dass LaCugna es schaffte, das Buch in einem angesehenen *populären* Verlag (HarperSanFrancisco) unterzubringen, der sicherstellte, dass es schnell einen großen Bekanntheitsgrad erreichte. Praktisch im Alleingang schaffte es LaCugna, die Dreifaltigkeit aus der theologischen Peripherie zurückzuholen, wohin sie zunehmend verwiesen worden war, und sie wieder als ein vorrangiges Symbol christlichen Lebens in Dienst zu stellen.

Im ersten Teil ihres Buches verfolgt sie sehr genau den »Niedergang« der Dreifaltigkeitsdoktrin im Verlauf von eintausend Jahren theologischer Entwicklung: wie sie sich von ihrem Ausgangspunkt als einer kontemplativen Vision von Gottes erlösender Liebe, die in der ganzen Schöpfung am Werk ist, zu einer immer abstrakteren Spekulation über das Innenleben Gottes veränderte. Bereits im vierten Jahrhundert war es zu einer festen theologischen Gewohnheit geworden, das Untersuchungsfeld aufzuteilen in eine

21. LaCugnas Buch ist eine Erweiterung ihrer zwanzig Jahre zuvor begonnenen Doktorarbeit. Eine Krebserkrankung setzte ihrer vielversprechenden theologischen Karriere 1997 ein frühzeitiges Ende, doch ihr Buch übt auch weiterhin einen wohlverdienten Einfluss aus. Zum Zeitpunkt ihres Todes war sie Theologieprofessorin an der katholischen Universität von Notre Dame, Indiana.

»ökonomische« Dreifaltigkeit (vom griechischen *oikonomia*[22]), die Gottes Handeln in der sichtbaren Welt abdeckte, und eine »theologische« (oder »immanente«) Dreifaltigkeit, die sich mit den Beziehungen innerhalb der Gottheit beschäftigte. Nachdem dieser fundamentale Bruch zwischen Gott *in Se* (in Sich selbst) und Gott *pro nobis* (für uns) aufgetreten war, verbreiterte sich dieser Spalt weiter – im christlichen Osten durch eine übertriebene Unterscheidung zwischen dem »Wesen« und den »Energien« Gottes, im post-augustinischen Westen durch eine zunehmende Fixierung auf Substanz und Psychologie der Göttlichen Personen. So wurde die Dreifaltigkeit mehr und mehr in einem ganz eigenen spekulativen Bereich eingeschlossen, bis schließlich jede Verbindung mit der praktischen und moralischen Wirklichkeit des christlichen Lebens verloren ging.

In den Fußstapfen ihres spirituellen Mentors, Karl Rahner, ruft LaCugna leidenschaftlich auf zu einer Rückkehr auf jenes ungeteilte Feld der Evangeliumserfahrung, auf welchem das Innenleben Gottes und das Außenleben der Erlösung ein und dieselbe Wirklichkeit darstellen. »Die ökonomische Dreifaltigkeit ist die immanente Dreifaltigkeit« lautete das gefeierte Fazit Karl Rahners,[23] und die Arbeit LaCugnas entwickelt diese Einschätzung so nuanciert wie umfassend weiter. Gemäß ihrer Ansicht,

> ist das biblische und vor-Nizäische Verständnis der Ökonomie die eine dynamische Bewegung Gottes. [...] Die Ökonomie ist kein Spiegel, der eine verborgene Welt innergöttlicher Beziehungen schwach reflektiert; die Ökonomie ist Gottes konkretes Dasein als Christus und als Geist. [...] [Und diese] sind zwei Aspekte der *einen* Wirklichkeit: das Mysterium der Göttlich-menschlichen Gemeinschaft.[24]

22. Das Wort »ökonomisch« ist eine Übersetzung des griechischen *oikonomia*, das in seiner ursprünglichen Verwendung so viel wie »Gottes Vorsehung« bezeichnet, wie sie sich in der Fülle der Heilsgeschichte ausdrückt. Im späten vierten Jahrhundert war es bereits darauf beschränkt, das menschliche Wesen Christi zu kennzeichnen, »das deutlich von seiner Göttlichen Natur unterschieden wurde«, schreibt LaCugna (*God for Us*, Seite 10): der erste Schritt auf dem rutschigen Abhang, der schließlich zum endgültigen »Niedergang« der Dreifaltigkeit führen sollte. Im dritten Teil werde ich den Begriff *oikonomia* verwenden und ihm seine ursprüngliche kosmische Spannweite wieder zurückgeben.

23. Catherine LaCugna: *God for Us*, Seite 211.

24. Ebenda, Seite 222.

Tatsächlich geht es ihr so sehr um diese eine gelebte Wirklichkeit, dass sie, auf derselben Seite ihres Buches, jene zwei separaten Kreise (den ökonomischen und den immanenten) »aufbricht« und sie zu einer einzigen parabelförmigen Kurve umgestaltet, die von ihrem Alpha in den verborgenen Tiefen Gottes durch Zeit und Raum hindurch bis zu ihrem Omega in der vollen Offenbarung jener verborgenen Tiefen verläuft. Hier ist ihr Diagramm:

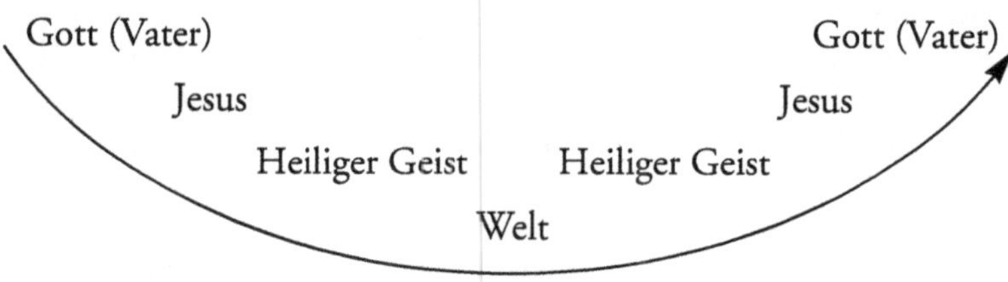

Sie schreibt:

> Es gibt weder eine ökonomische noch eine immanente Dreifaltigkeit; es gibt nur die *oikonomia,* welche die konkrete Verwirklichung des Geheimnisses der *theologia* in Zeit, Raum, Geschichte und Persönlichkeit ist. In diesem Rahmen umfasst die Dreifaltigkeitsdoktrin weitaus mehr als die immanente Dreifaltigkeit, wie man sie sich in statisch geschichtslosen und transökonomischen Begriffen vorstellt; der Gegenstand der christlichen Gottestheologie ist die eine dynamische Bewegung Gottes: *a Patre ad Patrem* [»vom Vater zum Vater«]. Es gibt keinen Grund, an irgendeinem Punkt der Kurve zu stoppen, keinen Grund, irgendeinen Punkt herauszugreifen, als ob er fixiert oder zeitlich eingefroren werden könnte.[25]

In diesen Zeilen kommt LaCugna dem parabolischen Fluss hinein in die historische Zeit und wieder hinaus sehr nahe, wie ich ihn im dritten Teil dieses Buches gemäß dem Gesetz der Drei darlegen werde.[26]

25. Ebenda, Seite 224.

26. Obschon es – in Anbetracht des philosophischen Milieus, in dem sie Gestalt annahm – vielleicht unvermeidlich war, dass die Trinitätstheologie irgendwann der Versuchung erliegen würde, ein hypothetisches, in sich selbst luftdicht verschlossenes Göttliches Reich zu konstruieren, »ist die Existenz eines solchen

Raimon Panikkar

Panikkar, einer der großen Pioniere des heutigen interreligiösen Dialogs, beschäftigte sich die meiste Zeit seiner langen und produktiven wissenschaftlichen Karriere mit der Dreifaltigkeit. Zwischen seinem frühen Buch *The Holy Trinity* (1973) und seinem großartigen *Christophany* (2004) lagen mehr als dreißig Jahre zunehmend verfeinerter Gelehrsamkeit, in deren Verlauf auch er die Dreifaltigkeit mehr und mehr als ein dynamisches Mandala erkannte, das dem Christentum auf eine besondere Weise anvertraut, in seinem Umfang jedoch universell sei und das den »Dynamismus des Wirklichen« beleuchte.

Panikkar erfindet den Begriff *kosmotheandrisch,* um diesen dynamischen relationalen Zusammenhang zu beschreiben. Die Welt als Ganzes ist eine Verschmelzung von *cosmos* (Welt), *theos* (Gott) und *andros* (Mensch) und lässt demnach auf eine fortwährende Wechselbeziehung schließen zwischen diesen drei verschiedenen Existenzebenen in einer einzigen Bewegung der mit sich selbst kommunizierenden Liebe. Der Kern dieser Idee ist bereits vollständig in jenen tiefsinnigen Bildern enthalten, die in den Abschiedsreden (Johannes 13–17) kaskadengleich Jesu Mund entspringen: »Bleibt in mir und ich bleibe in euch. Ich bin der Weinstock, ihr seid die Reben« (15.4–5) und »Alle sollen eins sein: Wie Du, Vater, in mir bist und ich in Dir bin, sollen auch sie in Uns sein [...] damit sie eins sind, wie Wir eins sind, ich in ihnen und Du in mir« (17.21–23). Die Vision ist die einer dynamischen, ineinander verweilenden Einheit, deren ›Substanz‹ untrennbar von der Bewegung als solcher ist. Panikkar hat ein Gespür dafür, dass »›sein‹ ein Verb ist, keine Substanz,«[27] und die Dreifaltigkeit der unteilbare Ausdruck dieser

innergöttlichen Reichs«, so erinnert uns LaCugna energisch, »genau das, was auf der Grundlage der Ökonomie *nicht* begründet werden kann, trotz der Tatsache, dass dies innerhalb der spekulativen Theologie seit dem späten vierten Jahrhundert versucht wurde« (*God for Us,* Seite 223, kursive Auszeichnung von mir). Was begründet werden *kann,* insbesondere in jenen frühesten trinitarischen Jubelrufen (dass alle Dinge »*vom* Vater, *durch* Jesus *im* Heiligen Geist« erschaffen worden seien; Seite 115), ist die einfache, aber tiefgreifende Beteuerung, dass es einen einzigen ununterbrochenen Dynamismus der Liebe gibt, der die sichtbaren und unsichtbaren Reiche miteinander verbindet. LaCugnas Arbeit ist eine kraftvolle Aufforderung, die trinitarische Theologie in diesem dynamischen Boden neu zu verwurzeln.

Seinsheit. Jede Spekulation bezüglich der »Substanz« der einzelnen Göttlichen Personen (wie sie die westliche Metaphysik mehr als fünfzehn Jahrhunderte lang dominiert hat) beginnt somit auf einer grundsätzlich falschen Vorstellung, denn laut Panikkar ist »Dreifaltigkeit reine Beziehung«.[28]

Wie ich bereits angedeutet habe, betrachtet Panikkar die Grundvorlage der Trinität als unmittelbar aus dem Geist Christi hervorgehend. Dies ist ein eindrucksvolles Beispiel für das Wirken dessen, was ich im letzten Kapitel mit »imaginative Kausalität« gemeint habe. Obschon die Dreifaltigkeitsdoktrin historisch erst sehr viel später vollständig ausformuliert wurde, argumentiert Panikkar, ihre tatsächlichen Wurzeln lägen in der gelebten Wirklichkeit von Jesu eigener Beziehung zu Gott. Sie fasst die Aspekte jener gelebten Beziehung auf eine Weise zusammen, die der Erfahrung als solcher gerecht wird, und erschließt den relationalen Dynamismus in ihrem Innersten all ihren Anhängern. In einem faszinierenden und schlüssig argumentierenden Kapitel von *Christophany* mit der Überschrift »Die mystische Erfahrung Jesu Christi« legt Panikkar dar, dass die Trinität im Wesentlichen ein Symbol des Geistes Christi ist, und erweitert diesen Geist als ein kosmisches Prinzip nach außen. Zwischen dem Pol der maximalen Einheit des Seins (vermittelt in Jesu kraftvollem Ausruf »Der Vater und ich sind eins«) und der maximalen Unterscheidung (festgehalten in seinem schockierend zarten »*Abba*, Vater«) fließt ein stetiger Strom kenotischer Liebe, durch den alle Dinge in dieses große *kosmotheandrische* Ineinanderkreisen eingeladen sind. Für Panikkar ist die Trinität kein theologischer Zusatz; sie ist ein sich manifestierendes Prinzip ersten Grades und verbindet die sichtbaren mit den unsichtbaren Reichen in einem einzigen relationalen Dynamismus, den er wie folgt zusammenfasst: »Ich bin insoweit eins mit dem Ursprung, als auch ich als ein Ursprung wirke, indem ich alles, was ich empfangen habe, wieder fließen lasse – so wie Jesus.«[29]

Obwohl Panikkar keine formelle Kenntnis vom Gesetz der Drei durchblicken lässt, ist seine Metaphysik definitiv ein Prototyp des Ternären, und mit einigen seiner Beispiele gelangt er direkt an die

27. Raimon Panikkar: *Christophany: The Fullness of Man,* Maryknoll, New York: Orbis Books, 2004, Seite 129; deutsche Ausgabe: *Christophanie: Erfahrung des Heiligen als Erscheinung Christi.* Herder, Freiburg i. Br., 2006.

28. Ebenda, Seite 175.

29. Ebenda, Seite 116.

Schwelle zu einer explizit ternären Auffassung. Intuitiv erkennt er – und bringt dies an einer Stelle sogar zum Ausdruck –, dass der Geist als ein »Platzhalter« fungiert, sodass die Flugbahn Göttlicher Liebe nicht wieder zurück in sich selbst führt: »Es ist keine *amor curvus,* wie man im Mittelalter zu sagen pflegte, wo eine Liebe auf sich selbst zurückfällt, sondern eine dreifaltige Liebe.«[30] Zwar entwickelt er diese Beobachtung nicht weiter, doch denkt er hier ganz offensichtlich räumlich: über ein triadisches Modell, in dem drei Punkte notwendig sind, um eine Handlung offen und im Fluss zu behalten. Mit derselben räumlichen Intuition beginnt er sanft, gegen das gefeierte Diktum des heiligen Augustinus anzugehen, das im Westen seit über fünfzehnhundert Jahren nicht infrage gestellt wurde: nämlich, dass »der Geist die Liebe zwischen Vater und Sohn ist.« Obschon er gegen diese Formulierung nicht direkt Stellung bezieht, scheint er sich unterschwellig bewusst zu sein, dass hier ein gewisser Solipsismus am Werk ist (also diese *amor curvus* oder die Liebe, die auf sich selbst zurückfällt), und erklärt entschlossen – obwohl auch hier wieder ohne jede Begründung –, dass »diese Beziehung, in die das ganze Universum involviert ist, nicht in einem besiegelten Monismus resultiert; sie ist nicht verschlossen, weil es der Geist ist, der sie offen hält.«[31] Auf ein ausdrücklich ternäres Paradigma transponiert, würde all das, was Panikkar hier intuitiv richtig erkennt, seine klare und offensichtliche Bestätigung finden.

Beatrice Bruteau

Einer der herausragendsten Beiträge zur Entwicklung des trinitarischen Denkens ist das 1997 erschienene Buch *God's Ecstasy: The Creation of a Self-Creating World* von Beatrice Bruteau. Als Mathematikerin und Philosophin und als eine der angesehensten kontemplativen Theologinnen unserer Zeit bringt Bruteau all ihre Fähigkeiten in diese Untersuchung ein, und obschon weniger bekannt als ihre anderen Schriften, ist dieses Buch auf vielerlei Weise ihr kühnstes und prophetischstes. Sie erfindet darin aufgrund ihrer eigenen philosophischen und mathematischen Talente das Gesetz der Drei um Haaresbreite neu. Sie veranschaulicht die Trinität (und auch sie tut dies vollkommen, ohne es zu ahnen) fast exakt

30. Ebenda, Seite 25.
31. Ebenda, Seite 113.

entlang derselben Linien, wie es Gurdjieff tat: als eine notwendig dreifache Verkörperung des grundlegenden kosmischen Gesetzes der Welterschaffung.

Für Bruteau ist die Dreifaltigkeit vor allem ein Bild *symbiotischer Einheit* – und zwar tatsächlich sogar »die ursprüngliche symbiotische Einheit«.[32] Die »drei Göttlichen Personen in Gemeinschaft«, wie sie es nennt, stellen den Prototyp dar *und die Vorbedingung* für den Ausdruck der Agape [der Göttlichen Liebe], der konstituierenden Energie der Gottheit selbst. In Kapitel 2 legt sie philosophisch im Detail dar, warum Dreifachheit eine notwendige Voraussetzung der Agape ist. Danach geht sie weiter und zeigt auf, dass das Dreifache seinem Wesen nach »ekstatisch« ist, oder anders ausgedrückt: selbst-projizierend. Genau aufgrund seiner Dreifachheit »durchbricht es die Symmetrie« (die Symmetrie des intra-Göttlichen Gleichgewichts) und projiziert das Feld der Agape nach außen, wodurch es neue Formen des Seins ins Leben ruft, von denen jede den Stempel der ursprünglichen symbiotischen Einheit trägt, die sie erschaffen hat. »Es ist diese Präsenz der Trinität als ein sich auf jeder Stufe der kosmischen Ordnung wiederholendes Muster«, so glaubt sie, »welche das Universum zur Manifestation Gottes und damit heilig macht.«[33]

Weil dieses Trinitätsmuster in den Dynamismus des Universums als solchen mit eingebaut ist, sieht Bruteau keinen Grund, philosophische Zuflucht in einem extrinsischen Schöpfergott »über« und »jenseits« der Schöpfung zu suchen; im trinitarischen Dynamismus selbst ist bereits alles da. In den nächsten Kapiteln ihres Buches erforscht sie dieses Muster, wie es in jeder Phase der Kosmogenese am Werk ist – beginnend beim ursprünglichen Big Bang über das Auftreten von Atomen, einfachen chemischen Verbindungen und zunehmend komplexer werdenden Lebensformen bis hin zur Menschheit selbst, die in Richtung einer kritischen Schwelle kollektiven Bewusstseins konvergiert. Aufgrund dieses eingebauten trinitarischen Dynamismus ist das Universum nicht nur erschaffen, sondern selbst kreativ; es trägt die Fähigkeit in sich, eine »selbst-erschaffende Welt« zu sein. Freiheit, Innovation, Ergebnisoffenheit und Überraschung sind alle in den Mix eingearbeitet, während die Agape ihrer inhärenten Flugbahn folgt.

32. Beatrice Bruteau: *God's Ecstasy: The Creation of a Self-Creating World*, New York: Crossroad, 1997, Seite 14.

33. Ebenda, Seite 83.

Bruteaus Denken bringt uns hier direkt an die Schwelle zum Gesetz der Drei. Mehr als die anderen Autorinnen und Autoren, die wir uns angeschaut haben, »versteht« sie kraftvoll, dass die Trinität ein dynamisches, generatives Prinzip ist und der Natur der geschaffenen Wirklichkeit fest eingeprägt, sowohl ein kosmisches Gesetz als auch ein kreatives Modell. Und sie erkennt, dass der Schlüssel zu diesem Dynamismus in der der Dreifachheit innewohnenden Fähigkeit liegt, »Symmetrie zu durchbrechen und die Unterschiede interagieren zu lassen«.[34] Nachdem sie diese beiden wichtigen Puzzleteile nun richtig eingesetzt hat, fehlt lediglich noch die Erkenntnis, dass die Agape kein persönliches Attribut Gottes ist (oder gar der »Göttlichen Personen in Gemeinschaft«, wie es sich ihr theologisch gebildeter Verstand ausbedingt), sondern ein Energiefeld, das aus dem Zusammenspiel der drei selbständigen Kräfte (der bejahenden, der verneinenden und der versöhnenden) hervorgeht. Hätte sie diesen Sprung gemacht, wären sie und Gurdjieff sich einig.

Den Weg zu Ende gehen

Diese visionären Theologinnen und Theologen unserer Zeit hören wir einen ganz frischen Ton anschlagen, der innerhalb des trinitarischen Selbstbewusstseins einen völlig neuen Widerhall erzeugt. Obwohl sie zwar (gerade noch) davor zurückschrecken, das Gesetz der Drei formal zu artikulieren, spüren sie ganz deutlich eine ternäre Metaphysik im Herzen der christlichen Erfahrung, deren Auswirkungen sich in der *oikonomia,* der sichtbaren Sphäre, vollkommen bestätigen lassen. Es erhebt sich eine neue Überzeugung, dass die Dreifaltigkeit nicht bloß eine obskure theologische Nebensache ist, sondern ein essenzielles Funktionsprinzip, das irgendwie den Schlüssel zu einem erneuerten christlichen Leben birgt. Mit dieser Erkenntnis haben wir bereits an die neunzig Prozent des Weges geschafft, um das Gesetz der Drei zutage zu fördern.

Die fehlenden zehn Prozent sind im Wesentlichen das Gesetz selbst, die Formulierung der eigentlichen Mechanik, durch welche dieses dynamische, Symmetrie-brechende, innovative metaphysische Prinzip in Handlung übersetzt wird.

34. Ebenda, Seite 83.

Das Verflechten der drei produziert ein Viertes in einer neuen Dimension. Bis hierhin ist dies der eine signifikante Aspekt des Gesetzes der Drei, den die heutige Theologie noch nicht enthüllt hat und der daher die Art, wie dieses Gesetz in der Gurdjieff-Arbeit verstanden wird, noch unterscheidet von den zunehmend klarer werdenden Anspielungen auf dessen Existenz in zeitgenössischen theologischen Kreisen. Im letzten Abschnitt dieses Kapitels möchte ich nun aufzeigen, auf welch verschiedene Weise eine explizite Anerkennung dieses wichtigen, fehlenden Puzzlestücks hilfreich sein könnte, nicht nur für eine vollkommenere und kraftvollere Artikulation der dem Christentum innewohnenden trinitarischen Weisheit, sondern auch als ein Korrektiv für bestimmte Aspekte der traditionellen theologischen Formulierung derselben, die nie wirklich überzeugt haben.

Der *erste* und wichtigste Punkt ist der, dass die Verbindung der Dreifaltigkeit mit dem Gesetz der Drei eine Fähigkeit zur Vorhersage erlaubt. Das Gesetz erklärt nämlich, warum der inhärente Dynamismus, den Bruteau »Agape« nennt, neue Welten erschaffen *muss,* warum er nicht einfach in einer großen intra-trinitarischen Zirkulation eingeschlossen bleiben kann. Sogar Bruteaus ausgeklügelte philosophische Demonstration, dass die Agape »mindestens drei Personen« erfordere,[35] erklärt nicht, warum diese Göttliche Liebe *zwangsläufig* ihre ›dortigen‹ Grenzen sprengen und zum Hervorbringen neuer Welten übergehen muss (Bruteau postuliert lediglich, dies sei Teil des durchdringenden Wesens der Liebe). Das »Vierte in einer neuen Dimension« verleiht ihrer Behauptung größeren Nachdruck und liefert auch die praxisbezogene Bestätigung für LaCugnas theologisch leidenschaftliches Argument, dass die ökonomische und die immanente Trinität niemals voneinander getrennt werden dürfen – denn gemäß dem Gesetz der Drei sind sie untrennbar. Dieses Vorhersageinstrument sollte es uns zudem, zumindest theoretisch, erlauben, innerhalb des großen Stroms der kosmischen Geschichte aufeinanderfolgende und quantitativ bestimmbare Zeitabschnitte zu unterscheiden, die sich entsprechend den Voraussagen dieses Gesetzes entfalten, und darüber hinaus (wenn wir die Berechnungen erst einmal angestellt haben) eine intelligente Einschätzung vorzulegen, wohin sich dieses Muster zu bewegen scheint. Mit anderen Worten, das Gesetz

35. Ebenda, Seite 32.

ermöglicht es uns, in unserer Antwort auf die einzigartigen Herausforderungen unserer Zeit, in der sich die Kosmogenese in Richtung des Omega-Punkts beschleunigt, proaktiv zu werden (statt einfach nur konfus oder katatonisch). Dann verstehen wir besser, was es wirklich braucht und wie wir es anpacken können.

Zweitens: Das Gesetz der Drei befreit uns von der Abhängigkeit von einer anthropomorphisierenden Ausdrucksweise, wenn wir grundlegende metaphysische Prinzipien abzuleiten versuchen. Statt unsere ternäre Metaphysik auf eine hypothetische »Göttliche Gemeinschaft« zu gründen – eine Annahme, die jenseits der Domäne des christlichen Glaubens nicht zu belegen ist (und innerhalb höchst anfällig für vermenschlichende und sentimentale Verzerrungen) –, stützt es die Göttliche Gemeinschaft auf die Vorgaben des Gesetzes der Drei als solchem und erlaubt es uns, die Personen der Dreifaltigkeit als eine uranfängliche Verkörperung dieses Gesetzes in Aktion zu sehen. Dies mag ein fragwürdiger Vorzug für all jene sein, die bereits Teil der christlichen Glaubensgemeinschaft sind, doch es ist ein immenser Vorteil, wenn das Christentum seine trinitarische Fixierung dem Rest der Gemeinschaft der Weltreligionen zu erklären versucht. Es bietet einen wesentlich glaubwürdigeren Weg, die Gründe darzulegen, weshalb eine trinitarische Metaphysik keine Form eines willkürlichen Tritheismus ist, sondern die ›Verkörperung‹ dessen, was die Frühchristen glaubwürdig als die grundlegende Funktionsweise von »Gott in der Schöpfung« verstanden haben. Wenn das Gesetz der Drei universell wahr ist (was für Gurdjieff ganz außer Frage stand und ich im ersten Teil aufzuzeigen versucht habe), dann stimmt die Gemeinschaft der Göttlichen Personen mit dieser Grundwahrheit überein und verleiht ihr ein menschliches Gesicht. Es erlaubt den Christen zu proklamieren, dass das große relationale Feld Göttlichen Bewusstseins kein »es«, sondern ein »Du« ist, und in diese Duheit einzutreten, wie es alle Liebenden tun: durch Hingabe und Sich-selbst-Verschenken.

Drittens: Weil das Gesetz der Drei über das ganze Spektrum schöpferischen Tuns hinweg gültig ist – vom Subatomaren bis zum Galaktischen und vom Wissenschaftlichen bis zum Psychologischen und Soziologischen –, bietet es eine mächtige Grundlage, die eine Wiedervereinigung von Kosmologie, Theologie, persönlicher spiritueller Transformation und kollektivem ethischem Handeln erlaubt: jenen vier Quadranten eines zusammenhängenden geistigen Universums, die im Christentum nun schon so lange in verschiedenen Schubladen aufbewahrt werden und unterschiedlichen Spielregeln unterworfen sind. Es stellt die Brücke zwischen spiritueller Kosmologie und physischer Kosmologie auf eine Weise wieder her, die Respekt zeigt gegenüber wissenschaftlicher wie mystischer Wahrheit, und gibt uns ein einfaches, aber praktisches Werkzeug an die Hand, mit dem wir als kundige Beförderer des Wandels in die Welt hinausziehen können. Dies ist das Erkundungsgebiet, das mir selbst am meisten am Herzen liegt und das ich im vierten Teil dieses Buches betreten möchte.

Und *schließlich* – auch wenn dies eher eine interne Angelegenheit zu sein scheint – liefert das Gesetz der Drei eine Reihe objektiver Kriterien, anhand derer jene Bereiche identifiziert und geklärt werden können, in denen die traditionelle Trinitätstheologie noch immer unentwickelt oder vom Kurs abgekommen ist.

Die schwächsten Glieder in der traditionellen trinitätstheologischen Argumentation waren seit jeher rund um die Frage zu finden, wie der Heilige Geist miteinbezogen werden soll. Catherine LaCugna hat richtig beobachtet, dass dies von Anfang an eine theologische Spannung darstellte, weil sich das Christentum nur langsam aus einem Ditheismus (»Jesus ist der Herr«) zu einem gutgläubig trinitarischen Spielfeld entwickelte. Dieses Dreifaltigkeitsfeld jedoch ruhte immer nur auf einem theologischen Unterbau, nie auf einem metaphysischen, da bisher noch kein kollektives Bewusstsein darüber bestand, dass eine ternäre Metaphysik überhaupt existiert. Dies hat Tür und Tor geöffnet für signifikante Verdrehungen, insbesondere was die Fragen hinsichtlich des Zusammenhangs der drei Personen untereinander sowie der Fließrichtung innerhalb ihrer Liebe angeht. Die Vision des Augustinus vom Geist als der Liebe zwischen dem Vater und dem Sohn ist hierfür ein klassisches Beispiel. Sie ist eine rein theologische Behauptung, und wie wirkungsvoll sie auf dieser Ebene auch immer funktionieren mag, *metaphysisch* bringt sie die Trinität zum Einsturz, zurück in einen Ditheismus (in eine *amor curvus,* wie Panikkar sie sah – einen geschlossenen Kreis). Meiner Meinung nach finden wir in diesem Diktum (dessen Fehler ohne eine ternäre metaphysische Perspektive unmöglich auszumachen ist) den Hauptschuldigen, zumindest was den christlichen Westen angeht, für die Abtrennung der immanenten Trinität von der ökonomischen Trinität, denn im Grunde genommen postuliert es eine Liebe, die vollkommen auf sich selbst beschränkt bleibt: Dieses Diktum entwaffnet die Funktion des »Neuentstehenden« und macht die Welt unbedeutend für die Fülle der Liebe des Vaters. Eine ternäre Metaphysik erkennt hier sofort den Irrtum und schickt die Theologen zurück in ihre Studierstuben mit der Hausaufgabe, dass die drei Kräfte unabhängig und gleichberechtigt sein müssen und dass deren Verflechtung *notwendigerweise* in einem Neuentstehenden resultieren muss – oder in anderen Worten: Die *oikonomia* ist zur Gänze ein Teil des trinitarischen Lebens.

Es gibt weitere Korrekturvorschläge, die eine ausdrücklich ternäre Metaphysik vorbringen würde. Wie bereits ganz am Anfang in meinem Artikel über die Feminisierung der Dreifaltigkeit angemerkt, würde eine solche Metaphysik erklären, warum der heutige »spirituell korrekte« Trend zum Ausgleich des Geschlechterungleichgewichts unter den Personen der Dreifaltigkeit ein zwar aufrichtiges, aber aussichtsloses Unterfangen ist. Auf lange Sicht könnte sie eine kommende Generation von Theologinnen und Theologen ermutigen, den »Personen« (verstanden als permanente psycho-spirituelle Identitäten) insgesamt weniger Aufmerksamkeit zu zollen und sich dafür stärker den *Funktionen* – bejahen, verneinen, versöhnen – zuzuwenden, welche diese in jedem Augenblick innerhalb eines fluktuierenden relationalen Felds ausüben. Stellen Sie sich die Weite vor, die sich dem Studium der Trinität plötzlich eröffnen würde, wenn wir nicht mit drei fixen »Personen« und der Frage des »Wer?« begännen, sondern mit drei ineinander verflochtenen Kräften und der Frage »Wie?«! Ich bin realistisch genug und mir im Klaren darüber, dass für die meisten meiner christlichen Leserinnen und Leser dies die am schwersten zu leistende Transposition ist – so tief verwurzelt ist unsere Gewohnheit, unser Empfinden des »Persönlichen« mit diesen drei besonderen Personen zu verknüpfen –, aber ich hoffe, aufzeigen zu können, dass dadurch nichts verloren geht und stattdessen viel hinzugewonnen wird.

In mancherlei Hinsicht würde uns eine bewusste Aneignung einer Metaphysik des Gesetzes der Drei ein bedeutungsvolles Korrektiv zur traditionellen Trinitätstheologie liefern und es visionären Theologinnen und Theologen, wie jenen, die wir in diesem Kapitel kennengelernt haben, gestatten, kraftvoller in jene Richtung voranzuschreiten, in die es ihre Herzen intuitiv bereits zieht. Sie erweitert das »Warum?« der christlichen Metaphysik um das

»Wie?«, und zwar auf eine Art und Weise, die präzise, objektiv nachweisbar und universell relevant ist. Die Trinität gänzlich als den personalisierten Mandala-Ausdruck des Gesetzes der Drei zu reklamieren und sich für ein bewusstes Leben unter ihrem Banner zu verpflichten, würde buchstäblich völlig neue Welten eröffnen. Wir bekämen damit den Schlüssel in die Hand zur Öffnung der Schatzkammer christlich-mystischer Weisheit und könnten – in Teilhards beherzten prophetischen Worten – uns die Energie der Liebe nutzbar machen.

7

Jakob Böhme, Meister des Ternären

> Ist auch in mancher Beziehung die sichtbare Welt ein Werk der Liebe, so haben die unsichtbaren Sphären doch ihren Ursprung in der Angst.
>
> Herman Melville: *Moby Dick*

HIER IST ES NUN AN DER ZEIT, DASS ICH JAKOB BÖHME ZU unserer Diskussion einladen möchte. Ich hoffe, dass er darin einiges an dritter Kraft beizusteuern vermag zwischen »dem Bejahenden« (nämlich meinem Wunsch aufzuzeigen, warum dem Gesetz der Drei eine solch große Bedeutung zukommt und weshalb es für unser Verständnis der Heiligen Dreifaltigkeit so entscheidend ist) und »dem Verneinenden« (nämlich Ihren zweifelsohne noch immer gehegten Zweifeln in dieser Kontroverse).

Ich weiß von niemandem, der die Kluft zwischen der traditionellen christlichen Frömmigkeit und der esoterischen Tradition besser zu überbrücken vermöchte als Jakob Böhme. Seine Stellung im christlich-mystischen Stammbaum (auch wenn er zugegebenermaßen eher am äußeren Rande liegt) wird ausnahmslos anerkannt, und seine visionären Schriften bilden seit über vier Jahrhunderten einen tiefen Brunnen, aus dem viele der größten christlichen Mystiker geschöpft haben. Doch seine extrem originelle Kosmologie hat viele vor ein Rätsel gestellt; sie richtet sich nicht nach den

Regeln der klassischen christlichen Theologie und scheint, obwohl zutiefst christozentrisch, auf einer ganz eigenen, einzigartigen Flugbahn ins Ziel zu gelangen. Im Verlauf der kommenden drei Kapitel hoffe ich, darlegen zu können, dass sich diese implizit nach dem Gesetz der Drei beschreiben lässt.

Als praktisch einziger unter den großen mystischen Theologen des Christentums entwickelt Böhme seine Ideen nicht anhand der Denkkategorien des monastischen Neuplatonismus oder der Scholastik, dem aufgehenden Stern der katholisch-akademischen Welt des Mittelalters. Teilweise lässt sich dies darauf zurückführen, dass er kein Katholik war (sondern Lutheraner), doch ebenso darauf, dass wir es bei ihm nicht mit einem Gelehrten zu tun haben – womit nicht gesagt sein soll, dass er ungebildet war, doch eben ein einfacher Schuhmacher von Beruf, der sein ziemlich kurzes Leben im südostdeutschen Städtchen Görlitz verbrachte. Seine Theologie ist ein absolutes Original und entstammt direkt aus einer Vision, die ihn im Jahr 1600 im Alter von vierundzwanzig elektrisierte. Von Natur aus nachdenklich und verträumt, starrte er auf eine Zinnplatte, die im Sonnenlicht funkelte, als er plötzlich dermaßen in einen Feuersturm einer vereinenden Vision hineingerissen wurde, dass »ich in einer Viertelheit-Stunden mehr gesehen und gewusst habe, als wann ich wäre viel Jahr auff hohen Schulen gewesen.«[36] Es handelte sich um einen direkten Download aus dem imaginativen Reich.

Zwölf Jahre sollten vergehen, bis er sich imstande fühlte, seine unmittelbare Erleuchtung in Worte zu fassen. Als 1612 seine erste Abhandlung, die *Aurora,* endlich fertiggestellt war, fiel sie Gregor Richter, dem Hauptpastor von Görlitz, in die Hände, der Böhme der Häresie bezichtigte, worauf dieser mit einem Schreibverbot belegt wurde. Doch sein Werk zirkulierte weiterhin unter der Görlitzer Intelligenzija und brachte ihm viele Bewunderer ein, insbesondere unter den Studenten der hermeneutischen Philosophie, die ihn mit zusätzlichem Forschungsmaterial aus der alchimistischen Tradition überhäuften. (Dies stellte sich allerdings als ein durchwachsener Segen heraus, da es die schwungvolle Einfachheit von Böhmes ursprünglicher Vision mit einem komplizierten alchimistischen Überzug bedeckte, der seinem eigenen Denken teils sogar widersprach.) Im Jahr 1619 griff Böhme erneut zur Feder und

36. Jakob Böhme: *Theosophische Send-Briefe,* Amsterdam 1682, Seite 75.

stellte in den folgenden fünf Jahren alle seine wichtigsten Werke fertig, bevor er 1624 starb.

Eine Tiefe ruft die andere

Ich selbst lernte Jakob Böhme vor ungefähr zwanzig Jahren kennen, als mir mein Eremitenlehrer am Saint Benedict's Monastery in Colorado für meine Osterwochenlesung eine Ausgabe von Böhmes *Der Weg zu Christo* überreichte. Ich verschlang es auf der Stelle und konnte deutlich spüren, dass Böhme mir dabei über die Schulter blickte. Im Laufe der nächsten Jahre arbeitete ich mich durch den Rest des Böhme-Kanons, einschließlich seiner gehaltvollsten Werke *Von dem Dreyfachen Leben des Menschen, Vierzig Fragen von der Seelen* und *Beschreibung der drei Prinzipien Göttlichen Wesens.*[37]

Böhme ist bekanntermaßen schwer zu verstehen, wenn man sich ihm mit dem rationalen Verstand nähert; ich machte schon früh die Erfahrung, dass seine Schriften sich einem viel einfacher erschließen, wenn man sich ihnen im gleichen Geisteszustand zuwendet, in dem er selbst seine mystische Erleuchtung erhielt – das heißt in einer kontemplativen Stille. Als langjährige Studentin des Gebets der Sammlung [oder des Herzensgebets] war mir dies eine wichtige Einstiegshilfe, und mittels dieser Methode habe ich über die Jahre eine große Anzahl spirituell Suchender in kontemplativen Exerzitien mit Böhme bekannt gemacht. Das grundlegende hermeneutische Prinzip im Umgang mit allen visionären Mystikerinnen und Mystikern liegt nach meiner Überzeugung ver-

37. Der zugänglichste Einstiegspunkt dürfte für die meisten Leserinnen und Leser wahrscheinlich Böhmes Buch *Christosophia – Der Weg zu Christo* sein, von dessen neun Abhandlungen über das geistige Leben insbesondere die vierte (»Von der neuen Wiedergeburt«), die sechste (»Theoscopia oder die hochtheure Pforte von Göttlicher Beschaulichkeit«) und die achte (»Von den vier Complexionen«) das Grundmaterial für mein eigenes Verständnis von Böhmes Spiritualität lieferten. Ich empfehle, mit dem Buch *Clavis* weiterzumachen, Böhmes kurz gehaltener abschließender Zusammenfassung seiner wichtigsten Offenbarungen, gefolgt von der *Beschreibung der drei Prinzipien Göttlichen Wesens,* den *Vierzig Fragen von der Seelen* sowie den *Send-Briefen.* Böhmes bekannteste Bücher *Aurora* und *Von dem Dreyfachen Leben des Menschen* sowie *Mysterium Magnum* gehören zu seinen schwierigsten Werken und geben ihre Einsichten bereitwilliger preis, wenn die zuvor genannte Reihenfolge eingehalten wird.

kapselt in dem kurzen Einzeiler in Psalm 42.7: »Eine Tiefe ruft die andere.« In der kontemplativen Versenkung ist die imaginative Wirklichkeit für jedes eingestimmte Herz leicht zugänglich.

Hingabe als katalytisches Prinzip

Was Böhmes Vorstellungswelt leicht befahrbar macht, wenn Sie erst einmal das ihr zugrundeliegende Prinzip erfasst haben, ist die strikte Übereinstimmung zwischen Mikrokosmos und Makrokosmos: zwischen der inneren Welt persönlichen spirituellen Strebens und der Kosmogenese auf einem viel gewaltigeren Maßstab. Die Spurstange, welche beide verbindet, ist eine Qualität, die Böhme mit dem Wort *Gelassenheit* benennt, oder auch »Gleichmut« (was häufig fälschlicherweise mit »Resignation« gleichgesetzt wird). Buchstäblich meint es die Qualität des »Seinlassens« und verweist auf das bewusste Ablegen des autonomen persönlichen Willens. Böhme sagt dazu: »Wann du von Sinnen und Willen deiner Selbstheit stille stehest, so wird in dir das ewige Hören, Sehen und Sprechen offenbar und höret und sihet Gott durch dich: dein eigen Hören, Wollen und Sehen verhindert dich, daß du Gott nicht sihest noch hörest.«[38]

In der modernen spirituellen Terminologie lässt sich diese Qualität leicht mit *Hingabe* übersetzen, und den meisten heutigen Suchenden, die das Gebet der Sammlung oder das innere Beobachten praktizieren, offenbart sich schnell, dass Böhmes Spiritualität auf vertrautem Terrain spielt. Ist dieser innere, auf Erfahrung basierende Bezugspunkt erst einmal etabliert, bedarf es nur noch eines verhältnismäßig kleinen Schritts, um zu erkennen, dass Böhmes bemerkenswerte kosmologische Vision einfach der Prozess der Hingabe im großen Maßstab ist. Für Böhme ist das Ablegen des hitzigen, unruhigen eigenen Willens nicht bloß ein Weg der persönlichen Tugendhaftigkeit; es ist auch ein *katalytisches Prinzip,* das ganz neue Welten hervorbringt. Wir werden in Kürze sehen, inwiefern dem so ist.

Wesentlich detaillierter habe ich diese Idee in einem Artikel mit dem Titel »Böhme für Anfänger« entwickelt.[39] Die strikte Über-

38. Jakob Böhme: *Der Weg zu Christo,* Amsterdam 1715, Seite 165.

39. Cynthia Bourgeault: "Boehme for Beginners", *Gnosis,* Ausgabe 45 (Herbst 1997), Seiten 28–36.

einstimmung zwischen den inneren und den äußeren Reichen stellt nicht nur einen wertvollen erfahrungsbasierten Einstiegspunkt ins Werk Böhmes dar, sie ist auch eine zusätzliche Bestätigung, dass das Gesetz der Drei (von dem wir bereits gesehen haben, dass es in jedem Anwendungsbereich konsistent bleibt) tatsächlich schon in seinem Hinterkopf lauerte.

Für unsere momentanen Zwecke will ich mich jedoch auf Böhmes Kosmologie fokussieren, da ich auf dieser Grundlage mein eigenes Modell der Entfaltung der Trinität im dritten Teil dieses Buches konstruieren möchte. Wie bereits erklärt, bin ich davon überzeugt, dass Böhmes kosmogenetische Enthüllung intuitiv ternär ist – und tatsächlich lässt sie sich mittels einer nur kleinen Justierung vollständig in Einklang mit dem Gesetz der Drei bringen, sodass sich zeigt, wie sie sich gemäß diesem entfaltet. Und wenn das wirklich der Fall ist, dann wäre Böhme nicht nur eines der größten mystischen Genies des Christentums, sondern auch dessen erster ternärer Theologe und hätte damit die Grundsteine gelegt, auf denen alle nachfolgenden Ausführungen beruhen müssen. In diesem Kapitel werde ich seine Vision »wie gehabt« präsentieren, in Böhmes eigenen Worten und so, wie sie bislang von einer Vielzahl von Böhme-Experten seit dem Mittelalter bis in unsere Tage erläutert wird. Im darauffolgenden Kapitel will ich versuchen, seine Vision explizit mit dem Gesetz der Drei zu verknüpfen.

Der Eindruck des Nichts ins Etwas

Die Worte dieser Überschrift sind einer der letzten Seiten des Buches *Clavis* entlehnt, in welchem Böhme sein abschließendes Resümee präsentiert, und sie fassen in einem kurzen Satz die ganze Essenz seiner sorgfältig ausgearbeiteten Kosmologie zusammen.[40] Mit der facettenreichen Brillanz seines Verstandes legt Böhme eine Frage vor, von der sich nur wenige überhaupt je eine Vorstellung machen: Wie gelangen wir vom ruhenden Gott, von der »ewigen un[er]mäßlichen, unfaßlichen Einheit«,[41] zu Gott, dem Schöpfer der Vielheit und Verschiedenheit, die unser erschaffenes Univer-

40. Jakob Böhme: *Clavis,* Seite 233, Abschnitt 38: »Der Wille [...] impresset und fasset sich selber zu einem Etwas, und das Etwas ist doch nichts.«

41. Ebenda, Seite 249.

sum ist?[42] Für die meisten ist es ganz einfach: Gott »sprach«, und die Welt kam ins Sein. Für Böhme ist es nicht so simpel. Was musste im Inneren geschehen sein, in den Tiefen der Gottheit, bevor das erste *fiat* gesprochen werden konnte? In Böhmes eigenen Worten: Wie »offenbahret sich die ewige Einheit aus sich selber?«[43] Als Antwort auf diese Frage führt er uns durch drei Prinzipien, unterteilt in sieben Eigenschaften (manchmal auch »Gestalten« genannt), welche die Kluft zwischen unzugänglichem und zugänglichem Licht überbrücken.

Das erste Prinzip

Erste Eigenschaft: Bevor irgendetwas entstehen kann, so Böhme, muss es zu einer Bewegung (»Ausfluß«) in der »ewigen Einheit« der Göttlichkeit kommen. Dies wird vollbracht durch die Schaffung eines ›Druckunterschieds‹ im Gleichgewicht des Göttlichen Willens durch die *Konzentration* von Begierde. Wie er erklärt:

> Die erste Eigenschaft ist die Begierligkeit / gleich einem Magnet, als der Einfaßligkeit [=Verdichtung] des [Göttlichen] Willens / da der Wille etwas seyn wil / und hat doch nichts / daraus er ihm etwas mache: so führet er sich in eine Annehmligkeit [=Empfänglichkeit] seiner selbsten / impresset und fasset sich selber zu einem Etwas / und das Etwas ist doch nichts / als nur ein magnetischer Hunger / eine Herbigkeit / gleich einer Härte.[44]

Böhme benennt die erste Eigenschaft abwechselnd mit »Härte«, »Herbigkeit«, »Schärffe« oder »Bitterkeit«. Das Kernstück ist Sehnsucht, »magnetischer Hunger«.

42. Falls dies wie eine allzu neugierige oder ungehörige Frage klingt, erinnern Sie sich daran, wie visionäres Schauen funktioniert: Noch bevor die Frage überhaupt auf einer kognitiven Ebene auftaucht, flutet die »Antwort« bereits herein. Es besteht ein großer Unterschied in der spirituellen Schwingung zwischen dieser kognitiv getriebenen theologischen Spekulation über das innere Leben der Gottheit, der wir uns im Kapitel 6 gewidmet haben, und Böhmes unverlangter »Achtung! Hier kommt's!!!«-Offenbarung an jenem schicksalhaften Morgen im Jahr 1600.

43. Ebenda, Seite 227.

44. Ebenda, Seite 233.

Zweite Eigenschaft: Wo unausgeglichener Druck herrscht, beginnen die Dinge zu fließen, so wie es sich bei ablaufendem Wasser, Wind oder Wetterlagen beobachten lässt. Böhme identifiziert dieses »Ziehen oder Bewegen in der Schärffe«[45] als die zweite Eigenschaft, die er die »Bewegniß«, »bewegen« oder »regen« und manchmal auch den »Stachel« oder die »Schneidung der Härte« nennt.

Es ist wichtig, sehr aufmerksam zu sein für das, was Böhme hier sagt. Ich habe einige spirituelle Kommentatoren (unabhängig davon, ob sie nun den Gurdjieffianern oder den Hegelianern zuzurechnen sind) gelesen, die dazu neigen, diese ersten beiden Eigenschaften recht gewandt mit dem klassischen spirituellen Dualismus des Bestätigens und Verneinens gleichzusetzen. Doch Böhmes Denken ist etwas differenzierter. Die zweite Eigenschaft ist genau genommen keine Gegenbewegung, wie wir sie beispielsweise vom Tauziehen kennen. Vielmehr kommt sie einer Art Entflammung wesentlich näher, einer *Aufregung,* erzeugt in der und durch die Unersättlichkeit der Begierde. Dies ist eine subtile, aber wichtige Unterscheidung. Bei Böhme wirkt die zweite Eigenschaft der ersten nicht entgegen, sondern rast vielmehr auf sie zu – einem Strudel gleich, der einen Abfluss hinuntergesaugt wird. Der Strudel ist die Bewegung, die zweite Eigenschaft.

Dritte Eigenschaft: Das zuletzt Gesagte führt direkt zur dritten Eigenschaft, die Böhme »Angst« nennt. Er führt aus: »Da der eigen Wille in der scharffen Beweglichkeit stehet / so kommt er in Angst / als in die Empfindligkeit / dann [=denn] ausser der Natur mag er nicht empfindlich sein; aber in der beweglichen Schärffe wird er empfindlich.«[46]

Gewiss haben Sie unterdessen bemerkt, wie jäh Böhme zwischen physischer Beschreibung und ihrem emotionalen Gegenstück hin und her springt. In der ersten Eigenschaft sind »Druck« und »Begierde« im Wesentlichen dieselbe Bewegung, welche sich in zwei verschiedenen Bereichen abspielt; in der zweiten Eigenschaft drückt das »Bewegen« auf einer physischen Ebene ein »Schneiden« auf einer emotionalen aus. Und jetzt, in seinem großen dritten assoziativen Sprung, wird das, was auf einer physikalischen Ebene »Reibung« hieße, sofort übersetzt als »peinlich« [=schmerzend] oder »Angst«. Ob diese assoziative Neigung seines Denkens Sie nun fasziniert oder bloß irritiert, sie ist auf jeden Fall

45. Ebenda.
46. Ebenda, Seite 234.

eine Hauptstütze seiner integrierenden Genialität,[47] und die Einsicht, die er durch diesen Sprung gewann, ist der eigentliche Schlüssel zu seiner ganzen Kosmologie. Das, was aus dem Kampf zwischen Begierde und Unersättlichkeit entsteht, ist sicherlich Angst. Doch bedeutet diese Angst gleichzeitig auch *Sensibilität,* also die Fähigkeit zu einem selbstreflektierenden Bewusstsein. Böhmes Erklärung, wie dies geschieht, ist ein Geniestreich pur:

> Kein Ding ohne Wiederwärtigkeit mag ihme selber offenbar werden. Dann [=denn] so es nichts hat, das ihme widerstehet, so gehets immerdar vor sich aus und gehet nicht wieder in sich ein: so es aber nicht wieder in sich eingehet, als in das, daraus es ist ursprünglich gegangen, so weiß es nichts von seinem Urstand.[48]

In dieser dritten Eigenschaft wird die Göttliche Natur für sich selbst wahrnehmbar; sie geht »in das ein, aus der es ist ursprünglich gegangen« und kennt sich selbst aus dem Inneren. Das ist tatsächlich *der* entscheidende Durchbruch, wie wir in Kürze sehen werden.

Diese ersten drei Eigenschaften, die bald schon in die vierte, das Feuer, explodieren, bilden zusammen Böhmes erstes Prinzip. Er nennt es das »feurige« oder »grimmige« Prinzip und erklärt, dass es zur ewigen Natur Gottes gehöre.

Diese Erklärung war für viele verwirrend und kummervoll, die Böhme hier in einer Art ontologischem Dualismus in die Irre gehen sahen, in dem Gut und Böse sich auf ewig im Mark des Göttlichen Wesens als Feinde gegenüberstehen. Aber Böhmes Gedankengang ist subtiler. Nach seinem Verständnis sind das erste und das zweite Prinzip (das »Lichtprinzip«, zu dem wir bald kommen werden) keine gleichmäßig ausbalancierten Gegensätze. Sie

47. Ebenso ist es eine Hauptstütze der allegorischen Methode der spirituellen Reflexion, der in der Weisheitstradition der westlichen Christenheit vorrangigen exegetischen Methode, bis sie im dreizehnten Jahrhundert durch die Scholastik ersetzt wurde. Diese Art der herzzentrierten Logik wird insbesondere durch die *lectio Divina* vermittelt, die grundlegende Gebetspraxis des benediktinischen Mönchtums. Zu weitergehenden Ausführungen im Zusammenhang mit der *lectio Divina* und der Schulung der vereinigenden Vorstellungskraft siehe meine Bücher *Jesus: Meister der Weisheit,* Xanten: Chalice Verlag, 2020, Seiten 178–190, sowie *Chanting the Psalms,* Boston: Shambhala Publications, 2005, Seiten 49–58.

48. Jakob Böhme: *Christosophia: oder Der Weg zu Christo* [1621], Amsterdam 1731, Seite 167.

ähneln eher aufeinanderfolgenden Stationen in der Entfaltung eines Prozesses, dessen letztes Ziel – Sie mögen sich daran erinnern – »der Eindruck des Nichts ins Etwas« ist. Damit äußere und sichtbare Schöpfung auftreten kann, muss das Göttliche Sich einer *Verdichtung in ein Etwas* unterziehen, was ein Durchqueren der »feurigen« Matrix der Begierde und ihrer Frustration zur Folge hat; daher ergibt sich Böhmes innerstes kosmologische Prinzip: »Schmerz ist die Ursache von Bewegung.«[49]

Böhmes erstes Prinzip ist ein katalytischer Prozess, kein bleibendes moralisches Ergebnis. Ein Kommentator argumentierte scharfsinnig, dass diese »Schattenseite« des Göttlichen Prozesses niemals dazu angedacht war, sich in der sichtbaren Welt zu manifestieren. In einer vom Sündenfall unberührten Schöpfung wäre sie verborgen geblieben, sicher verschlossen in der Göttlichen Liebe.[50]

Böhme erinnert uns anschaulich daran: »Gott hat Seinem Zorn selber widerstanden, indem Er Sich mit Seines Herzens Centro, welches die Ewigkeit ohne Grund und Ziel erfüllet hat, wieder eröffnet und [...] dem Grimm und Zorn seinen Stachel zerbrochen.«[51]

Vom Gesetz der Drei aus betrachtet sollte unsere Aufmerksamkeit darauf gerichtet sein, dass Böhmes Denken prozesshaft und nicht ontologisch ist. »Der Eindruck des Nichts ins Etwas« ist an sich der Verlauf des Neuentstehenden, und genau das entspricht dem Verständnis Böhmes.

Das zweite Prinzip

Böhme nennt das zweite Prinzip die »Kraft des Lichts«. Es ist durch Liebe umgeformter Zorn. Von der Angst (der dritten Eigenschaft) bewegen wir uns direkt zur *vierten Eigenschaft,* die Böhme »Feuer« nennt. Er verwendet zwei unterschiedliche Gruppen von Metaphern, um diesen kritischen Übergang zu beschreiben. Die zugänglichere Gruppe malt aus, wie diese Eigenschaft als ein durch Reibung entzündeter Funke beginnt – die Reibung ist exakt das

49. Ebenda, Seite 164: »So muss die Peinlichkeit ein Grund und Ursache seyn zu solcher Bewegnis.«

50. George Allen, Einführung zu Jacob Boehme: *The Threefold Life of Man,* Whitefish, MT: Kessinger, n. d., Seite xxv.

51. Jakob Böhme: *Von der Menschwerdung Jesu Christi* [1620], Amsterdam 1660, Seiten 101–102.

qualvolle Streben auf dem Rad des Widerstreits, das sich durch die ersten drei Eigenschaften in Bewegung setzt. »Denn also«, schreibt Böhme, »wird die ewige Lust empfindlich / und diese Empfindligkeit der Einheit heisset Liebe.«[52]

Für mich ist dieser einer der außergewöhnlichsten Sätze, die ich jemals niedergeschrieben sah. Während die Aussage »Gott ist Liebe« für viele Christen kaum mehr als ein theologisches Klischee ist, erkennt Böhme diese Liebe als die Frucht eines dramatischen, ja sogar ungeheuerlichen, transformativen Prozesses. Durch die Kühnheit der sich verdichtenden oder konzentrierenden Begierde in die Reibung der Angst wird der Zündstein angeschlagen, wodurch sich Gottes Wesen äußerlich in der Dimension der Liebe manifestieren kann, welche zur *fünften Eigenschaft* wird. Böhmes Liebe ist kein bereits existierendes Göttliches Attribut, sondern eher eine neue alchimistische Verbindung, die aus der Wechselwirkung der ersten vier Eigenschaften entsteht. Sie kann sich auf keinem anderen Weg manifestieren.

Indem diese Liebe aus ihrem feurigen Grund auftaucht, ist sie ein perfektes Bildnis oder ein Spiegel (oder ein »Gegenwurf«, um uns des von Böhme bevorzugten Worts zu bedienen) der ursprünglichen Einheit, nun jedoch in der Dimension der Wahrnehmung und der »Bewegung« – oder anders ausgedrückt, mit einer neuen Fähigkeit, sich selbst durch die unzähligen und mannigfaltigen Formen individueller Geschaffenheit zu manifestieren, »auf daß ein ewiges Spiel in der Unendlichen Einheit sey«.[53] Somit ist die geeignete Göttliche Matrix erschaffen, in der alle Schöpfung ins Sein kommt. Die fünfte ruft schnell die *sechste Eigenschaft,* »Schall« oder »Hall« (oder »Klang«), hervor (das Göttliche generative Wort oder den Logos, mit dem die uns vertraute biblische Erzählung beginnt) und die *siebte Eigenschaft,* die Böhme »Substanz« oder »Wesen« nennt, den uranfänglichen Baustein, aus dem das erschaffene Universum gebildet ist. Interessanterweise ist für Böhme diese »Substanz« nicht bloß ein Material, sondern eine aktive Schablone, die sich selbst reproduzieren kann. Er gibt zu verstehen, dass diese letzte Eigenschaft all die anderen zusammenfasst.[54] In der modernen Terminologie ließe sie sich als eine Art »kosmo-

52. Jakob Böhme: *Clavis,* Seite 237.

53. Jakob Böhme: *Christosophia,* Seite 164.

54. »Als ein Subjectum oder ein Gehäuse der anderen sechs«; Jakob Böhme: *Clavis,* Seite 241.

genetische DNA« kennzeichnen. Sie ist sowohl ein Hologramm der ursprünglichen siebenfachen Entfaltung als auch ein kreatives Prinzip als solches.

Das dritte Prinzip

Das dritte Prinzip ist das äußere und sichtbare Universum. Für Böhme ist diese sichtbare Welt ein konstantes wechselseitiges Spiel zwischen dem ersten und dem zweiten Prinzip, und er erinnert uns: »Die inwendige ewige Würkung ist in der sichtbahren Welt verborgen«[55] und immer durch sie wirkend.

Oberflächlich betrachtet mag dies wie eine Triade nach dem Gesetz der Drei erscheinen, doch bei genauerem Hinsehen stellen wir fest, dass es sich doch nicht ganz so einfach verhält. Während das erste und das zweite Prinzip eindeutig ähnlich wie die erste und zweite Kraft funktionieren, ist die äußere Welt nicht an und für sich ein heiliges Versöhnen. Für Böhme wird diese katalytische Rolle von einer spirituellen Eigenschaft übernommen, auf die wir bereits zuvor in diesem Kapitel gestoßen sind: von »Gelassenheit« oder »Gleichmut« – womit der hingegebene oder ergebene Wille gemeint ist. Die nicht-transformierte menschliche Seele, oder das egoische Selbst, hat gemäß Böhme ihren Ursprung im Prinzip des Feuers. Wenn sie während der Zeit ihres irdischen Lebens in diesem Prinzip verbleibt und ausschließlich durch ihre ungeordnete Begierde getrieben lebt, scheitert sie im Grunde genommen in ihrer Entwicklung und endet genau dort, wo sie begonnen hat. Bringt sie allerdings ihre feurigen Anfänge (erste Kraft) in ein Wechselspiel mit dem transformierten Licht (zweite Kraft) mittels des ergebenen Willens (dritte Kraft), schafft sie es, als jenes »Vierte in einer neuen Dimension« zum Vorschein zu kommen: als eine vollkommen neue Schöpfung. Unsere Aufgabe – eigentlich die höchste Einladung an uns Menschen – ist es, diesen »Gegenwurf« unseres Selbsts zu schmieden: das wahre Selbst hervorzubringen, das Kind des ersten und des zweiten Prinzips, das allein in der Lage ist, die Wunder »dazu sie [die Seele] Gott ins eussere Leben geschaffen / welche sie sol im eusseren Leben erwecken«,[56] zu Gott zurückzubringen.

55. Ebenda, Seite 250.
56. Jakob Böhme: *Vierzig Fragen von der Seelen,* Amsterdam 1648, Seite 88.

Wie bereits erwähnt, besteht die Bedeutung von Böhmes Werk in der vollkommenen Verschmelzung von Makrokosmos und Mikrokosmos, dem kosmischen Prozess und unserem eigenen spirituellen Vorankommen. Beides verläuft durch dieselbe Verengung: die Transformation der Angst. Böhmes tiefe Menschlichkeit, wie auch sein spirituelles Genie, liegt in seinem implizit ternären Verständnis, dass Wille, Begierde und Schmerz keine Hürden zur spirituellen Vervollkommnung darstellen, sondern vielmehr die ›Rohstoffe‹, aus denen etwas sogar noch Wunderbareres geformt werden wird. Folglich sollen wir diese Dinge nicht fürchten, ablehnen oder ausmerzen; sie müssen *transformiert* werden. Böhmes praktische spirituelle Lehre konfiguriert sich mühelos nach dem Gesetz der Drei, wobei *Seele* (das Feuer-Prinzip; erste Kraft) und *Geist* (das Licht-Prinzip; zweite Kraft), vermittelt durch *bewusste Hingabe* (dritte Kraft), das Selbst ins Sein rufen, »den Busch, der brennt, aber nicht verzehrt wird.« Es ist ein »Gegenwurf« (oder Spiegel) seines alten feurigen Selbsts, manifestiert sich nun jedoch in der Dimension des Lichts. Böhmes drittes Prinzip, das sichtbare Universum, darf daher nicht als ein Artefakt begriffen werden, sondern als ein kontinuierlicher Dynamismus. Wie jener brennende Busch manifestiert es sich nur so lange, wie es mit seinen dual generativen Prinzipien aktiv verbunden bleibt.

Der dreifache Ursprung in allem

Für einen angeblich ternären Denker fällt Böhmes Dreifaltigkeitstheologie an sich kurios flach aus. Ich vermute, dass sie nicht Teil seiner ursprünglichen, im Jahr 1600 empfangenen Offenbarung war, sondern eher einem späteren Überzug zuzurechnen ist, mit welchem er versuchte, seine Vision mit anerkannten theologischen Bezugspunkten zu verknüpfen. Wie die meisten westlichen Christen stürzt er sich schnurstracks auf die »Personen« im Sinne von psycho-spirituellen Einheiten und versucht – allerdings mit nur mäßigem Erfolg –, deren traditionellen spirituellen »Persönlichkeiten« mit den untereinander dynamisch verflochtenen Kräften in Übereinstimmung zu bringen, die er bereits als den wahren Hauptantrieb der Kosmogenese ausgemacht hat.

Immer wieder, wenn er auf seine eigene visionäre Grundlage zurückkommt, taucht jedoch etwas von ganz anderer Art auf. In

Vierzig Fragen von der Seelen beispielsweise, erklärt er mitten in einer längeren Ausführung über die fünfte Eigenschaft des Göttlichen Willens unvermittelt:

> Wie dann in allen Dingen eine dreyfache Qual ist, da sie eines des andern Spiegel / Gebären und Ursache ist / nichts ausgenommen / es stehet alles nach dem Wesen der 3. Zahl.[57]

Gurdjieff selbst hätte es nicht präziser ausdrücken können.

Unterhalb seiner schwankenden Auffassung, wie denn die drei Personen der Trinität mit dem »dreifachen Wirken« Gottes korrelieren, verliert Böhme doch niemals den Kontakt zu seiner grundlegenden Einsicht, dass die Dreifaltigkeit irgendwie das manifestierende Prinzip ist, das es der »ewigen Einheit« ermöglicht, sich nach außen hin zu projizieren und alles andere ins Sein zu bringen. Wie er gegen Ende von *Clavis* prägnant formuliert: »Gott ist die ewige un[er]mässliche und unfassliche Einheit / Der offenbaret Sich in Sich selber von Ewigkeit in Ewigkeit / mit der Dreyheit.«[58]

Dass sich Böhme auf einem Kurs befindet, der auf das Gesetz der Drei zuläuft, zeigt sich nicht so sehr in seiner Trinitätstheologie als solcher, sondern vielmehr in seinen »drei Prinzipien, sieben Eigenschaften«. Zuallererst und offensichtlich sehen wir dies in seiner Übereinstimmung mit dem Dynamismus an sich: in seiner Erkenntnis, dass »der Eindruck des Nichts ins Etwas« ein abgestufter Prozess ist und nicht einfach ein unverzügliches Göttliches *fiat.* Wie ich bereits gezeigt habe, stellt Böhmes erstes, oder »grimmiges«, Prinzip keinen ontologischen Dualismus dar; vielmehr funktioniert es exakt gemäß dem Gesetz der Drei als eine der gesetzmäßigen Kräfte, die es braucht, damit etwas Neuentstehendes erscheinen kann. Es ist eine notwendige Voraussetzung für die Manifestierung von Liebe, für »das Wahrnehmen der Einheit« oder, mit anderen Worten, für die Einheit, die durchdrungen ist von selbstreflektierendem Bewusstsein und dem Vermögen, sich in Mannigfaltigkeit und Bewegung auszudrücken. Ein Verständnis des Gesetzes erlaubt es uns, das überaus differenzierte Wesen dessen, was Böhme hier entfaltet, tiefer zu begreifen. Seine Vorstellung von der Schöpfung als einem selbstentfaltenden Prozess, der sich selbst hervorbringt aus einer Neuzusammenstellung seiner

57. Jakob Böhme: *Vierzig Fragen von der Seelen,* Seite 15.
58. Jakob Böhme: *Clavis,* Seite 249.

wesentlichen Wirkeigenschaften, ist ihrer Zeit um mindestens drei Jahrhunderte voraus und absolut beispiellos in der mystischen Kosmologie.

Wenn wir seine »drei Prinzipien, sieben Eigenschaften« genauer untersuchen, fällt uns auf, dass er auch implizit drei Stadien von etwas benennt, was wir vielleicht als »Protokreation vor dem Erscheinen der sichtbaren Welt« bezeichnen könnten; tatsächlich entfaltet sich seine ganze kosmologische Vision im Grunde genommen fast vollkommen innerhalb dieser Protosphäre. Im *ersten* Stadium interagieren die Eigenschaften eins, zwei und drei miteinander, um die vierte, das Feuer, zu erzeugen. Im *zweiten* Stadium macht das Feuer seine eigene, faktisch unverzügliche Transformation durch, um daraus als Licht/Liebe, die fünfte Eigenschaft, hervorzugehen; diese katalysiert ihrerseits das *dritte* Stadium, in welchem die beiden noch ausstehenden Eigenschaften, Klang und Wesen, hervorgebracht werden, wobei Letzteres die Schablone für die Rekapitulation der ganzen Sequenz enthält. Erst nachdem dieser vollständige Satz an Eigenschaften seine ganze Skala durchlaufen hat, kann das dritte Prinzip, die sichtbare Welt, tatsächlich ins Dasein kommen; in Böhmes Vision ist das, was die Bibel mit »am Anfang« bezeichnet, eigentlich das vierte Stadium eines bereits laufenden kosmischen Prozesses.

Natürlich faszinierte mich diese Idee. Wenn hier tatsächlich ein Prozess abläuft, dessen Ergebnis aufeinanderfolgendes Neuentstehendes zu sein scheint, könnten diese Eigenschaften dann wirklich entsprechend dem Gesetz der Drei miteinander in Verbindung stehen? Was wäre, wenn Böhmes sieben Eigenschaften nicht einfach eine numerische Sequenz a priori wären, sondern tatsächlich eine aus der anderen entstünde gemäß dem uns nun vertrauten Prinzip *»das Verflechten der drei bringt ein Viertes in einer neuen Dimension hervor«*? Anders ausgedrückt: Was wäre, wenn die ersten vier Eigenschaften untereinander irgendwie die Rollen des Bejahens, Verneinens und Versöhnens übernähmen, um die fünfte Eigenschaft hervorzubringen, und wenn diese dann ihrerseits zum neuen heiligen Versöhnen für die sechste würde und die sechste wiederum dasselbe für die siebte? Was, wenn Böhmes riesige kosmogenetische Vision sich tatsächlich entsprechend dem Gesetz der Drei entfaltete?

Böhme scheint dies nicht zu bemerken; es ist ganz einfach nicht auf seinem Radar. Doch falls – ohne seinem Denken Gewalt anzutun – aufgezeigt werden könnte, dass der von ihm in seiner intuitiven visionären Brillanz beschriebene Prozess im Grunde genommen im Gesetz der Drei enthalten ist, dann können wir vielleicht hinter diesem großen ternären Metaphysiker eine noch größere Hand erkennen, die den Stift führt.

8

Sieben Eigenschaften, drei Kräfte

MEINE LANG GEHEGTE VERMUTUNG, DAS GESETZ DER DREI könne sich tatsächlich als die ›Wirkungsweise‹ herausstellen, die Böhmes komplexer Kosmologie zugrunde liegt, war durch mehr als nur die oberflächliche Übereinstimmung der Zahlen Sieben und Drei hervorgerufen worden. Sie war aus einer tieferen Intuition aufgetaucht: Falls Böhmes visionärer Download tatsächlich von der Ebene objektiver Wahrheit stammte (wie Gurdjieff sie nennen würde) und falls Gurdjieffs duale Gesetze der Welterschaffung und Welterhaltung derselben ursächlichen Ebene zuzurechnen waren, dann müssten sie sich notwendigerweise gegenseitig bestätigen – zumindest könnten sie nicht im direkten Widerspruch zueinander stehen.

Es ist ganz offensichtlich, dass wir hier erneut eine imaginative Kausalität thematisieren, obwohl Böhme Gurdjieff gut dreihundert Jahre voraus war und ihre beiden Systeme in linearer Betrachtung wie Äpfel und Birnen erscheinen mögen. Die Herausforderung wird noch größer durch die Tatsache, dass Böhme selbst nicht konsistent ist, was seine Beschreibung des siebenfaltigen kosmogenen Prozesses angeht oder seine Darlegung, inwieweit die Trinität tatsächlich als ein ternäres Prinzip funktioniert. Sein *Clavis,* seine *Vierzig Fragen von der Seelen* und seine *Beschreibung der drei Prinzipien Göttlichen Wesens* zeigen alle leicht voneinander abweichende Auslegeordnungen, in denen die Spannung immer an dem Punkt einsetzt, wo Böhmes eigene Intuition eines Göttlichen Dynamismus und die wesentlich statischeren Kategorien, die ihm im traditionellen esoterischen und theologischen Denken zur Verfügung standen, aufeinanderprallen.

Dennoch gehe ich das Risiko ein, das Maß zu überdehnen, und glaube, dass es sich lohnt, dieser imaginativen Verbindung nachzugehen, um zu prüfen, ob Böhmes gewagt originelle und auf den ersten Blick wirklich eigenartige Kosmologie tatsächlich mit dem Gesetz der Drei in Übereinstimmung zu bringen ist. Worum es hier im Grunde geht – neben der simplen Bestärkung meines die ternäre Metaphysik betreffenden eigenen Anliegens –, ist meine Überzeugung, dass das Gesetz der Drei uns helfen kann zu erklären, an was Böhme sich instinktiv herantastete, und so seine Lehre zugänglicher und stimmiger zu machen. Einfach gesagt, ist bereits Böhmes Beschreibung des »Eindrucks des Nichts ins Etwas« bei Weitem die beste Schöpfungsgeschichte, die uns im Westen zur Verfügung steht, und die einzige, die den Ursprung des Übels oder des Bösen stimmig erklärt, ohne eine kosmologische Dualität zu postulieren oder aber (unter dem Vorwand des freien Willens) der Menschheit die Schuld daran in die Schuhe zu schieben. Seine prozessorientierte Kosmologie, in welcher der Zorn kein permanentes ontologisches Prinzip darstellt, sondern einfach den ersten Schritt in Richtung des alchimistischen Erscheinens von »etwas«, ist eine profunde theologische Errungenschaft und klingt vor dem Hintergrund des Gesetzes der Drei sogar noch zutreffender. Mit diesem Gesetz als maßgeblichem Erklärungsmuster müsste es wesentlich einfacher gelingen, Böhme aus der Aura der Esoterik herauszulösen, die für viele Leserinnen und Leser derart einschüchternd wirkt, und ihm als rechtmäßigem Patriarchen christlicher ternärer Metaphysik den Platz einzuräumen, der ihm aufgrund seines Beitrags so sehr zusteht.

Gegen Ende dieses Buches werde ich näher darauf eingehen, inwieweit diese Verbindung auch als Brücke fungieren kann zwischen Böhme und jenen Diskussionen, wie man sie gegenwärtig in höheren Kreisen der theoretischen Physik führt. Die dort verhandelte Frage, welche Bedingungen denn wohl existiert haben mussten, damit es überhaupt zum Big Bang kommen konnte, bringt nämlich Überlegungen hervor, die bemerkenswert kongruent sind mit Böhmes dreistufiger »Protoschöpfung«, die wir im vorangegangenen Kapitel kurz angeschnitten haben und worüber an dieser Stelle nun mehr gesagt werden soll. Obschon die Bedeutung des hier Thematisierten vielleicht noch nicht in vollem Umfang wahrgenommen wird, bin ich persönlich davon überzeugt, dass es ein signifikantes Puzzlestück birgt zur Heilung der Spaltung zwischen biblischer und wissenschaftlicher Kosmologie, welche die christlich-religiöse Vorstellungskraft seit mehr als fünfhundert Jahren lähmt.

Mit diesem Kapitel will ich daher aufzeigen, dass der siebenfaltige Verlauf, als welchen Böhme seinen »Eindruck des Nichts ins Etwas« darlegt, nicht einfach eine mathematische Abfolge ist, sondern das kennzeichnende »Flecht«muster des Gesetzes der Drei aufweist. Zu diesem Zweck muss ich zunächst erörtern, inwiefern seine fünfte Eigenschaft (seine »Licht-Welt« oder »Liebe«) ein echtes Neuentstehendes ist, geschaffen aus der Verflechtung der ersten vier Eigenschaften. Nachdem ich diesen Baustein platziert habe, wird meine nächste Aufgabe darin liegen auszuführen, wie die beiden verbleibenden Eigenschaften – Klang und Wesen – ebenfalls als aufeinanderfolgende Entstehungen gemäß dem Gesetz der Drei auftauchen.

Was ich im Folgenden mit Ihnen teilen möchte, ist auf eine Art noch immer unfertig. Als ich erkannte, dass die Dreifaltigkeit dem Gesetz der Drei entsprechend »entwickelt« werden kann, hatte ich Böhmes Kosmologie zwar instinktiv als Prototyp in meinem Hinterkopf, doch es brauchte eine lange Zeit, bis eine Rückkopplungsschleife zwischen beidem entstand. Während ich nach und nach (vor allem durch Ausprobieren) lernte, wie Böhmes sieben Eigenschaften gemäß dem Gesetz der Drei zu den drei aufeinanderfolgenden Neuentstehenden passen könnten, entdeckte ich auch die Grundregeln, nach denen meine eigene metaphysische Erweiterung der Trinität sich ordnen ließ, die ich im dritten Teil des Buches darstellen werde. Dieses Kapitel fasst also nicht nur zusammen, wie ich das Rätsel gelöst habe, sondern stellt auch einige der grundlegenden Konventionen vor, die ich in Teil drei verwenden werde, und soll ein erster Anlauf sein, die Trinität gemäß dem Gesetz der Drei zu »drehen«.

Die Aufstellung des Dreiecks

Lassen Sie mich damit beginnen, unser grundlegendes Bildelement einzuführen: ein Dreieck mit den drei Kräften – bejahen, verneinen, versöhnen –, die den Eckpunkten wie folgt zugeordnet werden:

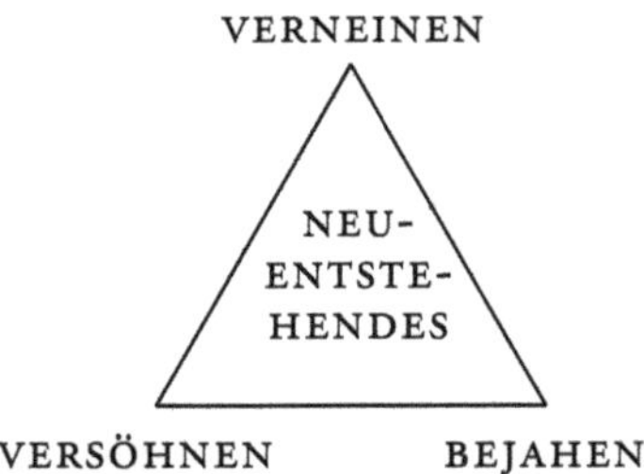

Diese Konvention ist wesentlich und nicht ganz willkürlich. Sie ist das Format, das ich in Teil drei verwenden werde, und der Grund, weshalb ich das *Verneinen* an die Spitze stelle, wird schon bald deutlich werden. Als ich dieses Material mit den Studenten und Studentinnen meiner Weisheitsschule durcharbeitete, zogen es viele von ihnen vor, das Dreieck umzudrehen (mit der Spitze nach unten), und auch das ergibt Sinn, obwohl mir persönlich die Solidität und das Gleichgewicht, wie sie durch das hier abgebildete Dreieck vermittelt werden, besser gefallen.

Im Zentrum befindet sich das Neuentstehende, das durch die Interaktion der drei Kräfte erzeugt wird. Die Ziffern, die Sie im Folgenden in Klammern an jedem dieser Dreieckspunkte (und im Zentrum) sehen werden, beziehen sich auf Böhmes sieben Eigenschaften, die da sind:

(1) Begierde (Anziehung)

(2) Unruhe (Bewegung, Stechen, Brechen, Schneiden)

(3) Angst

(4) Feuer

(5) Licht

(6) Klang

(7) Wesen

Nun gilt es nur noch, die Lücken auszufüllen, also die betreffenden Punkte auf jedem Dreieck zu benennen und zu beziffern.

Erstes Stadium

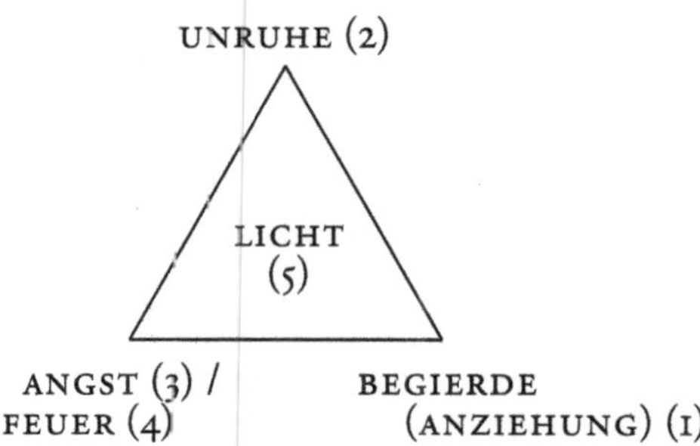

In dieser Anfangstriade ist die Zuordnung der Eigenschaften zu den triadischen Ecken direkt aus Böhmes eigener Schilderung abgeleitet. Die Begierde oder *Anziehung* – die »Verdichtung des Göttlichen Willens« – übernimmt die Rolle der ersten Kraft. Die *Unruhe* (meine Zusammenfassung dessen, was Böhme als »Stechen«, »Zerbrechen«, »Schneiden« beschreibt) übernimmt die Rolle der zweiten Kraft. Im letzten Kapitel haben wir gesehen, dass wir es bei ihr genau genommen nicht mit einem *gegnerischen* heiligen Verneinen zu tun haben, sondern mit einem verschärfenden und verstärkenden heiligen Verneinen, welches die Anziehung umso unersättlicher macht. Trotzdem ist das Ergebnis gegensätzlicher Natur: Was gewollt wird, kann nicht erlangt werden.

Die dritte oder versöhnende Kraft wird dann zu Böhmes dritter Eigenschaft: *Angst* – die für ihn, wir erinnern uns, auch die Quelle von Wahrnehmung oder »Empfindlichkeit [Empfindligkeit]« ist:

> Die dritte Eigenschaft der ewigen Natur ist die Angst / also das Wollen: das hat sich in Annehmlichkeit zur Natur und Ichheit eingeführet / da der eigen Wille in der scharffen Bewegligkeit stehet / so kommt er in Angst / also in die Empfindligkeit [...] Denn so nicht Empfindligkeit wäre / so wüsste der Wille nichts von Eigenschafften.[59]

Der entscheidende Punkt ist hier, dass Angst für Böhme nicht einfach bloß ein Gefühl, ein physischer Aufruhr ist. Sie birgt in sich

59. Böhme: *Clavis,* Seiten 234–235.

das eigentliche Quellgebiet für reflektierendes Bewusstsein: *Angst ist ein uranfängliches Stadium von Selbstbewusstsein.* Aus diesem Grund ist dieses Dritte nicht einfach nur ein folgendes Drittes, sondern eine dritte Kraft, welche zwischen zwei Dingen vermittelt, die in einem nicht aufzubrechenden toten Punkt auf der rein physischen Ebene blockiert sind.

Oder besser gesagt: Angst *wird* vielmehr zu einem uranfänglichen Stadium des Bewusstseins. Böhmes Darlegung enthält eine Vorher-und-Nachher-Komponente: ein »Vorher«, wenn die Angst nur eine physische Reibung ist, und ein »Nachher«, wenn sie zum authentischen Wahrnehmen explodiert. In seinen unterschiedlichen Ausführungen beschreibt Böhme diesen Moment als ein Knallen [»Schrack«] oder einen »Blitz«, einem Funken gleich, der aus der Reibung zweier Steine entspringt.[60] Was danach passiert, ähnelt ziemlich stark einer ununterbrochenen Explosion oder einem *Zischen* – Böhmes eigener Version des kosmologischen Big Bangs –, einer physikalischen Reibung, die sich selbst gegenüber erwacht, indem Angst einen Funken entzündet, der zu *Feuer* führt (der vierten Eigenschaft) und sofort weiter zu *Licht* (der fünften) übergeht.

Das Herausfordernde an Böhmes Schema, zumindest wenn es darum geht, es in Übereinstimmung mit dem Gesetz der Drei bringen zu wollen, besteht darin, dass die dritte, vierte und fünfte Eigenschaft im Wesentlichen eine einzige Flugbahn darstellen. Der Funke, der das Feuer entzündet, taucht aus dem Inneren der Angst auf und setzt sich direkt fort zum Licht. Daher ist es in gewissem Sinn etwas willkürlich zu entscheiden, wo eine Eigenschaft aufhört und die nächste beginnt. Auch Böhmes eigene Zuschreibungen sind nicht ganz konsistent. Während seine wörtliche Erläuterung die Eigenschaften so zumisst, wie ich es gerade beschrieben habe, teilt das begleitende Schaubild (*Clavis,* Seite 252, siehe nächste Doppelseite) den Kartenstapel auf eine etwas andere Weise. Hier sind Begierde (Anziehung) und Stechen (Unruhe) in eine einzige erste Eigenschaft zusammengefasst (Bejahen);[61] Angst wird zur zweiten Eigenschaft (Verneinen), und das Feuer rückt in die Rolle der dritten Kraft und fährt, durch eine Kombination der dritten

60. Beispielweise zu finden in Jakob Böhme: *Clavis,* Seite 236.

61. In dieser Abbildung wie an vielen anderen Orten seiner Arbeit gebraucht Böhme das Wort *Gestalten,* das durch *Eigenschaften* ersetzt werden kann; beide Wörter bezeichnen dasselbe.

und vierten Eigenschaft, fort, »schnell zu [ver-]brennen«, was uns zum Licht bringt, das wiederum unser erstes Neuentstehende ist.

Diese alternative erste Triade würde dann wie folgt aussehen:

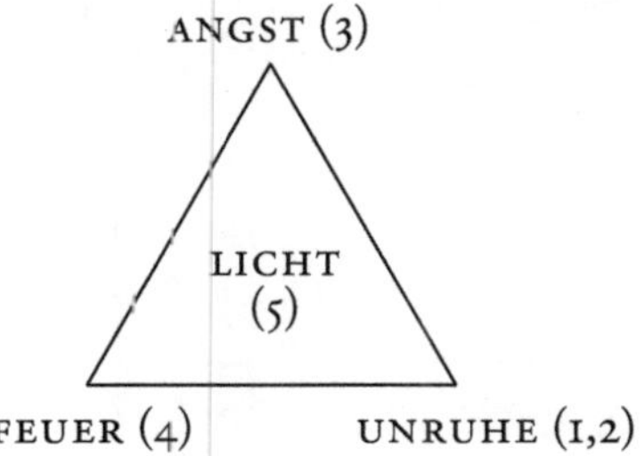

Da beide Varianten von Böhme selbst stammen, werden wir sie auch beide für eine Weile einbeziehen. In beiden Fällen enden sie am selben Ort: Das Neuentstehende ist Licht. Es ist Böhmes zweites Prinzip, jenes, das aus der alchimistischen Transformation des ersten oder des »Feuer«-Prinzips erschienen ist, welches er auch »Zorn« nennt.

In Böhmes eigener Terminologie ist dieses Neuentstehende (das er auch als »Licht-Welt«, »Licht/Liebe«, »Weisheit« oder »Liebe« bezeichnet) ein »Gegenwurf«: ein echtes Doppel des Originals – der ewigen Einheit oder »Freiheit« oder Gottes –, das sich erst jetzt in der Dimension des Unterscheidbaren und Wahrnehmbaren manifestiert. Auf den »Gegenwurf« werde ich im nächsten Kapitel detaillierter eingehen.

Zweites Stadium

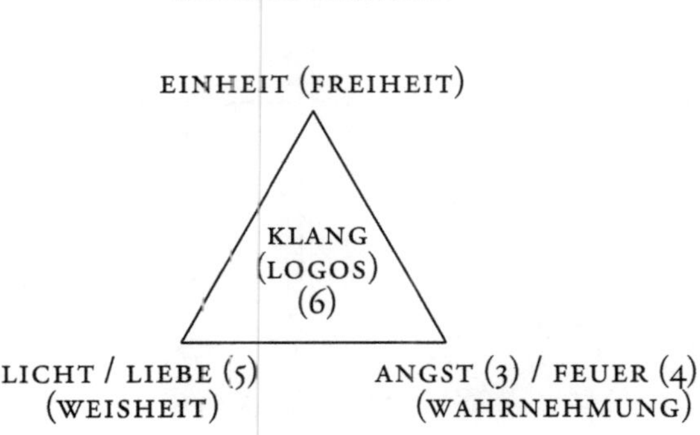

Die sieben Gestalten oder Geister/von welchen Apoc. 1. stehet.

- ♄. ☾. Erste/ · ☿. ♃. Ander/ · ♂. ♀. Dritte/ · ☉. Vierdte. · ♀. ♂. Fünffte. · ♃. ☿. Sechste. · ☾. ♄. Siebende/

Gestalt
- Herbe/ Begehren/ Wille.
- Bitter oder Stachel.
- Angst/ gehet zu dem Fewer-bliz.
  - 1. Finster-Welt; Gleichnis an einer Kertzen.
- Fewer.
  - Finster-Fewer.
  - Liecht-Fewer.
  - 2. Finstere-Welt; Gleichnis am Fewer einer Kertzen.
- Liecht oder Liebe/ darauß das Wasser des ewigen Lebens fleusset.
- Der Laut oder Thon/ Klang oder Mercurius.
- Wesen oder Natur.
  - 3. Liecht-Welt; Gleichnis an dem Liecht einer Kertzen.

Das erste Principium.

Finstere Welt: Hiervon wird Gott der Vater ein zorniger eyveriger und Gott der Rache / und ein verzehrend Fewer genennet.

Finster od grimmig Fewer.

Liecht oder Liebe-Fewer.

Das ander Principium.

Liecht-Welt: Gott der Sohn: Wort: Hertze Gottes: Wird hievon genennet ein lieber und barmhertziger Gott.

Das dritte Principium; Welches ist

Diese vier-Elementische Welt: eine Außgeburt auß den zweyen inwendigen Welten: ein Spiegel derselben/ da Liecht und Finsterniß / Böses und Gutes in einander vermenget ist: Diese ist nicht ewig / fähet sich an und endiget sich / oder hat Anfang und Ende.

Die sieben Gestalten oder Geister

♄ ☾	Erste		Herbe, Begehren, Wille		**Das andere Prinzip** Licht-Welt; Gott der Sohn; Wort; Kerze Gottes; wird hiervon genannt »ein lieber und barmherziger Gott«	**Das dritte Prinzip** welches ist die Welt der vier Elemente; eine Ausgeburt aus den zwei inwendigen Welten; ein Spiegel derselben, da Licht und Finsternis, Gutes und Böses ineinander vermengt ist; diese ist nicht ewig, sät sich an und endet, oder hat Anfang und Ende
☿ ♃	Andere		Bitter oder Stachel	1. Finster-Welt; Gleichnis: eine Kerze		
♂ ♀	Dritte		Angst geht zum Feuer-Blitz			
☉	Vierte	Gestalt	Feuer: Finster-Feuer / Licht-Feuer	2. Finstere (Feuer-) Welt; Gleichnis: Feuer einer Kerze	Licht- oder Liebe-Feuer Finster oder grimmig Feuer	
♀ ♂	Fünfte		Licht oder Liebe, daraus das Wasser des ewigen Lebens fließt		**Das erste Prinzip** Finstere Welt; hiervon wird Gott der Vater »ein zorniger, eifriger und Gott der Rache und ein verzehrend Feuer« genannt	
♃ ☿	Sechste		Laut oder Ton, Klang oder Mercurius	3. Licht-Welt; Gleichnis: Licht einer Kerze		
☾ ♄	Siebte		Wesen oder Natur			

Quelle: Jakob Böhme: *Clavis*, Seite 252.

Diese zweite Triade könnte Sie überraschen. Wir wollen nun zeigen, wie Klang, Böhmes sechste Eigenschaft, als das nächste Neuentstehende nach dem Gesetz der Drei aus den bereits vorhandenen Komponenten erscheint. Doch Sie werden sehr schnell eine Diskrepanz bemerken. Das Fundament des Dreiecks liefert uns tatsächlich (3)/(4) (Angst/Feuer oder auch Wahrnehmung) als das neue Bejahen und (5) (Licht/Liebe) als das neue Versöhnen. Aber (1)/(2) (Anziehung/Unruhe) scheinen vollkommen aus der Gleichung verschwunden zu sein, und in der Rolle des Verneinens habe ich den Begriff *Einheit* (*Freiheit*) eingesetzt, die überhaupt keine der Eigenschaften darstellt, sondern eher den undifferenzierten Boden, aus dem die ganze Sequenz hervorgekommen ist. Was habe ich mir dabei gedacht?

Die Antwort ist einfach. Durch meine Arbeit mit dem Trinitätsmaterial habe ich gelernt: Damit die Überlegungen theologisch und mathematisch korrekt sind, ist es notwendig zu verdeutlichen, dass das Heilige Eine – Böhmes »ewige Einheit« oder »ewige Freiheit« – weiterhin an jedem kosmogenetisch Neuentstehenden *unmittelbar partizipiert.* Wenn wir es versäumen, dieses Korrektiv einzuarbeiten, verfallen wir leicht einer Art Schematik des Ausströmens, in welchem mit jeder neuen Prozession aus der Quelle die Quelle selbst mehr und mehr aus dem Handlungsfeld schwindet, bis sie nach und nach ganz aus der Gleichung weggestrichen wird. So kommt die Theologie vom Ziel ab, und das Theorem selbst (A in Opposition zu B, vermittelt durch C, ergibt D in einer neuen Dimension) hört auf, sinnvolle Aussagen zu produzieren.

Ich brauchte lange, bis ich zu dieser Entdeckung gelangte; doch als es schließlich so weit war, fügten sich die einzelnen Teile schnell zusammen. Sobald die ewige Einheit als eine Art Göttliches ›Plancksches Wirkungsquantum‹ wieder direkt in die Formel integriert war, klärte sich das Bild. Böhmes siebenfaltige Kosmologie stimmte mit dem Gesetz der Drei überein, und der Rest des Musters trat zutage.[62]

Vielleicht wundern Sie sich, warum ich dieses ›Plancksche Wirkungsquantum‹ am verneinenden Pol platziere (und nicht am be-

62. Die erste Triade weicht natürlich hiervon ab, weil es so scheint, als ob hier das Gesetz der Drei als solches geschaffen wird, aus welchem alle weiteren Wirkungen anschließend hervorgehen werden. Doch danach gilt das Muster ohne Anpassungen. Wie dies genau funktioniert, erfahren Sie ausführlich in Teil drei dieses Buches.

jahenden oder am versöhnenden). Der Grund liegt darin, und dies können Sie leicht in Ihrem Herzen verifizieren, dass das Zerren in Richtung der endlosen Unendlichkeit – zurück zur Quelle – immer in allem und jedem am Wirken ist und dessen trügerische Beständigkeit leise erodiert. Deshalb schien mir das Verneinende die richtige Position zu sein.[63]

In einen Entwurf gemäß dem Gesetz der Drei übersetzt, offenbart diese zweite Triade, dass die Spannung zwischen der Feuer-Welt (Angst, Gottes ›Hinausbegehren‹, Wille) und der Einheit (dem Rückzug in Richtung der uranfänglichen Einheit), jetzt aber vermittelt durch die Licht-Welt (reflektierendes Bewusstsein, Weisheit und Liebe), das hervorbringt, was Böhme »Klang« nennt: einen Logos oder ein fundamental ordnendes Prinzip, aus dem alles erschaffen wird. Und dies scheint tatsächlich eine stichhaltige Aussage zu sein, sowohl theologisch als auch erfahrungsbasiert.

Drittes Stadium

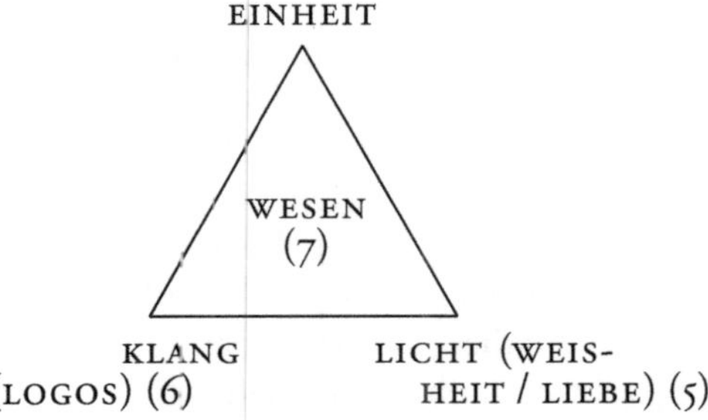

Dem sich etablierenden Muster entsprechend behält die Einheit ihren Platz als das immer-gegenwärtige Verneinen. Klang, das Neuentstandene aus der vorherigen Triade, rückt in die Rolle des Versöhnens, während Licht, das frühere Versöhnen, sich nun zur bejahenden Position bewegt. (Wir werden zu gegebener Zeit noch herausfinden, was mit dem bisherigen Bejahen – »Angst/Wahr-

63. Mit Böhmes eigenen Worten: »So sähnet sich der Wille nach der Einheit / und die Einheit sähnet sich nach der Empfindligkeit [...]; also sähnet eines in das ander« (*Clavis,* Seite 236). Die einzige Beständigkeit liegt im dynamischen Gleichgewicht als solchem, in dem alle Dinge fortwährend von Form zur Leerheit und von Leerheit zur Form übergehen.

nehmung« – geschehen ist.) Dies ist wiederum in Übereinstimmung mit einer der grundlegenden Konventionen, auf die ich während meiner Arbeit mit der Trinität gestoßen bin, und die Sie im anschließenden Teil drei (mit einer ausführlicheren Erklärung) kennenlernen werden.

Dieses dritte Stadium, wenn es gemäß dem Gesetz der Drei gelesen wird, macht die folgende, ziemlich außergewöhnliche Prognose. Es besagt nämlich, dass, wenn das *unzugängliche Licht* (eine andere Art, die ewige Einheit oder die undifferenzierte Einsheit zu beschreiben) und das *reflektierte Licht* (ein alternatives Bild für die Weisheit, jenes grundlegende spiegelnde Bewusstsein, das in unserer ersten Triade erschaffen wurde) durch ein fundamentales Ordnungsprinzip (Klang oder Logos) zusammengeführt werden, das Ergebnis das Wesen ist, das Quellwasser des »Etwas«. Aus dieser letzten Eigenschaft heraus, so macht Böhme klar, kommt die sichtbare Welt (sein drittes Prinzip) ins Sein. Das ist schon für sich genommen eine bemerkenswerte Aussage – und verdient es, dass wir uns darüber gründlich den Kopf zerbrechen –, doch mehr noch ist es eine bemerkenswert prägnante Zusammenfassung von Böhmes komplexen kosmologischen Überlegungen. Denn im Wesentlichen sagt er genau dies: Zuerst muss sich diese Einsheit in eine Zweiheit projizieren (»Dann also hat das Ewige eine Empfindlichkeit und Schiedlichkeit angenommen«, lautet seine genaue Ausdrucksweise),[64] damit überhaupt irgendetwas ins Sein kommen kann. Aber nachdem diese anfängliche Trennung durchlaufen ist, muss die Kluft auf eine Art und Weise überbrückt werden, welche die Integrität beider Stadien und die Spannung der ihnen innewohnenden Gegensätze durch den Dynamismus des Neuentstehenden respektiert. Das ist Böhme kurz und bündig. Und es ist ebenso eine Zusammenfassung des Gesetzes der Drei.

Über diese ersten drei Triaden werde ich in Teil drei noch mehr zu sagen haben. Dort werden Sie feststellen, dass ich sie mit nur einer minimalen Anpassung als die drei ersten Stadien meiner eigenen Darstellung der siebenfachen trinitarischen Entfaltung übernommen habe. Dies gibt mir zumindest das Gefühl, eine Grundlage unter meinen Füßen zu haben: Auch wenn Böhme nicht gerade das ist, was wir unter christlichem orthodoxem Mainstream verstehen, baue ich so immerhin nicht einfach bloß Luftschlösser.

64. Jakob Böhme: *Christosophia,* Seite 164.

Wahrscheinlich müssen Sie einige Male zwischen diesem Kapitel und meinen Darlegungen in Teil drei hin und her blättern, bevor Sie sich entscheiden können, ob dieser Versuch der Neuformulierung von Böhmes Kosmologie gemäß dem Gesetz der Drei wirklich tragfähig ist. Ich denke jedoch, man sollte zumindest anerkennen, dass zwischen diesen beiden visionären Strömungen genug Energie fließt, um eine weitergehende Diskussion zu rechtfertigen. Böhme mag das Gesetz der Drei nicht gekannt haben, aber irgendwie scheint es ihn gekannt zu haben; und im Anspielungsreichtum dieser Verbindung eröffnet sich eine ganz neue Welt imaginativer Erkenntnis.

9

Gegenwurf

WIE BEREITS GESCHILDERT WAR JAKOB BÖHME VON BERUF Schuhmacher, und so entdeckte er das Prinzip, das er »Gegenwurf« nennt, nicht infolge theologischer Überlegungen, sondern unvermittelt in einem Augenblick, als er seine Ahle durch ein Stück Leder stach, um ein Paar Schuhe herzustellen. Das Wort meint buchstäblich »dagegen werfen«, sodass die geläufigen wissenschaftlichen Übersetzungen dieses Wortes als »Abbildung« oder »Ebenbild« alles andere als dazu beitragen, Böhmes Bedeutung verständlich zu übermitteln.[65]

Heutzutage verfügen wahrscheinlich nicht mehr viele Menschen über die Erfahrung, mit Ahle und Lochzange gearbeitet zu haben, doch falls Sie jemals einen Saum genäht haben, hatten Sie grundsätzlich dasselbe Erlebnis. Wenn Sie Ihre Nadel durch das Gewebe ziehen, werden Sie dies zunächst mit einem Stich nach

65. Gemäß dem *Deutschen Wörterbuch* von JACOB und WILHELM GRIMM (1897, Band 5, Spalte 2303) trat *Gegenwurf* auf »als Übersetzung des lateinischen *objectum* in der deutschphilosophischen Sprache der Mystiker, [...] eignerweise aber auch für *subjectum* [... Dies] wird aber keine gedankenlose Verwechselung sein, sondern noch in der ursprünglichen Bedeutung gemeint, wonach *subjectum* als Übersetzung von *ὑποκείμενον* ›das der Erscheinung zugrunde liegende Wesentliche‹ meinte, also eigentlich ›das Objektivste‹, wie es auch zum Beispiel Leibnitz noch brauchte« [A.d.Ü.].

unten tun, um den Faden auf die Unterseite des Stoffs zu ziehen, und danach einen Stich nach oben ausführen, um ihn zurück zur oberen Seite zu bringen (oder falls Sie ein bisschen mehr Näherfahrung als ich mitbringen, werden Sie an der Unterseite beginnen, wo Sie die losen Enden des Fadens verstecken können). Dieser zweite Stich ist der Gegenwurf, der Gegenzug, und Böhmes bemerkenswertes metaphysisches Prinzip ist im Grundsatz nicht komplexer als dieser Vorgang.

Dasselbe geschieht natürlich, wenn ein Geigenbogen gezogen wird oder in der Bewegung der Kolben in einem Rennwagen. Der ganze Zyklus besteht aus einem Abwärts- und einem Aufwärtshub, die ganz einfach zwei verschiedene Phasen einer vereinten Bewegung sind. Doch die Metapher aus dem Näh- oder dem Schusterhandwerk ergänzt diesen Zyklus um ein wichtiges Element: *das Gewebe.* Und wenn wir uns das etwas genauer betrachten, entdecken wir ein paar Dinge über diese Abwärts- und Aufwärtshubbewegung, die der Aufmerksamkeit der Violinistin oder des Automechanikers entgehen könnten: (1) der Faden bleibt derselbe, egal ob er auf der Ober- oder Unterseite verläuft, (2) doch indem der Faden durch den Stoff geht, hinterlässt er oben und unten ganz unterschiedliche Muster. Ein humorvoller Gemeinplatz, eingefangen in einer Volksweisheit aus anonymer Quelle und bekannt als »Gebet der Weber«, lautet wie folgt:

> Geliebter Herr, mein Leben gleicht einem Durcheinander aus verhedderten Knoten und losen Fäden. Das aber ist so, weil ich nur die Unterseite sehen kann.[66]

Mit diesem Gebet haben Sie alles in der Hand, um die Vorstellung vom Gegenwurf, Böhmes fantastischer metaphysischer Alternative zum klassischen neuplatonischen Prinzip der Emanation oder des Ausströmens, zu knacken.

Sie mögen sich erinnern, dass im neuplatonischen Modell der Ursprung eines Dings – seine vollkommene Gestalt oder sein Archetyp – auf einer höheren Ebene existiert und dessen Reflexionen zu immer entfernteren Spiegeln des Originals werden (gemäß dem Rotverschiebungsprinzip, auf das wir bereits eingegangen sind),

66. Das erste Mal, als ich dieses Gebet las, hing es an einem Anschlagsbrett im Gemeindesekretariat einer kleinen anglikanischen Kirche in Campbell River, British Columbia. Es ist mir nicht gelungen, die Urheberschaft ausfindig zu machen.

wenn man sich entlang der großen Kette der Wesen nach unten bewegt. Das reflektierende Prinzip ist im Wesentlichen passiv, mit jeder sukzessiven Wiederholung geht etwas von der ursprünglichen Schwingungsintensität verloren. Das ist das klassische »visuelle« Verständnis der Beziehung zwischen dem Original und seiner »Darstellung« oder seinem »Bildnis« in der traditionellen Metaphysik.

Obwohl einem der Name Black Elk nicht unbedingt auf Anhieb als ein wichtiges Beispiel eines traditionellen Metaphysikers in den Sinn kommt, habe ich dieses Reflexionsprinzip nie lebendiger beschrieben gesehen als in seiner eindringlichen Version:

> Ich schaute um mich und erkannte, dass das, was wir gerade taten, einem Schatten glich, der von einem fernen Bild im Himmel auf die Erde geworfen wurde; so leuchtend war es und so klar. Ich sah, dass das Wirkliche fern und der verdunkelte Traum davon hier war.[63]

Im Gegensatz dazu sind in Böhmes Modell die Abwärts- und Aufwärtshubbewegung symmetrische Phasen eines einzigen, ununterbrochenen Zyklus, dessen Akteur, der Faden, die ganze Zeit über konstant bleibt. Doch derselbe Faden, welcher sukzessive auf zwei verschiedenen Ebenen (auf der Ober- wie auf der Unterseite) am Wirken ist, erzeugt tatsächlich zwei überraschend unterschiedliche visuelle Muster auf dem Stoff. Beide replizieren zuverlässig ihre Bewegungsphase, *aber sie sind keine Replikate voneinander.* Das ist der Grund, warum die Worte »Ebenbild« und »Darstellung«, mit denen »Gegenwurf« üblicherweise übersetzt wird, irreführend sind, da sie eine Kopie oder ein Spiegelbild des Originals nahelegen (wie die Reflexion des Mondes in einem stillen Gewässer), während doch das unregelmäßige Muster, das an der Unterseite des Stoffes zu finden ist, der geordneten Stichreihe an der Oberseite überhaupt nicht ähnelt. Selbstverständlich gibt es eine Verbindung zwischen den beiden Seiten, doch um diese zu erkennen, müssen wir dem Faden folgen.

63. Dieser Text flatterte auf einer Weihnachtskarte im Jahr 1994 in meinen Briefkasten, die bis heute zu meinen liebgewonnenen Habseligkeiten gehört. Aber ich habe noch immer nicht den gesamten Kanon der Literatur über Black Elk, den Medizinmann vom Stamm der Lakota-Indianer, durchgearbeitet, um die offiziellen bibliografischen Daten des Textes zu ermitteln.

Der Gegenwurf und das Gesetz der Drei

Die Einführung des Stoffes, oder der *Ebene der Manifestation,* in die Gleichung fügt einen ausgesprochen ternären Schub zu etwas hinzu, das ansonsten ein beständig binäres Prinzip bliebe. Es ist ein Unterschied, ob man sich auf der Ober- oder der Unterseite befindet, ob man eine Nadel durch Stoff führt oder eine Ahle durch Leder sticht, ob der Stoff grob oder weich ist, ob aus Baumwolle oder Leinen. Derselbe Faden erzeugt unterschiedliche Ergebnisse in unterschiedlichen Materialien.

Falls sich dies für Sie nach einer Anordnung gemäß dem Gesetz der Drei anhört, liegen Sie richtig. Und wenn Sie genau zuhören, was Böhme zu sagen hat, werden Sie erneut seine intuitive Neigung in Richtung eines ternären Szenarios erkennen. Grundsätzlich würde ich sagen, dass für Böhme die Ebene der Manifestation dazu tendiert, als dritte Kraft zu funktionieren und das heilige Bejahen des Göttlichen Sehnens nach Gestalt zu verbinden mit dem heiligen Verneinen des im Wesentlichen formlosen und unteilbaren Wesens der Göttlichkeit. In ihrer Rolle des heiligen Versöhnens bietet sich die Ebene der Manifestation nicht nur als Spielfläche für das Göttliche Wirken an, sondern als wesentliche Kraftlinie in der Wirkung als solcher.

Wenn Böhme also schreibt, die Weisheit sei »ein Subjectum oder Gegenwurff der ungründlichen Einheit«,[64] denkt er nicht an visuelle Ähnlichkeit oder ein Bildnis. Was er meint, ist, dass die unendliche und unergründliche Einheit, *wenn sie in ihre anfängliche Ebene der Manifestation* (die wie wir bereits als »Wahrnehmung« kennengelernt haben) *›durchsticht‹, sich als Weisheit manifestiert.* Und dies ist in der Tat genau der Prozess, den er im Auftauchen seines zweiten Prinzips (das er abwechselnd mit den Begriffen »Licht-Welt«, »Weisheit« und »Liebe« bezeichnet) aus dem uranfänglichen Grund von Angst/Wahrnehmung beschreibt. Weisheit ist keine *Kopie* des Originals, sondern ein ganz und gar Neuentstehendes (Böhme nennt es »ausgeflossen« oder »Ausströmen«). Sie zeugt von der ursprünglichen unendlichen und unergründlichen Einheit auf dieselbe Art und Weise, wie Ober- und Unterseite vom Verlauf der Nadel zeugen, doch fügt sie dem Mix ihre eigene

64. Jakob Böhme: *Clavis,* Seite 229.

unverwechselbare Note (oder »Tinktur«, wie Böhme es nennt) hinzu. Und gleichzeitig – in Übereinstimmung mit dem Postulat, dass die Verflechtung von dreien ein Viertes in einer neuen Dimension erzeugt – zeigt sie sich nicht nur als das *Produkt* dieser Verflechtung, sondern als eine neue *Ebene,* auf der und durch die das Gesetz der Drei sich weiter fortsetzen kann oder, mit anderen Worten, imstande ist, als dritte Kraft für eine weitere Runde der Manifestation zu sorgen. Die Weisheit, die als Gegenwurf zur »unergründlichen Einheit« zum Vorschein gekommen ist, wird selbst zum neuen ›Stoff‹, den der Faden des Göttlichen Willens ›durchstechen wird‹, um abermals eine neue Manifestation und eine neue Ebene hervorzubringen. Und so geht es weiter und weiter.

Wenn wir mit Böhme arbeiten, ist es wichtig, diesen ternären Ausgleich immer mitzudenken. Sein »Gegenwurf« ist kein einfaches Zurückfahren, die Vollendung einer Bewegung auf einer einzigen Ebene; er beinhaltet immer das Auftauchen in einer neuen Dimension. Weisheit ist eben nicht bloß eine *Reflexion* der Göttlichen Einheit wie der Mond im ruhigen Gewässer. Sie ist die tatsächliche Göttliche Einheit selbst, verwirklicht in der Dimension (Ebene) der Wahrnehmung.

Wie bereits an früherer Stelle betont, verwendet Böhme eine Reihe verschiedener, mehr oder weniger austauschbarer Begriffe, um diesen entscheidenden ersten Gegenwurf zu charakterisieren: *Weisheit, Licht, Licht/Liebe* oder auch einfach nur *Liebe.* Daher zielt er im Wesentlichen auf denselben kosmogenetischen Prozess, wenn er jene überraschende Aussage trifft, die meine Aufmerksamkeit so sehr in ihren Bann gezogen hat: »Diese Empfindligkeit der Einheit heisset Liebe.«[65] Übersetzt in die Sprache des Gesetzes der Drei liest sich dies wie folgt: »Die Göttliche Einheit manifestiert sich als Liebe, wenn sie sich in der Dimension der Wahrnehmung manifestiert« (oder, wie wir heute eher sagen würden, »innerhalb der Domäne des Bewusstseins«). Es ist dieselbe Einheit, nur unterschiedlich ausgedrückt.

In Teil drei werde ich den Begriff *Gegenwurf* übernehmen, um jedes der aufeinanderfolgend auftauchenden Neuentstehenden zu kennzeichnen, wenn die Trinität sich entsprechend dem Gesetz der Drei in Bewegung setzt. Jeder dieser Gegenwürfe (es gibt insgesamt sieben) ist eine neue und einzigartige Verwirklichung jener

65. Ebenda, Seite 237.

ursprünglichen Einheit, die sich selbst auf nacheinander folgenden Spielfeldern manifestiert, die aufgrund des Gesetzes der Drei erzeugt werden. Ich werde Sie auch mit einem sekundären Gegenwurfsmuster bekanntmachen, das hierbei am Wirken ist (nämlich zwischen dem Neuentstehenden einer Triade und dem heiligen Bejahen der vorhergehenden Triade) und das uns eine wichtige zweite Peillinie liefert.

Jenseits von Aufstieg und Abstieg

Sie sehen, wie Böhmes Konzept vom Gegenwurf die Vorgabe unseres Blauverschiebungsprinzips recht gut erfüllt, dass Gott keine Energie verliert, wenn Er Sich nach draußen und unten, entlang der großen Seinskette durch die Reiche bewegt. Genau wie der Faden bleiben die Qualität und Quantität des Göttlichen Seins immer gleich und immer vollständig partizipierend. Es wird nichts »mehr«, wenn man entlang der Kette nach oben reist, oder »weniger«, wenn es nach unten geht. Jedes dieser Reiche, die als »gesetzmäßige« Resultate des Spiels des Gesetzes der Drei gegen das Göttliche Sehnen nach Selbstoffenbarung ins Dasein kommen, ist einfach ein Feld für die Enthüllung der *Ganzheit Gottes in dieser besonderen Dimension.* Der intrinsische Dynamismus des Gesetzes der Drei liefert die Vorwärtsbewegung, welche die Blauverschiebung antreibt.

Tatsächlich können wir sagen, dass die revolutionäre Wirkung von Böhmes Erkenntnis hier, zumindest was die traditionelle Metaphysik angeht, darin liegt, dass sie gänzlich aufräumt mit den klassischen Vorstellungen von »oben« und »unten«. Aufstieg und Abstieg sind nicht länger gegensätzliche spirituelle Richtungen, sondern einfach der Wurf und Gegenwurf einer einzigen Bewegung, die stets in dieselbe Richtung zielt: hin zu einer immer frischen und unerschöpflichen, schwingenden Enthüllung des Göttlichen Herzens. Anstatt dass diese Bewegung alle Dinge an der Kette der Wesen zurück »nach oben«, zu einer Wiedervereinigung mit ihrem spirituellen Ursprung zieht, schraubt sie sich ihren Weg »vorwärts« durch die Raum-Zeit, hin zu nacheinander immer komplexeren und konzentrierteren Artikulationen der »Wunder« (wie Böhme sie nennt), die verschleiert sind innerhalb der endlosen Einheit.

Und dies böte denn tatsächlich das metaphysische Milieu für jene leuchtende Erkenntnis von Bruno Barnhart, die ich bereits zuvor zitiert habe:

> Es gibt ein Geheimnis inmitten des Lebens, das nicht nur das regungslose weiße Licht ist. Es ist nicht nur der Ruhepol der sich drehenden Welt, nicht nur das lichterfüllte leere Zentrum. Es ist genauso der Löwe des Feuers, die unaufhörliche Explosion des sich ausdehnenden Seins, des sich vermehrenden Lebens aus dem Zentrum. Es ist die Urenergie, die danach verlangt, sich überall und durch jedwede Form auszudrücken.[66]

Und Böhmes Konzept versorgt uns auch mit der Technik, mittels der wir beginnen können, Teilhard de Chardins herausfordernde Vorstellung vom Omega-Punkt in den Griff zu bekommen. Seine tiefschürfende – und höchst beunruhigende – Enthüllung lautet, Sie erinnern sich, dass in einem implizit ursprünglichen metaphysischen Gelände das Phänomen der zunehmenden Dichte nicht so sehr ein Zeichen des spirituellen Falls (in niedrigere Reiche) ist, sondern ein Anzeichen für die *zunehmende Konzentration spiritueller Energie, wenn die Form sich der Implosion nähert, die gleichzeitig ihre letzte Vollendung ist.* Innerhalb der Gegebenheiten der klassischen Metaphysik geht diese Vorstellung einfach nicht auf. Doch mit dem Gesetz der Drei, das aufzuzeigen vermag, wie jedes Neuentstehende wiederum zur Ebene der Manifestation für einen weiteren artikulierten Gegenwurf seiner selbst wird, ist der Mechanismus von Teilhards mystischer Intuition endlich ergründbar. Ich werde mich in meiner eigenen Darlegung derselben Mechanismen bedienen, und sie scheinen tatsächlich die Richtung zu bestätigen, die Teilhard eingeschlagen hatte.

66. Bruno Barnhart: *Second Simplicity,* Seite 21. Denselben Abschnitt habe ich bereits auf Seite 104 zitiert.

Teil drei

Die Entwicklung der Trinität

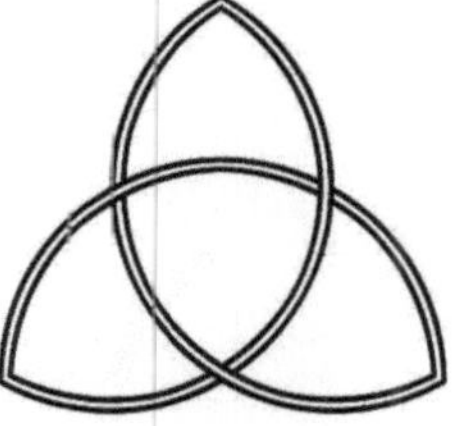

10

Die wesentlichen Grundregeln

WENN SIE MÖCHTEN, BETRACHTEN SIE ES ALS EIN SPIEL, eine Art kosmischen Zauberwürfel. Unter Verwendung jener grundlegenden Aussage des Gesetzes der Drei – »das Verflechten von drei erzeugt ein Viertes in einer neuen Dimension« – schlage ich vor, die Trinität in aufeinanderfolgenden Stadien »rotieren« zu lassen, bis sie innerhalb ihres eigenen intrinsischen Musters zu ihrer Vollendung kommt.

Vor dem Hintergrund der gegebenen Affinität zwischen dem Gesetz der Drei und dem Gesetz der Sieben ist es nicht besonders überraschend, dass diese Vorwärtsbewegung als ein Muster von sieben Stadien eine ›Oktave‹ von Trinitäten erzeugt. Diese enorm erweiterte trinitarische Galaxie bietet Raum für all jene spekulativen Kniffligkeiten, von denen die theologische Zunft schon so lange heimgesucht wird: der Ort des Femininen, die Beziehung zwischen dem menschlichen Jesus und dem Göttlichen Logos, das ›Geschlecht‹ des Heiligen Geistes, der Kontrast zwischen immanenter und ökonomischer Trinität.

Ich begann dieses Spiel mit einer einzigen Regel: »Drei erzeugen ein Viertes in einer neuen Dimension.« Anstatt jedem der drei triadischen Punkte eine »Person« zuzuordnen, wies ich ihnen eine Funktion gemäß dem Gesetz der Drei zu (bejahen, verneinen, versöhnen) und war damit tatsächlich imstande, eine Folge von sieben Neuentstehenden zu generieren: nämlich das Herz Gottes, das Wort, die Stofflichkeit, Jesus, der Heilige Geist, das Himmelreich sowie die *oikonomia.* Zu gegebener Zeit werde ich jedes einzelne erklären, doch für den Augenblick kann ich ganz einfach versichern, dass sie alle logisch und organisch aus der Verflechtung ihrer jeweiligen triadischen Punkte entstehen.

Im Einklang mit der zusätzlichen Aussage, dass »jede Triade eine weitere Triade hervorbringen kann«,[1] fing ich dann an, jedes dieser

1. MAURICE NICOLL: *Psychological Commentaries*, Seite 109.

Neuentstehenden wieder in die trinäre Konstellation einzufügen, und zwar als einen der triadischen Punkte der neu erscheinenden Trinität. Obwohl das Gesetz der Drei es erlaubt, jedem beliebigen Punkt irgendeine der drei Funktionen zuzuschreiben, entdeckte ich bald, dass diese besondere Abfolge sich offensichtlich nur dann ergeben wollte, wenn das aus der vorangegangenen Triade Neuentstehende in der nachfolgenden Triade die Rolle der dritten Kraft oder des heiligen Versöhnens übernahm. Der entscheidende Faktor erwies sich als das, was die Mathematiker »Eleganz« nennen: Das auf diese Weise erzeugte Muster war einfach, in sich stimmig und äußerst deckungsgleich mit bekannten Bezugspunkten der christlich mystischen Theologie. So wurde dies zu meiner zweiten Regel.

Meine dritte Regel war vielleicht eine etwas willkürliche Entscheidung: nämlich, dass der zweite triadische Punkt, das heilige Verneinen (oder »das Nichtmanifestierte«, wie ich es umbenannt habe), immer direkt durch Gott besetzt werden sollte: durch diese unendliche, überwesentliche Wirklichkeit, welche die traditionelle mystische Theologie als »die Gottheit« bezeichnen würde und die Böhme alternativ »unergründliche Einheit« und »ewige Freiheit« nennt. Meine Schlussfolgerung hierzu habe ich bereits bei unserer früheren Erörterung Böhmes (siehe Seite 141) erklärt. Die Entscheidung traf ich zum Teil aus theologischen Gründen: um zu vermeiden, in ein Muster des Emanations- oder Ausströmkonzepts zu verfallen, bei welchem Gott immer weiter und weiter von der Schöpfung entfernt liegt. Doch es gab auch praktische Überlegungen: Die Sache auf diese Art und Weise anzugehen, erbrachte eine Reihe von Voraussagen über jede einzelne Trinität, die überzeugend und theologisch wahr klangen und tatsächlich häufig neues Licht auf seit Langem bestehende theologische Schwierigkeiten warfen. So wurde dies zu meiner dritten Regel.

Die Anwendung dieser drei Vorgaben bildet das grundlegende Muster, für das ich zuvor das Bild des Zauberwürfels herangezogen habe: das vorherige Neuentstandene rückt an die Stelle des heiligen Versöhnens, das heilige Verneinen bleibt konstant, das vorherige heilige Versöhnen rückt an die Stelle des heiligen Bejahens. (Dieses Muster wird Ihnen mehr einleuchten, sobald wir konkret in den Prozess einsteigen und Sie die entsprechenden Abbildungen vor sich sehen.) Jene unter Ihnen, die mit einem stärkeren visuellen

Vorstellungsvermögen gesegnet sind als ich, werden bereits erkannt haben, dass dies bedeutet, dass mit jedem Neuentstehenden ein vorheriges Bejahen verdrängt wird und scheinbar aus der nachfolgenden Triade verschwindet. Doch dies ist eben nur *scheinbar* der Fall, denn wie ich nach und nach entdeckte, taucht es in der darauffolgenden Triade als die unverwechselbare Note des Neuentstehenden wieder auf – als seine »Tinktur«, wie Böhme es nennen würde, als die Qualität seiner Lebendigkeit. Somit wird das Neuentstehende der Gegenwurf des vorherigen (und nun ersetzten) heiligen Bejahens. Dies liefert nicht nur einen faszinierenden theologischen Kontrapunkt, sondern zudem eine zweite Peillinie, die es uns ermöglicht, die Korrektheit unserer Überlegungen, die durch jene ersten drei Regeln generiert werden, zu überprüfen. Auf Seite 164 finden Sie eine Aufstellung der Gegenwürfe, die Ihnen einen Überblick über das ganze Muster erlaubt wie auch einen Anhaltspunkt gibt, um nachzuverfolgen, an welchem Punkt der Abfolge wir uns gerade befinden.

Jedes Neuentstehende übernimmt also in der nachfolgenden Triade das heilige Versöhnen. In den Worten von Böhmes Schuhmachermetapher wird es zum »Stoff« (oder Leder), auf welchem Wurf und Gegenwurf ihre einzigartigen Muster hinterlassen können. Obschon ich diesen Prozess mit dem Hin-und-Herdrehen eines Zauberwürfels verglichen habe, ist es in Wahrheit eher wie das Drehen eines Kaleidoskops, wo jede Drehung ganz erstaunliche und ausgeklügelte Muster aus den schimmernden Glassplittern erzeugt.

Ich behaupte nicht, dass dies der einzige Weg sei, die Trinität entsprechend dem Gesetz der Drei darzulegen. Mit nur sieben Noten lässt sich eine unendliche Anzahl von Melodien spielen. Aber dies ist ein *guter* Weg, einer, der auf das bestmögliche Selbstverständnis des Christentums und auf die in unseren Tagen beobachtbaren Geschehnisse besonders gut abgestimmt ist. Über ihre siebenfache Spannweite hinweg entfaltet diese ausdehnungsfähige Trinität nach und nach eine majestätische Entwicklung vom Alpha zum Omega, von den kosmischen Anfängen zur letzten Wiedervereinigung aller Dinge im Einen. Es ist »die Geschichte des Universums«, erzählt in fünf Dimensionen: nicht nur entlang der vier ›horizontalen‹ Achsen von Raum und Zeit, sondern auch entlang einer ›vertikalen‹ Achse in der verborgenen Absichtlichkeit des Göttlichen Herzens.

> Er hat uns das Geheimnis Seines Willens kundgetan,
> wie Er es gnädig im Voraus bestimmt hat in ihm.
> Er hat beschlossen, die Fülle der Zeiten heraufzuführen,
> das All in Christus als dem Haupt zusammenzufassen,
> was im Himmel und auf Erden ist, in ihm
>
> Epheser 1.9–10

… und zwar mithilfe des Gesetzes der Drei. Das ist die trinitarische Spannweite, die ich hier darzulegen versuche.

Ich möchte Sie nochmals bitten zu bedenken, dass wir nun einen Gang hochgeschaltet haben; der Bereich, den ich hier erörtere, ist nicht mehr die systematische Theologie, sondern ähnelt eher einer metaphysischen Poesie. Wir befinden uns nun mehr in der rechten Gehirnhälfte als in der linken. Es geht mir nicht darum, Ihnen eine spezielle Lösung aufzuzwingen; vielmehr möchte ich Sie dazu einzuladen, Ihre eigene spirituelle Vorstellungskraft miteinzubringen

Jedes der folgenden sieben Kapitel beinhaltet eine Ausrichtung an der betreffenden besonderen Trinität, gefolgt von einer Reflexion über deren spirituelle Bedeutung. Ich möchte Sie dazu ermutigen, sich ihnen in einem *lectio-Divina*-Stil zu nähern (das heißt mit einem ruhenden analytischen Verstand und einer eingestimmten Vorstellungskraft) und zu schauen, was Ihnen Ihr Herz sagt.

Und das Gesetz der Sieben?

Bevor wir nun zu dieser Reise aufbrechen, wird mir bewusst, dass es noch einen Aspekt meiner Methodologie gibt, der Sie vielleicht verwirren könnte und den ich darum gleich hier ansprechen muss. Was ist mit dem Gesetz der Sieben? Ist es einfach aus dem Bild verschwunden? Gurdjieff stellte klar, dass zwei kosmische Gesetze existieren, nicht nur eines, und dass sie ineinandergreifen. In Kapitel 4 habe ich mir die heutige Bewegung des Persönlichkeits-Enneagramms vorgenommen und aufgezeigt, wie sie es versäumt, diese Verzahnung zu lehren. Dennoch werden Sie in der gesamten nun folgenden Untersuchung wahrscheinlich den Eindruck gewinnen, dass ich das Gesetz der Sieben gänzlich außer Acht zu lassen scheine und meine Überlegungen vollständig auf dem inneren Dynamismus des Gesetzes der Drei beruhen würden. Überführe ich mich also etwa selbst genau dessen, worüber ich mich gerade noch beschwert habe?

Sie haben recht, und ich streite diesen Vorwurf auch gar nicht ab, doch möchte ich Sie bitten, die folgenden mildernden Faktoren in Betracht zu ziehen.

Zunächst einmal macht, von einem praktischen Standpunkt aus betrachtet, die Verflechtung von drei und sieben das hier diskutierte Projekt derart hochgradig komplex, dass wir den Kollaps der ganzen Angelegenheit riskieren würden. Für meine primäre Leserschaft – von der ich ausgehe, dass es sich vor allem um christlich vorgebildete Menschen handelt, die ein erweitertes metaphysisches Universum entdecken möchten – will ich vor allen Dingen aufzeigen, dass das Modell wirklich funktioniert: dass die Trinität sich tatsächlich »ausweiten« und »drehen« kann. Seit der Zeit des Augustinus sind wir so festgefahren in unserer Substanztheologie – in unserer Fixierung auf drei ewige und unveränderliche »Personen« mit spezifischen Identitäten und Funktionen –, dass wir es als sehr kompliziert empfinden, wenn wir anfangen müssen, in Begriffen von Bewegung zu denken, insbesondere von dreidimensionaler Bewegung. Wie wir in Kapitel 6 gesehen haben, bin ich der Überzeugung, dass einige moderne Theologinnen und Theologen auf dem Weg sind, den grundlegenden Dynamismus zu erahnen, jedoch nicht über einen metaphysischen Rahmen verfügen, in dem sie ihre Einsichten vertiefen könnten. Mein hauptsächliches Ziel besteht hier ganz einfach darin, »die Punkte zu verbinden«, indem ich unter Einbezug des Gesetzes der Drei die Grundmechanik freilege, sodass die Vision der Trinität als eines dynamischen Musters der Göttlichen Liebe, das einer sich selbst erschaffenden Welt eingeprägt ist, gestützt wird. Dies ist an sich schon keine kleine Aufgabe, und ich möchte nicht riskieren, dass wir den Wald vor lauter Bäumen nicht mehr erkennen.

Das gesamte Gurdjieffsche System ist etwas ganz Besonderes, doch es ist auch extrem kompliziert mit seinem eigenen, Furcht einflößenden Jargon und einer ausgesprochenen Tendenz, seine Anhängerinnen und Anhänger in einen intellektuellen Kaninchenbau hinunterzuziehen. Es gibt sich nach außen hin nun mal nicht besonders einladend, und die meisten Menschen bringen nicht die Geduld auf, ihren Weg hineinzufinden – insbesondere jene Menschen, die nicht darauf aus sind, den gesamten Gurdjieff-Korpus zu meistern, sondern lediglich erfahren möchten, was diese Lehre hinsichtlich einiger schwieriger Blockaden im heutigen christlichen Denken einzubringen hat. Auf einem Alles-oder-Nichts-Zugang zu beiden kosmischen Gesetzen gleichzeitig zu bestehen, würde die gesamte Nachforschung wahrscheinlich zu einem völligen Stillstand bringen. Mir war durchaus bewusst, dass die Arbeit allein mit dem Gesetz der Drei unvermeidlich zu einer Vereinfachung führt, doch ich musste dieses Risiko eingehen, um überhaupt eine Diskussion in Gang zu bringen

Während meiner Arbeit mit dem Material wuchs allerdings mein Vertrauen, dass diese Vereinfachung sich nicht zwangsläufig als eine Verfälschung erweisen muss. Ich habe unterdessen begonnen, die Sache eher als etwas zu begreifen, was Philosophen eine »Heuristik« nennen: eine stenografische Lösung, die trotz ihrer Kürze eine gute Annäherung an die vollständige Erklärung bietet. »Die Verflechtung der drei erzeugt ein Viertes in einer neuen Dimension« stellt sich als eine ziemlich wirkungsvolle Heuristik heraus. Sie ermöglicht es den Menschen, das Gesetz der Drei schnell in den Griff zu bekommen und zu beginnen, in ihrem Leben praktisch damit zu arbeiten. Und ganz ehrlich – obschon mir klar ist, dass Schweigen niemals ein überzeugendes Argument sein kann –: Gurdjieff hat nie gesagt, dass das Gesetz der Drei *nicht* auf diese Art und Weise angewendet werden könne. Obwohl der Großteil seiner aufgezeichneten Lehren die Verflechtung von drei und sieben thematisiert, hat jedes der beiden Gesetze seinen eigenen inneren Rhythmus und seinen eigenen Anwendungsbereich. Das Gesetz der Drei zeigt, wie etwas Neuentstehendes überhaupt auftaucht; das Gesetz der Sieben erklärt, wie sich der zeitliche Prozess entfaltet, nachdem ein Neuentstehendes erschienen ist. Somit hielt ich es für gerechtfertigt, das Gesetz der Drei gesondert zu erforschen, insbesondere weil der Gegenstand, den ich in diesen Reflexionen untersuche, die Kosmogenese ist, welche sich zur Gänze um das Neuentstehende dreht.

Eine Frage, die Sie sich wahrscheinlich stellen werden, während ich auf den folgenden Seiten meine siebenstufige Dreifaltigkeit darlege, könnte lauten: *Was bestimmt die Länge eines einzelnen Stadiums?* Einige dieser Trinitäten scheinen sich über zeitlose Äonen zu erstrecken; andere – beispielsweise meine vierte und meine fünfte – sind extrem kurz und lagen innerhalb des vor- und des nachgeburtlichen Lebens Jesu. Obwohl ich diese Vorstellung nicht systematisch entwickelt habe, würde meine unmittelbare

Antwort auf Ihre Frage lauten: »Das Gesetz der Sieben!« Sobald ein neues Do angeschlagen wird – sobald also der neu aufgetauchte Gegenwurf das Kaleidoskop zu einer neuen Konfiguration dreht –, läuft der damit in Bewegung gesetzte Prozess, so vermute ich, entsprechend dem Gesetz der Sieben ab, wobei die Dauer jeder neuen Konfiguration von der Schwingungsqualität und -stärke dieses initialen neuen Dos bestimmt wird. In jeder dieser trinitarischen ›Oktaven‹ spielen das Gesetz der Drei und das Gesetz der Sieben ganz ohne Zweifel auf genau die Art und Weise zusammen, wie es von der Gurdjieffschen Lehre beschrieben wird, und die verschiedenen Stadien können zweifelsfrei aufgezeigt werden. Doch dies überlasse ich klügeren Köpfen.

Und schließlich habe ich mein Material auf genau diese Art entwickelt, weil das beherrschende Symbol des Christentums die Dreifaltigkeit ist, und nicht das Enneagramm. Gurdjieff selbst betonte dies insbesondere in seiner Lehre im Hinblick auf »Heiliger Gott, heiliger Starker, heiliger Unsterblicher« in *Beelzebubs Erzählungen,*[2] und ich vertraue ganz einfach darauf, dass in dieser Selbstbeschränkung nicht nur eine Wahrheit liegt, sondern auch viel praktische Weisheit. Es ist die Trinität, nicht das Enneagramm, die Panikkar und andere als den metaphysischen Grundstein des Geistes Christi erkannt haben und in deren Interpretationslicht die Lehren des Christentums zusammenpassen und auf allen Ebenen zugleich einen zwingenden Sinn ergeben – metaphysisch, historisch, religiös und ästhetisch gesehen. Allein mit diesem Schlüssel kann das Christentum die Tür seiner lang verschlossenen mystischen Schatzkammer öffnen und wieder anknüpfen an die ganze Breite und Tiefe seiner ursprünglichen kosmologischen Vision. Bisher mag es nur ein Amateurfunkgerät gewesen sein, kein leistungsfähiges GPS-Satellitensystem, das ich im Geschirrregal gefunden habe. Doch das Wichtigste ist, es einzuschalten und auf Empfang zu gehen.

2. G.I. Gurdjieff: *Beelzebubs Erzählungen,* Seite 802. Siehe auch Fußnote 22, Seite 55.

Zusammenfassung der vier Grundregeln

1. Die Verflechtung von drei erzeugt ein Viertes in einer neuen Dimension.

2. Jedes Neuentstehende der vorangegangenen Triade wird zum heiligen Versöhnen in der nachfolgenden Triade.

3. Das heilige Verneinen (die zweite Kraft) wird immer vom Göttlichen Nichtmanifestierten wahrgenommen.

4. Das Neuentstehende jeder Triade ist ein Gegenwurf des jetzt ersetzten heiligen Bejahens der vorangegangenen Triade.

Tabelle der Gegenwürfe

	Das Neuentstehende	*ist der Gegenwurf von*	*in der Dimension*
1	Herz Gottes	unergründliche Einheit	(Unterscheidbarkeit / Bewegung)
2	Das Wort	Begehren	Herz Gottes
3	Stofflichkeit	Wahrnehmung	das Wort
4	Jesus	Herz Gottes	Stofflichkeit
5	Heiliger Geist	Wort	Jesus
6	Himmelreich	Stofflichkeit	Heiliger Geist
7	*Oikonomia*	Jesus	Himmelreich

II

Stadium 1: die Prototrinität

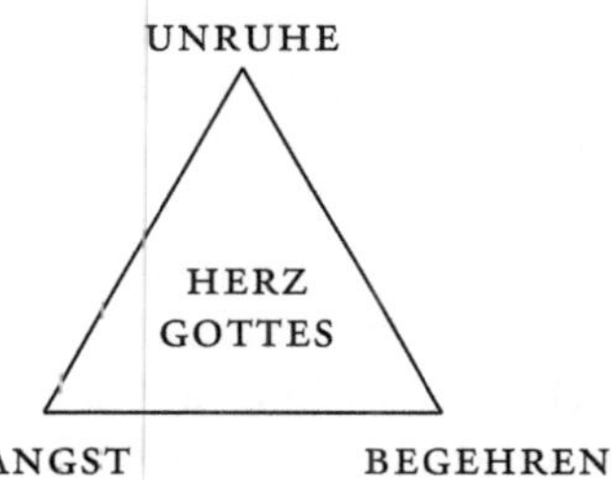

Weder Nichtsein noch Sein war damals;
  nicht war der Luftraum noch der Himmel darüber.
Was strich hin und her? Wo? In wessen Obhut?
  Was war das unergründliche tiefe Wasser?
Weder Tod noch Unsterblichkeit war damals;
  nicht gab es ein Anzeichen von Tag und Nacht.
Es atmete nach seinem Eigengesetz ohne Windzug dieses Eine.
  Irgendein anderes als dieses war weiter nicht vorhanden.
Im Anfang war Finsternis in Finsternis versteckt;
  all dieses war unkenntliche Flut.
Das Lebenskräftige, das von der Leere eingeschlossen war,
  das Eine wurde durch die Macht seines heißen Dranges
  geboren.
Über dieses kam am Anfang das Liebesverlangen,
  was des Denkens erster Same war.
Im Herzen forschend machten die Weisen durch Nachdenken
  das Band des Seins im Nichtsein ausfindig.
Quer hindurch ward ihre Richtschnur gespannt:
  Gab es denn ein Unten, gab es denn ein Oben?

Rigveda[3]

3. *Rigveda,* Übersetzung von Karl Friedrich Geldner, »Der Ursprung der Dinge«, Seite 1266, http://www.sanskritweb.net/rigveda/rigveda.pdf.

SICH IN DIESE ERSTE TRINITÄT HINEINZUWAGEN, BEDEUTET, eine Reise in eine Welt anzutreten, in die sich erst wenige vorgetraut haben: in das innerste Wirken Gottes, viele, viele innere Welten vor dem ersten Aussprechen von: »Es werde Licht!« Diese erste Triade entfaltet sich – wie auch die beiden daran anschließenden – in der Lücke zwischen der ewigen Stille und dem Göttlichen Ausspruch. Obwohl sich gewiss sagen lässt, dass weite Teile des Mainstream-Christentums nichts von einer solchen Lücke wissen – Gott »sprach« ganz einfach und die Welt stürzte ins Dasein –, anerkennen die meisten der großen kosmologischen und mystischen Traditionen (einschließlich unserer eigenen westlichen Überlieferungen) implizit eine riesige innere Entfernung, die erst noch zu überwinden war, bevor die »unergründliche Einheit« (das unzugängliche Licht, wie Böhme sie nennt) sich als zugängliches Licht nach außen wenden, sich als sichtbare Schöpfung manifestieren konnte. Auch diese Triaden lassen erkennen, dass diese Lücke irgendwie den Schlüssel für das enthält, was in Zeit und Form folgt.

In unseren westlichen Traditionen ist dies die Domäne von Böhme und Meister Eckhart, der Kabbala und der gesamten pseudo-dionysischen mystischen Strömung. Ebenso ist sie, wie uns Catherine LaCugna richtigerweise vorgewarnt hat, eine berüchtigte philosophische Sackgasse, in welcher der Vorwärts- und Auswärtsdrang der Trinitätstheologie sich leicht in endlosen Spekulationen verlieren kann, wie etwa über tanzende Engel auf der Spitze einer Nadel. Doch wie ich bereits angedeutet habe, glaube ich, dass die eigentliche Sackgasse nicht in der Erkundung innergöttlicher Beziehungen als solcher liegt, sondern im fehlenden Verständnis, dass die Trinität eine dynamische Flugbahn darstellt – sozusagen ein bewegliches Ziel. Wenn wir die immanente oder »theologische« Dreifaltigkeit (Gott in Sich) und die (heils)ökonomische Dreifaltigkeit (Gott für uns) als vergegenständlichte Kategorien betrachten, wird dies zu Verzerrungen führen, ob wir uns nun »innen« oder »außen« befinden. Es geht hier darum, nicht vor Angst und Schaudern zurückzuschrecken, sondern bereit zu sein, den ganzen Weg zu gehen.

Doch letzten Endes ist dies auch die Domäne der direkten Offenbarung; und somit ist diese auch die Quelle, auf die ich mich letztlich berufe. Jene Leserinnen und Leser, die berechtigterweise eine gewisse Befangenheit verspüren beim Herumschnüffeln in den innersten Mysterien Gottes, mögen sich beruhigen angesichts der Tatsache, dass solche flüchtigen Einblicke hin und wieder direkt gewährt werden; tatsächlich können sie mit einer Kraft hereinfluten, die jeglichen Widerstand überwindet. Erwünscht oder unerwünscht, das Mysterium taucht dann plötzlich auf und wir starren einfach nur in sein Angesicht und *erkennen.* Ob wir uns selbst für Mystiker halten oder nicht, in jeder und jedem von uns leuchtet ein Licht der Erkenntnis aus größerer Tiefe als der unseres Intellekts und unserer Konditionierungen, da es von derselben Grundströmung zehrt, die wir hier erforschen wollen. Fahren wir also fort mit unserer Erkundung.

Die Aufstellung des Dreiecks

Wie bereits erwähnt, wird die erste dieser trinitarischen Triaden Jakob Böhmes Einsichten rekapitulieren. In Kapitel 8, Sie erinnern sich, habe ich mich bemüht, seine drei Prinzipien und sieben Eigenschaften in Übereinstimmung mit dem Gesetz der Drei zu bringen, um eine Brücke zu bauen zwischen seiner ganz außerordentlichen Kosmologie und meiner eigenen Darlegung einer sich entwickelnden Trinität. Die nun folgenden Überlegungen bleiben denn auch in Einklang mit den bereits präsentierten, doch in meinem Kommentar werde ich damit beginnen, für die Eigenschaften, welche jeden der Kardinalpunkte besetzen, eine davon leicht abweichende Nomenklatur einzuführen.

Im ersten Schritt stellen wir die Triade als solche auf. Ein Dreieck lässt sich mit der Spitze nach oben oder nach unten zeichnen; ich habe mich für die aufwärtszeigende Präsentation entschieden, weil sie unter den üblichen symbolischen Darstellungen von Vater, Sohn und Heiligem Geist die für uns Christen vertrauteste Variante ist. Ich denke, Sie werden die Nützlichkeit in Kürze erkennen. Aus Gründen, die sich ebenfalls noch erweisen werden, will ich die Konvention übernehmen, die erste Kraft (das heilige Bejahen) unten rechts zu platzieren, die zweite Kraft (das heilige Verneinen) an der Spitze und die dritte Kraft (das heilige Versöhnen) unten links. Das Neuentstehende, oder der Gegenwurf, wird sich in der Mitte des Dreiecks zeigen.

Das heilige Bejahen

Unten rechts finden wir also das *Begehren,* Böhmes erste Eigenschaft. Wie wir bereits sehen konnten, liegt Böhmes visionäre Einsicht in die Frage, wie die unergründliche Einheit sich selbst ins Etwas bringt, im Mysterium der Selbstkontraktion, auf die eine Explosion aus dieser Göttlichen Selbstanspannung nach außen folgt. In diesem ersten Schritt »impresset und fasset sich« der Wille »selber zu einem Etwas / und das Etwas ist doch Nichts / als nur ein magnetischer Hunger / eine Herbigkeit / gleich einer Härte«, wie Böhme anschaulich erklärt.[4]

Das heilige Verneinen

An der Spitze des Dreiecks, in der Rolle des heiligen Verneinens, platziere ich das Wort *Unruhe.* Wahrscheinlich ist dies der zugänglichste eines ganzen Komplexes von Begriffen, die Böhme verwendet, um diese ziemlich differenzierte zweite Eigenschaft zu beschreiben: »bitter«, »stechend«, »zerbrechend«, »Schärfe«. Hier ist die Idee, dass in diesem prototypischen Stadium der Reise in Richtung des »Etwas« die Aktivierung des Begehrens unweigerlich zu Frustration führt, weil das Begehren sich ein Objekt sucht und es noch nichts gibt, dem die unergründliche Einheit ihren Stempel aufdrücken oder an dem sie ihre Begierde stillen könnte. Das Ergebnis ist ein innerer Aufruhr – »ein immerwährender Streit in sich selber«[5] –, in dem die Frustration des Begehrens nur dazu dient, dessen Intensität zu entflammen und den ganzen Vorgang auf die Spitze zu treiben. Es ist diese frenetische, aufgeregte Eigenschaft, die Böhme im Sinn hat, wenn er sie mit Worten wie *Zerbrechen* oder *Schärfe* beschreibt, und welche ich mit dem Wort *Unruhe* zu vermitteln versuche. Es ist noch immer die zweite Kraft, aber ihr oppositionelles Wesen drückt sich in einer Verstärkung des Aufruhrs aus und nicht nur als Frustration des Begehrens.

4. Jakob Böhme: *Clavis,* Seite 233.
5. Ebenda, Seite 234.

Das heilige Versöhnen

Die dritte Kraft findet sich dort, wo die anderen beiden sich begegnen, und der Name, mit dem ich sie beschreibe, ist exakt Böhmes dritte Eigenschaft: *Angst* – oder spezifischer: »Angst bis ans Feuer«.[6] Wie bereits in meiner anfänglichen Darlegung dieser Passage in Kapitel 8 beschrieben, geschieht diese Entwicklung durch Böhmes dritte, vierte und fünfte Eigenschaft (Angst, Feuer, Licht/ Liebe) hindurch als eine einzige ununterbrochene Bewegung, eine Explosion aus dem Funken oder Blitz des Feuers, entfacht in der eskalierenden Intensität von Begehren und dessen Frustration. Angst ist das dritte und katalytische Element in diesem Triumvirat der Unruhe. Es ist eine emporsteigende innere Friktion, wie die zweier aneinander geriebener Stöcke, die zur eigenen Entlastung schließlich einen Funken werfen. Am dritten triadischen Punkt wird dieser Funke (oder »Blitz«, wie Böhme ihn nennt) als die uranfängliche dritte Kraft auftauchen und das Gesetz der Drei und alles, was daraus fließt, ins Dasein rufen.

Was also ist dann dieser Funke? Wenn wir diese Metapher auf einer physikalischen Ebene auslegen, wissen wir zumindest, wie er entsteht: durch die Reibung, die verursacht wird vom Aneinanderzerren gegensätzlicher Bewegungen innerhalb des Göttlichen Gleichgewichts. Doch der Name, den Böhme dieser Reibung gibt, »Angst«, ist an sich schon faszinierend und darüber hinaus entscheidend für ein Verständnis dessen, worum es am Punkt drei eigentlich geht. Ein Aspekt der Genialität von Böhmes anspielungsreicher Kosmologie ist die Art, wie er sich nahtlos zwischen physikalischen Kräften und deren emotionalen Entsprechungen hin und her bewegt. Die Reibung in der Domäne physischer Wahrnehmung wird zur Angst in der Domäne des Gefühls. Und diese Angst, wie Böhme in seinem einzigartigen großen Geistesblitz erkennt, beinhaltet, was er »Empfindlichkeit« oder Wahrnehmung nennt – das Mittel, durch welches die unergründliche Einheit für sich selbst wahrnehmbar wird.

Heutzutage würden wir uns eher des Wortes *Bewusstsein* bedienen – das Vermögen, durch welches die unergründliche Einheit

6. Ebenda, Seite 252 (Abbildung »Die sieben Gestalten«): »Angst / gehet zu dem Feuerblitz.«

sich ihrer selbst bewusst wird. Mit frühreifer Klarheit einer Intuition folgend, die dem Rigveda bestens bekannt, den Lebzeiten dieses westlichen Christen jedoch Hunderte von Jahren voraus war, spürt Böhme, dass in undifferenzierter Einheit kein Selbstbewusstsein, kein reflektierendes Prinzip, kein Spiegeln – also der entscheidende Prüfstein der Reise in die volle Manifestation – existieren kann. Er fühlt intuitiv, dass dieses Sehnen nach vollständigem Göttlichen Selbstbewusstsein der wahre Antrieb der Stoßkraft in Richtung äußerer Manifestation ist, und fasst seine Überzeugung in dem wunderbaren, beindruckenden Abschnitt zusammen: »Und die Einheit sähnet sich nach der Empfindligkeit. [...] Denn also wird die ewige Lust empfindlich / und diese Empfindligkeit der Einheit heißet Liebe.«[7]

Mehr als drei Jahrhunderte später bekräftigt der christliche Hermeneutiker Valentin Tomberg, einer von Böhmes größten spirituellen Nachkommen, denselben Punkt, wenn er in *Meditations on the Tarot* schreibt: »Der reine Akt an sich kann nicht begriffen werden, oder anders ausgedrückt, nur aufgrund von Meditation können wir uns dessen bewusst werden.«[8] Böhmes geheimnisvoller Funke oder Blitz – der uranfängliche Big Bang, aus dem die Welten zum Vorschein kommen – *ist der Blitz reinen Bewusstseins.* Die Buddhisten würden es *rigpa* nennen: reine Aufmerksamkeit. Es ist das Licht, durch das wir das Licht sehen, das plötzlich aus dem Druck komprimierten Begehrens heraus explodiert. Böhme beschreibt es als das »Licht des Feuers / darinnen die Einheit in Beweglichkeit und Freude kommt.«[9] In diesem Blitz erkennt das Göttliche Wesen Sich selbst, wie Es ist – »und diese Empfindligkeit der Einheit heißet Liebe.« Doch dieser Blitz erscheint nicht »von oben«, sondern »von unten«; für Böhme wird die Fähigkeit zum reflektierenden Bewusstsein unter der Qual des Begehrens und dessen Frustration geboren. Dieser entscheidende Punkt hat nicht nur kosmologische, sondern auch tiefgehende psychologische Implikationen, wenn wir nachdenken über unser eigenes persönliches und menschliches Auftauchen im vollständigen Bewusstsein.

7. Ebenda, Seiten 236–237.

8. Valentin Tomberg: *Meditations on the Tarot,* Rockport, MA: Element, 1993, Seite 30.

9. Jakob Böhme: *Clavis,* Seite 237.

Es entsteht: das Herz Gottes

Das Gesetz der Drei besagt, dass durch das Verflechten von drei unweigerlich aus dem vorher Entstandenen ein Neuentstehendes resultiert – oder einfacher gesagt: jenes »Vierte in einer neuen Dimension«. Sie mögen sich erinnern, dass wir in unseren bisherigen Überlegungen hinsichtlich dieser neuentstehenden (mit Böhmes Wort: »ausgeflossenen«) Einheit festgestellt haben, dass es zwei Wege gibt, auf denen man »von hier nach dort gelangen« kann, doch dass das »dort« sich in beiden Fällen als Böhmes fünfte Eigenschaft herausstellt, die er als »Licht oder Liebe« beschreibt. Obwohl er die Konjunktion »oder« wählte, hatte er doch eigentlich Licht *und* Liebe im Sinn. Für seine Art des Denkens sind die beiden keine alternativen Anwärter für die Position der fünften Eigenschaft; sie sind eine einzige unteilbare Wirklichkeit, deren Ursprung das Feuer selbst ist. Und tatsächlich sind Böhmes vierte (Feuer) und fünfte (Licht) eigentlich keine zwei unterschiedlichen »Eigenschaften«, sondern aufeinanderfolgende Stadien eines einzigen Verlaufs, und Böhmes »Licht-Welt« scheint aus den Flammen hervor, wie die biblischen berühmten drei jungen tanzenden Israeliten in Nebukadnezars Feuerofen [Daniel 3.1–23].

In meinen vorangegangenen Darlegungen zu diesem ersten Neuentstehenden habe ich ganz einfach Böhmes Terminologie übernommen und es »Licht/Liebe« genannt. Nun aber, insbesondere in Anbetracht der Erkenntnis seines feurigen Entstehens, schlage ich vor, es »das Herz Gottes« zu nennen. Denn das Herz ist sowohl Feuer als auch Licht, Leidenschaft und Ausgeglichenheit, und genau indem es die beiden zu einem werden lässt, erkennt es tatsächlich seine wahre Hoheit und wird in Wirklichkeit zu dem, was es bereits in seinem Ursprung ist: zum ersten Gegenwurf der »unergründlichen Einheit« Gottes. Das Herz steht für das Innerste und Essenziellste von Etwas – für den tiefsten »Kern der Sache« oder ihr Wesen. Doch weil in allen großen spirituellen Traditionen das Herz der Sitz der Liebe ist, lässt der Ausdruck *Herz Gottes* auch erahnen, was dieses enthüllte Wesen sein könnte. Der Begriff führt uns zur exakten Übereinstimmung mit Böhmes Aussage: »und diese Empfindligkeit der Einheit heißet Liebe.« Aus dem Blickwinkel des Gesetzes der Drei ist es tatsächlich eine bemerkenswert exakte Verkapselung des Prinzips des Gegenwurfs als solchem.

Bitte erinnern Sie sich an das, was wir bereits über die Wirkungsweise des Gegenwurfs gelernt haben. Diese Liebe, die Böhme im Sinn hat, ist kein *Abbild* Gottes, keine Spiegelung eines Prototyps, dessen »wahre« Substanz woanders ist. Und es handelt sich auch nicht um eine Qualität, die Gott bereits besitzt und einfach nach außen hin projiziert (wovon Christen typischerweise ausgehen, wenn sie sagen: »Gott ist Liebe«). Vielmehr ist es *Gottes Selbst* – die unergründliche Einheit, die ewige Freiheit –, das sich nun in die Dimension der Wahrnehmung oder des Bewusstseins hineinbewegt. Liebe ist Gottes ›Aussehen‹, das, was Gott tatsächlich *ist*, nachdem das Göttliche Bewusstsein sich seiner selbst erst einmal gewahr wird – oder wie Böhme sagt, sich selbst in »Beweglichkeit und Freude« gebracht hat.

In der traditionellen Sprache christlicher Frömmigkeit mag der Ausdruck *Herz Gottes* augenblicklich Jesus Christus ins Gedächtnis rufen, und diese vertraute Assoziation hatte auch ich tatsächlich im Hinterkopf, als ich diesen Begriff vorschlug. Traditionell ausgedrückt können wir daher sagen, dass das Ergebnis, oder das Neuentstehende, aus dieser ersten »Prozession« des Gesetzes der Drei darin besteht, dass Gott Seinen ewigen Sohn hervorbringt. Auf eine eingeschränkte, verblümte Art ist diese Aussage richtig, doch ich möchte die Dinge noch nicht dermaßen festgezurrt wissen. Ich räume lediglich ein, dass die Wörter, die ich an jedem triadischen Punkt einführe, sorgfältig und mit langfristigem Blick ausgewählt wurden. Wie Schneebälle werden sie Schicht um Schicht zunehmen, wenn wir sie weiter wälzen.

Für den Augenblick bringt es mehr, wenn wir uns auf die Intuition von Böhme (und übrigens auch von Meister Eckhart – eigentlich auf die vieler der großen christlichen Mystiker) fokussieren, dass es in diesem ersten Stadium des trinitarischen Entfaltens in Wahrheit darum geht, die Trinität selbst zu erzeugen – die Trinität, hier verstanden als der innere Dynamismus, durch den alles andere ins Sein kommen wird. Kurz gesagt: das Gesetz der Drei. Die Dreifaltigkeit, die Böhme geltend macht, lautet: »Gott erkennt Sich in Unterscheidbarkeit« – was natürlich die Kehrseite ist von »erkennt Sich in Gemeinschaft«, der so liebgewonnenen traditionellen Darstellung der Dreifaltigkeit. Diese Art der Selbstkenntnis ist die »schmerzende«, doch notwendige Grundlage für jedwede äußere Manifestation. Ohne sie sind Bewusstsein und Dasein unmöglich. Mit ihr sind sie unvermeidlich.

12

Stadium 2: die uranfängliche Trinität

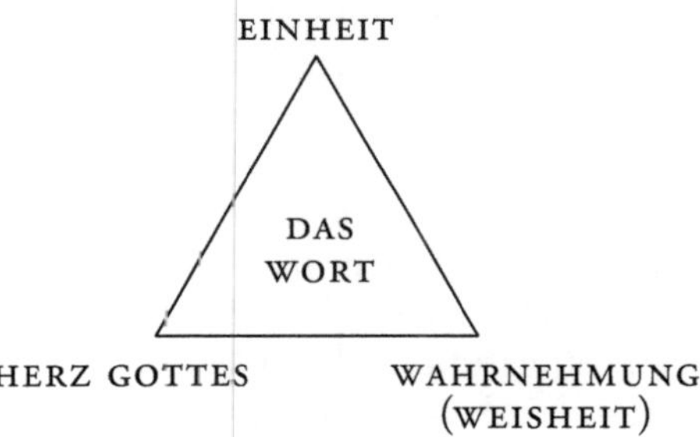

HIER, AM ANFANG DIESER ZWEITEN PROZESSION AUS DEM Gesetz der Drei, mag uns das Territorium bekannt erscheinen. In der Tat haben wir es hier mir der ewigen, noch ungeschaffenen Trinität zu tun. Mit einer simplen Transposition in die vertrauten Begriffe *Vater* (anstelle von »Einheit«), *Sohn* (anstelle von »Herz«) und *Geist* (anstelle von »Wahrnehmung«) wären wir zurück im uns vertrauten Bild der Dreifaltigkeit. Doch die echten Möglichkeiten eröffnen sich erst, wenn wir diese Transposition vermeiden.

Auch diese zweite Triade passt genau zur zweiten der drei Böhmschen Triaden, die ich in Kapitel 8 beschrieben habe; in diesem Fall ist es jene, in welcher die von Böhme als »Klang« bezeichnete (sechste) Eigenschaft aus dem Zusammenspiel von Feuer und Licht hervorgeht. Mit einer leichten Anpassung der Terminologie (»Wort« ist einfach ein in jeglicher Hinsicht theologisch anerkannteres Synonym für »Klang«) hat die Korrelation zwischen ihnen auch weiterhin Bestand.

Die Aufstellung des Dreiecks

Wir bleiben bei der bereits eingeführten Anordnung: Das Bejahen steht unten rechts, das Verneinen an der Spitze und das Versöhnen unten links. Allerdings schlage ich nun aus Gründen, die schon bald ersichtlich werden, einen leicht abweichenden Weg vor, diese drei Ecken zu benennen. Um uns noch weiter von der unbewussten Assoziation zu entfernen, dass Bejahen mit »aktiv« oder »gut« gleichzusetzen sei und Verneinen auf etwas »Negatives« oder »Passives« hindeute, lassen Sie uns die erste Kraft *manifestierend* nennen, die zweite Kraft *nichtmanifestiert* und die dritte Kraft *manifestiert.* Schließlich ist das Gesetz der Drei das Gesetz der Welterschaffung, und diese Anpassung in der Terminologie hält unsere Aufmerksamkeit auf die schöpferische, selbstmitteilende Natur dieser gesamten Göttlichen Odyssee gerichtet.

Wenn wir also zustimmen, dass die Spitze des Dreiecks dem *Nichtmanifestierten,* unten rechts dem *Manifestierenden* und unten links dem *Manifestierten* entspricht, können wir nun damit anfangen, jene Vorgaben anzuwenden, die ich bereits zuvor als unsere vier Spielregeln eingeführt habe. Das Neuentstandene aus der vorangegangenen Triade – das Herz Gottes – rückt nun auf die Postion der dritten Kraft, oder des Manifestierten, in der neuen Triade. Unser zuvor Manifestiertes (Angst/Wahrnehmung) übernimmt die Rolle des Manifestierenden. Und das, was unterdessen aus der Position des Manifestierenden hinausgestoßen wurde (Begehren), geht scheinbar in den Untergrund, aber nur, um als der ungesehene »Wurf« wiederaufzutauchen, für den unser Neuentstehendes (Welt) den Gegenwurf liefert.

Das Nichtmanifestierte: die unergründliche Einheit

Wie schon angekündigt, habe ich mich dazu entschieden, das Nichtmanifestierte durchgängig dasselbe sein zu lassen: immer die nicht-zurückführbare, unerkennbare unergründliche Einheit und ewige Freiheit Gottes. Dies ist zum Teil meinem Anspruch geschuldet, jedwedem Anflug von Emanationismus entgegenzuwirken: also der Vorstellung, dass die überwesentliche Gottheit mit der Schöpfung nur durch dazwischenliegende Reiche interagiert und dass jedes Neuentstehende eine weitere Distanzierung Gottes von Seiner direkten Beteiligung in der Schöpfung darstellt. Dem ist nicht so. Die unbekannte, formlose Präsenz ist immer direkt an jedem neuen kosmischen Entstehen beteiligt.[10] Innerhalb der Regeln der christlichen Orthodoxie zu bleiben, bedeutet, dass man

10. In einem Brief an mich vom 26. März 2002 liefert Jyri Paloheimo eine indirekte Bestätigung meiner Intuition, indem er betreffend Gurdjieffs Lehre vom »allgegenwärtigen Okidanoch« kommentiert:

> Gurdjieff behauptet, dass im Universum alles ohne Ausnahme stofflich (also Materie) sei. Den Grundstoff, aus dem alles erschaffen wurde, nennt er in *Beelzebub*[*s Erzählungen*] »Ätherokrilno«; es liefert die Basis von jedem Entstehenden sowie dessen Erhalt. Gurdjieff sagt nicht allzu viel darüber.
> Es gibt eine weitere Substanz, die vielleicht wichtiger für das Verständnis des Gesetzes der Drei ist. Ich zitiere direkt aus *Beelzebubs Erzählungen:*
>
> > Ferner musst du noch wissen, dass nur eine kosmische Kristallisation, die unter dem Namen »Allgegenwärtiges Okidanoch« existiert, ihr Ur-Entstehen – trotzdem sie sich auch aus Ätherokrilno kristallisiert – den drei heiligen Quellen des heiligen »Theomertmalogos« verdankt, nämlich den Emanationen der Allerheiligen Sonne-Absolut.
> > Dieses »Allgegenwärtige Okidanoch« oder »Allgegenwärtige aktive Element« nimmt überall im Weltall an der Bildung aller großen und kleinen Entstehungen teil und ist überhaupt die Grundursache der meisten kosmischen Erscheinungen und besonders der Erscheinungen, die in der Atmosphäre vor sich gehen (G.I. GURDJIEFF: *Beelzebubs Erzählungen,* Seite 149).

Weiter zitiert er Gurdjieff über das »Allgegenwärtige Okidanoch«, dass:

> wenn eine neue kosmische Einheit sich verdichtet, das »Allgegenwärtige aktive Element« nicht mit dieser neuen Entstehung als Ganzes verschmilzt, noch sich an einem bestimmten entsprechenden Ort als ein Ganzes transformiert – wie es mit allen übrigen kosmischen Kristallisationen in allen erwähnten kosmischen Bildungen geschieht –, sondern dass, sobald es als Ganzes in eine kosmische Einheit gelangt, in ihm sofort der sogenannte »Dschartklom« stattfindet, das heißt, dass es in die drei Grundteile zerfällt, aus denen es seine Ur-Entstehung hatte, und dass erst danach jeder einzelne Grundteil den Anfang zu einer selbstständigen Verdichtung der drei einzelnen entsprechenden Bildungen in der betreffenden kosmischen Einheit darstellt. Und auf diese Weise verwirklicht dieses »Allgegenwärtige aktive Element« anfangs in jeder dieser neuen Entstehungen die Quellen zur möglichen Äußerung ihres eigenen ebenfalls heiligen Triamasikano-Gesetzes [= Gesetzes der Drei] (ebenda, Seite 151).

Es scheint, dass einige der signifikanten Punkte aus Gurdjieffs Lehre über das »Allgegenwärtige Okidanoch« dieselben metaphysischen Grundlagen abdecken, wie jene, auf die ich mich berufe, wenn ich die unergründliche Einheit als eine Direktbeteiligte an jedem neuen kosmogenen Entstehenden beschreibe.

Gott nicht einfach aus der Gleichung herausstreichen kann. Doch falls theologische Betrachtungen allein diesen Schluss nicht ausreichend begründen sollten, finden wir zusätzliches argumentatives Gewicht in der Vorstellung des Gegenwurfs als solchem (wir erinnern uns an das Schustergewerbe), dass der Faden in jedem Fall derselbe bleibt, ganz unabhängig davon, ob er sich an der Ober- oder an der Unterseite manifestiert. Gott ist der Faden, der durch alle Welten hindurchläuft.

Aber lässt dies das Gesetz der Drei im Endeffekt nicht in einer hegelschen Binärbeziehung (These / Antithese / Synthese) kollabieren? Überraschenderweise nicht. Und zwar vor allem aufgrund der Tatsache, dass jedes Neuentstehende (das, in toto, aus einer Reihe von Gegenwürfen der unergründlichen Einheit in aufeinanderfolgenden Wirkungsbereichen besteht) genügend Mannigfaltigkeit in das Gemisch mit einbringt, was sicherstellt, dass das heilige Nichtmanifestierte ein echter Akteur und nicht bloß ein Platzhalter ist. In dieser zweiten Kraft, oder verneinenden Position, wird es immer auf die endlose Potenzialität und Fruchtbarkeit verweisen (Böhme bezeichnet dies als das »Magnum Mysterium«), das all unsere menschlichen Förmchen zerbricht und garantiert, dass das Spielfeld unaufhörlich ausbaufähig bleibt.

Das Manifestierende: Wahrnehmung

Erinnern Sie sich an die schnelle Folge von Vorfällen in der vorhergehenden Triade, die uns zu diesem Punkt brachte: da waren Angst... Blitz... und das Licht reinen Bewusstseins (oder Wahrnehmung beziehungsweise »Empfindlichkeit«, wie Böhme sagt). Die Reibung, verursacht durch das Zusammenziehen des Göttlichen Willens, führt zu einer Explosion, die im selben Augenblick sowohl Feuer als auch Licht ist, Energie und Erleuchtung.

Bei der Bezeichnung dieses triadischen Punktes habe ich gezögert. Da Böhme selbst keine eindeutige Linie zwischen »Feuer« und »Licht« zu ziehen scheint, ist meine eigene Wahl hinsichtlich der Frage, ob das hier Wirkende die Angst / Wahrnehmung (unser vorheriges heiliges Versöhnen) oder das Feuer ist, zu einem gewissen Grad willkürlich. Sobald einmal der Funke aus diesem harten Feuerstein »Angst« geschlagen ist, bleibt es eben Feuer, und so scheint »Feuer« die richtige Wahl zu sein. Doch indem wir das

Feuer akzentuieren, laufen wir Gefahr, die Wahrnehmung aus den Augen zu verlieren, was mir als ein weitaus größerer Verlust erscheinen würde. Denn wir haben bereits gesehen, wie Wahrnehmung mit dem Auftauchen von reflektierendem Bewusstsein zusammenhängt und daher ein Kernelement dessen ist, was sich schon bald als der Weisheitsstrang dieser Verflechtung entfalten wird. Schlussendlich habe ich auf die zusätzliche Peillinie unserer vierten Grundregel vertraut, die bekräftigt, dass »Wahrnehmung« doch die richtige Wahl ist.

Vielleicht ist es kein Entweder-oder, sondern ein Sowohl-als-auch. An diesem triadischen Punkt, den das Christentum schließlich mit dem Heiligen Geist identifizieren wird, befinden wir uns bereits im Quellgebiet dessen, was sich in der Folge zu jenen zwei völlig unterschiedlichen Modalitäten der Geistesgegenwart entwickeln wird: Geist als reine Energie oder nach außen gerichtete Kraft, und Geist als pures Bewusstsein oder Reflexion. Die heutige Pneumatologie neigt manchmal dazu, diesen Unterschied unberücksichtigt zu lassen (»Er ist ganz und gar innewohnend!«, bemerkt Bruno Barnhart), doch diese beiden unterschiedlichen ›Seiten‹ des Geistes wurden in den esoterischen und mystischen Traditionen eingehend thematisiert, insbesondere bei Böhme und in der Kabbala. Explosion, Energie und nach außen gerichtete Kraft entsprechen mehr dem Yang oder dem maskulinen Ausdruck von Geist; Reflexion und reines Bewusstsein kommen eher dem Yin oder dem Femininem gleich. Während der gesamten sich nun anschließenden Vorwärtsbewegungen werden wir den Tanz dieser beiden komplementären Aspekte verfolgen, wenn sie sich mit jeder neuen Drehung des Kaleidoskops voneinander wegbewegen und wieder zusammenkommen.

Das Manifestierte: das Herz Gottes

Das Herz Gottes rückt nun an die Stelle der dritten Kraft; es bietet sich als den Begegnungsort an, an dem dieses Göttliche Sehnen, sich selbst in »Beweglichkeit und Freude« zu erkennen, einer absoluten Einheit gegenübersteht, die keine Trennung gelten lassen kann. Wie sich diese Begegnung abspielt, werden wir in Kürze sehen. Die Bezeichnung »Herz Gottes« ist mein eigener Vorschlag einer alternativen Bezeichnung für Böhmes fünfte Eigenschaft, die er ganz einfach »Licht/Liebe« nennt, und zielt darauf ab, diese beiden Aspekte in einem einzigen Symbol zu vereinen, welches die Essenz von beidem übermittelt: dem Yin der Klarheit und dem Yang der Wärme.

Es ist aufschlussreich, dass Böhme in seiner Beschreibung dieser Eigenschaft auf maskuline und feminine Bilder zurückgreift. Diese »wahre geistliche Engelswelt der Göttlichen Freuden«[11] ist sein zweites Prinzip, die transformierte oder Licht-Welt, »da[rin] alle Eigenschaften der feurigen Natur in Liebe brennen.«[12] Während in dieser ersten Beschreibung das Feuer überwiegt, ist es das Licht, welches seine zweite durchzieht. In *Vierzig Fragen von der Seelen* versinnbildlicht er diese Engelspräsenz als »ein Bild Gottes, eine Jungfrau voller Reinigkeit und Zucht« – eine Jungfrau, die zugleich »Gottes Gleichnis, Seine Weisheit, ist, darin sich der Geist erblicket.«[13] Seine bildliche Darstellung ist ein Widerhall des kraftvollen Porträts der uranfänglichen Sophia im »Buch der Weisheit« im Alten Testament:

> Sie ist ein Hauch der Kraft Gottes
> und reiner Ausfluss der Herrlichkeit des Allherrschers;
> darum dringt nichts Verunreinigtes in sie ein.
> Sie ist der Widerschein des ewigen Lichts,
> der ungetrübte Spiegel von Gottes Kraft,
> das Bild Seiner Güte.
>
> Weisheit 7.25–26

In meinen früheren Auslegungen habe ich eingeräumt, dass der Begriff *Herz Gottes* eine Vorstellung von Jesus Christus wachruft, Gottes einzigem und ewigem Sohn, aber auch davor gewarnt, diesen Schluss allzu schnell zu ziehen. Böhme selbst hat einen besseren Vorschlag. Er bietet uns seinen eigenen Begriff *Christosophia* an, der das kosmische Herz Gottes, welches Feuer und Licht, Männliches und Weibliches vereint, »den einzigen eingeborenen Sohn«, den wir als Christus kennen, verbindet mit der »Jungfrau voller Reinigkeit und Zucht«, uns auch bekannt als Sophia.

Die Christosophia ist vielleicht die am stärksten unterbeschäftigte Erkenntnis der ganzen christlichen Mystik. Die Vorstellung

11. Jakob Böhme: *Clavis,* Seite 240.
12. Ebenda, Seite 238.
13. Jakob Böhme: *Vierzig Fragen von der Seelen,* Seite 13.

als solche war vor Böhme nicht gänzlich unbekannt; bereits im vierzehnten Jahrhundert erfasste Juliana von Norwich das Wesentliche davon mit ihrer typischen Prägnanz: »Jesus Christus ist unsere wahre Mutter.«[14] Doch Böhmes tiefsinnige Entwicklung dieser Vorstellung verdient ein weitaus größeres Publikum, da er hier etwas vollbringt, das heutigen feministischen Hermeneutikerinnen solch ein dringendes Bedürfnis ist: die Anerkennung, dass im Göttlichen Archetyp Christi (und genau darum geht es an diesem triadischen Punkt) die Funktionen, die später willkürlich in Logos und Sophia unterteilt werden und die Welt ordnen, beziehungsweise die Weisheit reflektieren, hier nahtlos miteinander verbunden sind. Genauso wie es an unserem manifestierenden triadischen Punkt geradezu unmöglich ist, die Explosion vom Licht zu trennen, lässt sich hier die nach außen gerichtete Kraft nicht vom inneren Sehnen trennen, oder das Herz, welches das Geheimnis der Göttlichen Verborgenheit trägt, vom Herzen, welches der Urquell des Göttlichen Ausströmens ist. In diesem uranfänglichen heiligen Versöhnen sind beide eins.

Das Quellgebiet des Geschlechts

In meinen einleitenden Überlegungen zu dieser zweiten Trinität habe ich auf deren oberflächliche Ähnlichkeit mit dem uns vertrauten Dreifaltigkeitsbild von Vater, Sohn und Heiligem Geist verwiesen, aber auch gesagt, dass sich uns deren wahre Möglichkeiten eröffnen würden, falls wir diese üblichen Transposition vermeiden könnten. Vielleicht ist nun klarer geworden, was ich damit gemeint habe. Für jeden dieser triadischen Punkte haben wir ein weibliches Double zur maskulinen Bildsprache entdeckt. Sogar das Nichtmanifestierte, die ewige Freiheit, hat ein feminines Double im Magnum Mysterium, der ewigen Fruchtbarkeit. An jedem der Punkte begegnen wir dem archetypischen Göttlichen Femininen in prototypischer Form: als Matrix, unendliche Fruchtbarkeit, Tiefe, reine Reflexion, Weisheit, Wahrnehmung, Energie. Hier kommt das Quellgebiet des großen Flusses des Femininen zum Vorschein.

Gar noch eindrucksvoller ist, dass sie in einer androgynen Form auftauchen. Wir reden hier nicht von einer archetypischen Göttin-

14. Julian of Norwich: *Showings,* herausgegeben von Edmund Colledge und James Walsh, Mahwah, NJ: Paulist Press, 1978, Seite 296.

nengestalt, die später durch einen archetypischen Gott ersetzt wird; vielmehr sind die dualen Aspekte des Maskulinen und Femininen an jedem Eckpunkt der Triade dermaßen ineinander verwoben, dass sie sich nicht unterscheiden lassen. Das Göttlich Apophatische oder Unaussagbare ist die Unergründlichkeit jedweder Schöpfung; die Explosion ist das Licht; der *Christos*, das gesalbte (das heißt manifestierte) Herz Gottes ist die Christosophia, das Herz der Mutter. Sie sind unteilbar eins. In dieser zweiten Trinität begegnen wir dem ewigen Muster des Geschlechts. Jeder triadische Punkt umschließt und deutet hin auf das, was wir später als das Maskuline und Feminine kennenlernen, während er gleichzeitig offenbart, dass sie an der Wurzel eins sind.

Es entsteht: das Wort

Juliana von Norwich schreibt:

> So wahr also Gott unser Vater ist, so wahr ist Er auch unsere Mutter; und dies offenbarte Er in allem: [...] Ich bin Er, die Stärke und Güte des Vaters; Ich bin Er, die Weisheit und Güte der Mutter; Ich bin Er, das Licht und die Gnade, die selige Liebe ist; Ich bin Er, die Dreifaltigkeit; Ich bin Er, die Einheit; Ich bin Er, die höchste Güte aller Dinge; Ich bin Er, Der dich zum Lieben erschuf; Ich bin Er, Der dich wünschen lässt; Ich bin Er, die endlose Erfüllung aller wahren Wünsche.[15]

Doch wie das Gesetz der Drei vorgibt, liegt die »endlose Erfüllung aller wahren Wünsche« nicht auf der Ebene, auf der das Begehren auftauchte; vielmehr ruft es ein Neuentstehendes ins Sein, das seinerseits zum neuen Feld für ununterbrochene Erkundung und Manifestation wird. Ich habe mich dazu entschieden, diese zweite Prozession aus dem Gesetz der Drei mit ihrem Johanneischen Namen zu betiteln: »das Wort«. In seinen multivalenten Dimensionen von Gestalt und Kraft wird das Wort zu unserem Prüfstein für das Herabsteigen in die Zeit, in die Materie und in die Zwänge.

15. Ebenda, Seiten 295–296.

13

Stadium 3: die sophianische Trinität

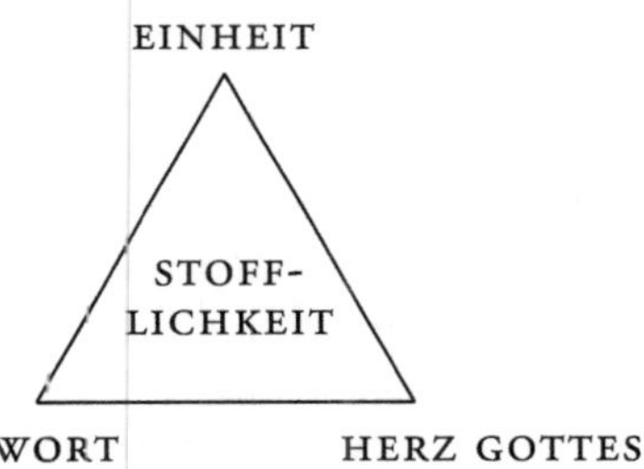

IN DIESER DRITTEN TRINITÄT ÜBERSCHREITET DIE GÖTTliche Flugbahn hin zur Selbstmitteilung eine maßgebliche Wasserscheide. Das Auftauchen von etwas aus dem Nichts ist nicht länger nur eine verborgene Störung innerhalb des Göttlichen Willens; es hört genau an dem Punkt auf, dies zu sein, wo unsere moderne wissenschaftliche Kosmologie beginnt: bei jener uranfänglichen Explosion, die uns in das Reich von Energie und Stofflichkeit hineinkatapultiert, bei der Geburt des Kosmos in der physikalischen Raum-Zeit.

Diese Trinität stimmt auch mit der letzten Triade Böhmes überein, die ebenfalls an diesen Punkt gelangt: mit dem Auftauchen dessen, was Böhme als »Substanz« oder »Natur« bezeichnet. Dies ist die geheimnisvolle siebte Eigenschaft, welche all die anderen rekapituliert und – in der Vervollständigung jenes innergöttlichen Musters des »Eindrucks des Nichts ins Etwas« – es diesem Muster ermöglicht, sich nach außen zu projizieren im Ins-Sein-Rufen der sichtbaren Welt. Das allmähliche Enthüllen der wahren Identität und Tinktur dieser heiligen Stofflichkeit ist die wahre Offenbarung, die uns in dieser Triade erwartet.

Das Manifestierte: das Wort

Als zweite Prozession aus dem Gesetz der Drei ist das Wort äußerst prädestiniert, an die Position des heiligen Versöhnens zu rücken. Sie erinnern sich, dass Böhme diese sechste Eigenschaft einfach als »Klang« bezeichnet; doch was er damit meint, gleicht im Wesentlichen dem, was der Autor des Johannesevangeliums durch sein »Wort« oder *Logos* zu übermitteln versucht: In beiden Fällen liegt die Betonung auf Verständlichkeit, Verstehen, Gestaltung und Handlung. Das Wort liefert die Vorlage, durch welche die unergründliche Einheit einen weiteren Quantensprung in Zusammenhalt und Besonderheit unternehmen wird.

Die Abstammungslinie des Wortes verläuft durch die »Feuer«-Seite von Böhmes Ahnenforschung (beim Vergleich mit der Tabelle auf Seite 164 zeigt sich, dass wir es hier mit dem Gegenwurf des Begehrens zu tun haben, jenem ursprünglichen Aktivierungsmittel). Es bringt uns in Einklang mit jenem rastloseren, absichtlichen, sich selbst postulierenden Aspekt der Göttlichen Natur, den Böhme anschaulich als ›Hinausbegehren‹ beschreibt. Im Gegensatz zur eher femininen Energie des reinen Bewusstseins und der Reflexion schwingt dieses Wort mit den maskulinen Kräften des Gestaltens und Werkens. Es entsteht ähnlich wie das »intelligible Universum« der griechischen patristischen Kirchenväter oder das Reich ewiger Ideen im platonischen Denken. Aber hier wird das entscheidende Element *Klang* hinzugefügt (denn was ist das Wort, wenn nicht in eine Schwingung hineingelegte Absicht?), wodurch die ewige Idee über das Mittel verfügt, sich selbst nach außen hin zu projizieren.

Das Manifestierende: das Herz Gottes

Das Herz Gottes übernimmt nun die Rolle des heiligen Bejahens. Dies ist von beispielloser Bedeutung, weil es unterstreicht, dass in diesem nächsten und entscheidenden Stadium des Entfaltens des Gesetzes der Drei das aktive Prinzip die Liebe ist. Der Impuls, der alles ins Sein ruft – der einzige Impuls mit ausreichender Schwingung, Ausdehnung und Jungfräulichkeit (!), um vom Reich reinen Bewusstseins in die Welt der Energie hineinzuspringen, wie es diese Triade tut –, ist die Liebe.

Denken Sie daran, dass dieser triadische Punkt auch ein Gegenwurf ist – tatsächlich sogar unser allererster –, nämlich der der Einheit selbst. Wir wollen uns erneut Böhmes herausragendes Diktum ins Gedächtnis rufen: Das Wahrnehmen der Einheit heißt »Liebe«. Was durch diesen triadischen Punkt zu uns herunterfließt, ist die Übermittlungslinie der Lichtwelt: Wahrnehmung, Klarheit, Reinheit, »der Busch, der brennt, aber nicht verzehrt wird«. Das Herz Gottes ist das innerste Strahlen der Einheit, die sich nun selbst in »Wahrnehmung [Empfindligkeit] und Unterscheidbarkeit [Schiedlichkeit]«[16] (wie Böhme es nennt) manifestiert.

Es entsteht: die heilige Stofflichkeit

Unergründliche Einheit, aktivierende Liebe, versöhnendes Wort: Was aus dem Zusammenspiel dieser drei Kräfte entsteht, ist vielleicht der außergewöhnlichste aller Quantensprünge. Wir stehen an der Schwelle zu jenem Schlüsselmoment, in dem das Göttliche Bewusstsein sozusagen den Zaun überspringt und in der Ur-Energie kondensiert, welche die geschaffene Ordnung hervorbringen und erhalten wird.

Mit dieser Art der Beschreibung beziehe ich mich bewusst auf einen bemerkenswerten Abschnitt aus *Meditations on the Tarot,* der praktisch von Beginn an mein Verständnis dieses Prozesses geprägt hat. Tomberg schreibt dort:

> Die moderne Wissenschaft ist zu dem Schluss gekommen, dass es sich bei Materie nur um konzentrierte Energie handelt – was Alchimisten und Hermeneutiker im Übrigen bereits seit Tausenden von Jahren gewusst haben. Früher oder später wird die Wissenschaft ebenfalls entdecken, dass das, was wir »Energie« nennen, lediglich konzentrierte übersinnliche Kraft ist, und diese Entdeckung wird schließlich zur Anerkennung der Tatsache führen, dass jede übersinnliche Kraft schlicht und ergreifend die Konzentration von Bewusstsein ist, das heißt Geist.[17]

Natürlich müssen wir diese Erkenntnis etwas kalibrieren, um jegliche Überbleibsel einer Rotverschiebungsmetaphysik zu eliminie-

16. Jakob Böhme: *Christosophia,* Seite 164.
17. Valentin Tomberg: *Meditations on the Tarot,* Seite 574.

ren. In der Blauverschiebungskosmologie, die ich hier entwickelt habe, bleiben Qualität und Quantität Göttlicher Gegenwart an jedem Punkt auf dem Schöpfungsstrahl unverändert. *Kon-densation* (wortwörtlich: die »Mit-Dichte«) impliziert keine abnehmende Intensität des Geistes, sondern lediglich eine sich verstärkende Konzentration des Geistes innerhalb des Physischen. Mit dieser Angleichung bietet Tombergs schematische Darstellung tatsächlich eine überzeugende Beschreibung des Auswärtsdrangs (nicht des Abwärtsdrangs) der Göttlichen energetischen Flugbahn.

Als ich über den Namen für dieses Neuentstehende nachdachte, stelle ich wiederum fest, dass sich zwei Anwärter anboten, zwei sich ergänzende Bedeutungsstränge. Böhme nennt diese siebte Eigenschaft »Wesen« oder »heilige Stofflichkeit«, womit tatsächlich ihre Funktion benannt wird. Doch wenn wir seinen Sprachgebrauch genauer betrachten, entdecken wir, dass er auch das Wort *Barmherzigkeit* verwendet, was wiederum ein Synonym für »Gnade« und »Erbarmen« ist. Die eigentliche physikalische Zusammensetzung dieses »Wesens« – seine Tinktur oder innewohnende Natur – stellt sich also als *Gnade* heraus! Und Gnade (beziehungsweise Erbarmen) offenbart, linguistisch gesehen, Herzlichkeit als ihre essenzielle Tinktur – nicht Mitleid noch Herablassung.

Was machen wir nun damit? Böhme ist gewiss nicht allein mit dieser Erkenntnis. Mit bemerkenswerter Konsistenz ist »Gnade« der Begriff, mit dem die westliche mystische Tradition diese innerste Qualität des Herzens Gottes beschreibt; die diesbezüglich Einfühlsamsten waren meine wichtigsten Lotsen auf dem Weg: Jakob Böhme, Juliana von Norwich, Helen Luke und Thomas Merton.

Verstehen Sie dies bitte nicht falsch: Gnade *ist* eine Substanz. Sie existiert wirklich – allerdings auf einer derart hohen und starken Schwingungsfrequenz, dass sie sich innerhalb der geschaffenen Ordnung kaum fassen lässt; tatsächlich erscheint sie aus unserer menschlichen Perspektive heraus häufig als ein »Nichts« (ein beliebtes Paradoxon der Mystiker). Sie ist die intensivste und feinstofflichste Energie, die in der Geschaffenheit überhaupt existieren kann. Sie haust im Kern aller Dinge, ist die Urquelle des Seins und das, was Merton mit folgenden Worten beschreibt: »Der Kern des Lebens, der in allen Dingen existiert, ist Zartheit, Gnade, Reinheit, das Licht.«[18]

18. Thomas Merton: "Hagia Sophia" in *A Thomas Merton Reader,* New York: Doubleday / Image Books, 1974, 1989, Seite 509.

Sie ist auch in uns als die Grundlage unserer eigenen Seele. In einem seiner erhellendsten Absätze beschreibt Merton diesen *point vierge* [Ort der Reinheit], wie er ihn nennt, sowohl in seiner Intensität als auch in seinem scheinbaren Nichts:

> Hier kommen wir wieder zu diesem Begriff *«le point vierge»* (den ich nicht übersetzen kann). Im Zentrum unseres Wesens gibt es einen Punkt des reinen Nichts, unberührt von Sünde oder Illusion, ein Punkt der reinen Wahrheit, ein Punkt oder ein Funke, der ganz und gar Gott gehört, über den wir niemals verfügen, von dem aus aber Gott über unser Leben verfügt, der unzugänglich ist für die Fantasien unseres Verstandes oder die Rohheiten unseres Eigenwillens. Dieser kleine Punkt des Nichts und der *äußersten Armut* ist die uns eingeschriebene reine Herrlichkeit Gottes. Er ist sozusagen Sein Name, in uns eingetragen als unsere Armut, als unsere Bedürftigkeit, als unsere Abhängigkeit, als unsere Kindschaft. Er ist wie ein reiner Diamant, der vom unsichtbaren Himmelslicht funkelt. Er ist in jedem Menschen, und könnten wir dies erkennen, würden wir Milliarden solcher Lichtpunkte zusammenströmen sehen im Antlitz und im Leuchten einer Sonne, die alle Finsternis und Grausamkeit des Lebens vollständig überblendet.[19]

Die Mystiker haben dies intuitiv verstanden: dass wir in diesem großen »elektromagnetischen Feld der Liebe«[20] geerdet und verwurzelt leben. Selbst unsichtbar, ist es der verborgene Mutterboden des Tatsächlichen. Alle Dinge leben und bewegen sich und haben ihr Dasein in ihm. Nichts kann aus ihm herausfallen, denn er ist *fons et origo* [Quelle und Ursprung] von allem.

Dieser Einblick, wenn wir es in der eher psychologischen Sprache zeitgenössischer Spiritualität ausdrücken, impliziert insbesondere, dass dieses Feld, in dem wir leben, uns bewegen und unser Dasein haben, *relational* ist. Bewusstsein selbst ist relational (wie es das englische Wort *con-scious* ausdrückt: Mit-Wissen). In ihrem

19. Thomas Merton: “A Member of the Human Race” in *A Thomas Merton Reader,* Seiten 346–347.

20. Dieser wunderbare Ausdruck stammt von Kabir Helminski: *Living Presence: A Sufi Way to Mindfulness and the Essential Self,* New York: Jeremy Tarcher / Putnam, 1992.

Buch *Old Age* macht Helen Luke an einer von mir schon lange geschätzten Stelle darauf aufmerksam, dass das Wort *mercy* (Gnade) dieselbe etruskische Wurzel hat wie die Wörter *commerce* (Handel) und *merchant* (Händler); alles dreht sich um Austausch.[21] In diesem großen elektromagnetischen Feld der Liebe befindet sich *alles* – vom winzigsten Elektron bis zu den großen drei Personen der Dreifaltigkeit – unaufhörlich im Austausch, gibt und nimmt von sich selbst in diesem Aufruhr von Selbstmitteilung, der de facto den Dynamismus der Liebe bildet. Dieses Feld ist kein »es«, sondern ein »Du«. Und nur durch das Öffnen unseres eigenen Herzens für die nicht weiter zurückführbare persönliche und relationale Natur dieses »Du«, in dem wir verwurzelt sind, werden wir jemals entdecken, wer wir wirklich sind.

Heilige Weisheit

Doch es gilt, noch einen weiteren verborgenen Schatz zu heben, und auch diesen werden wir finden, indem wir uns auf jene heimliche, kleine vierte Grundregel berufen. Wenn wir uns vorstellen, dass das gegenwärtige Neuentstehende der Gegenwurf zum jetzt ersetzen, vorherigen Manifestierenden ist, entdecken wir, dass diese heilige Stofflichkeit tatsächlich der Gegenwurf zur Wahrnehmung ist, die wir bereits begonnen haben, mit Weisheit, dem uranfänglich Femininen, gleichzusetzen. Also ist es die Weisheit, die im Grunde genommen die Tinktur dieser ganzen Triade bestimmt. Was für eine wahrhaft wundersame Vorstellung! Weisheit, reines Bewusstsein und reine Reflexion, stellt sich als die verborgene Wirkungsweise heraus, wenn sich das Herz Gottes in das stoffliche Reich hineinbewegt. Die Schöpfung gelangt nicht aus dem Jenseits ins Sein, sondern aus dem Inneren, wenn die Weisheit die gesamte Operation durchflutet und zur spiegelnden Präsenz – eigentlich zur Personifizierung – jener heiligen Barmherzigkeit wird.

Dies ist der Grund, warum ich diese Triade »sophianische Trinität« nenne. Unterhalb der mehr nach außen gerichteten Bewegung des gestaltenden und ordnenden Logos liegt das beinahe unsichtbare Strahlen, welches in dem bereits zitierten Abschnitt im »Buch der Weisheit« personifiziert wird:

21. Helen Luke: *Old Age,* New York: Parabola Books, 1987, Seite 84.

Die Weisheit ist beweglicher als alle Bewegung;
in ihrer Reinheit durchdringt und durchwaltet sie alles.
Sie ist ein Hauch der Kraft Gottes
und reiner Ausfluss der Herrlichkeit des Allherrschers;
darum dringt nichts Verunreinigtes in sie ein.

Sie ist der Widerschein des ewigen Lichts,
der ungetrübte Spiegel von Gottes Kraft,
das Bild Seiner Güte.
Sie ist nur eine und vermag doch alles;
ohne sich zu ändern,
erneuert sie alles.

Weisheit 7.24–27

Thomas Merton spürte in seinem denkwürdigen Prosagedicht »Hagia Sophia« (Heilige Weisheit) intuitiv dasselbe wie das in diesen Zeilen Ausgedrückte. Mit feinem mystischem Gespür fängt er die subtilen Verbindungen zwischen Weisheit, Gnade und Göttlicher Kreativität ein, wenn er schreibt:

> Das unendliche nichtmanifestierte Licht [...] spricht zu uns sanft in zehntausend Dingen, in denen Sein Licht eine Fülle und eine Weisheit ist. So scheint Er nicht auf sie, sondern aus ihnen heraus. [...] Das durchdringende Leuchten Gottes ist die Hagia Sophia. Wir nennen sie »Seine Herrlichkeit«. In Sophia wird Seine Macht nur als Gnade und als Liebe erfahren.
>
> Sophia, das weibliche Kind, spielt in der Welt, offensichtlich und ungesehen, spielt zu allen Zeiten vor dem Schöpfer. [...] Hagia Sophia ist in allen Dingen das Göttliche Licht, das sich in ihnen spiegelt. Sie ist in allen Dingen, wie die Luft voller Sonnenlicht. [...] Das weibliche Prinzip in der Welt ist die unerschöpfliche Quelle schöpferischer Verwirklichungen der Herrlichkeit des Vaters. [...]
>
> Sophia ist die Barmherzigkeit Gottes in uns. Sie ist die Zärtlichkeit, mit der die unendlich geheimnisvolle Kraft der Vergebung die Finsternis unserer Sünden in das Licht der Gnade stellt.[22]

22. Thomas Merton: "Hagia Sophia" in *A Thomas Merton Reader,* Seiten 508–509.

Ich kann hier lediglich kurze Auszüge aus diesem erhabenen Beispiel visionären Schauens aufnehmen, das es jedoch verdient, weitaus tiefgehender betrachtet zu werden. In einem bedeutenden, modernen wissenschaftlichen Beitrag über diese Thema erkennt Christopher Pramuk die Sophia als Mertons »verborgenen Christus«: als die Art und Weise, auf welche die heilende Gegenwart Christi in der erschaffenen Welt wirkungsvoll immanent wird.[23] Noch einmal: Jenes anspielungsreiche Bild der Christosophia schwebt direkt hinter dem Ereignishorizont unserer Vorstellungskraft. Wir werden ihr in bedeutend konkreterer Form bei der übernächsten Trinität erneut begegnen.

Für den Augenblick reicht es festzuhalten, dass genau hier, im Reich heiliger Stofflichkeit, die Weisheit ihre wahre Heimat und Herrschaft hat und die Sprache des Femininen natürlich und bedeutungsreich klingt. Und während dieses »durchdringende Leuchten Gottes« alle Dinge bereithält, konvergiert diese dritte Trinität in ihrem eigenen Omega-Punkt, wenn der innere Big Bang und der äußere Big Bang eins werden. Es gibt noch Myriaden Reiche feinstofflicher Energie mehr – »im Haus meines Vaters gibt es viele Wohnungen«, wie Jesus es ausdrückt (Johannes 14.2) –, welche die Lücke füllen zwischen dem reinen Bewusstsein und der Explosion in die Form unseres physischen Universums. Doch wenn der Kippschalter, geleitet von der unsichtbaren Hand des Gesetzes der Drei, umgelegt wird, steht alles bereit für jenen Donnerschlag, wenn das Wort als ewige Idee zum Wort als gesprochenem Klang wird.

Und Gott sprach: »Es werde Licht.« Und Photonen, Galaxien, Sonnen, Bäume, Zeit, Geschichte, Wellen stürzten ins Sein.

23. Christopher Pramuk: *Sophia: The Hidden Christ of Thomas Merton*, Collegeville, MN: Liturgical Press, 2009.

14

Stadium 4: die inkarnative Trinität

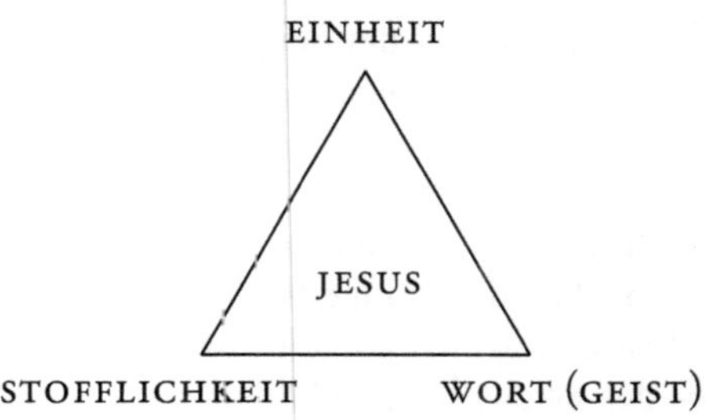

> Und das Wort ist Fleisch geworden und hat unter uns gewohnt und wir haben seine Herrlichkeit geschaut.
>
> Johannes 1.14

IN DIESER VIERTEN TRIADE SIND WIR NUN IN DER ZEIT; als Christen befinden wir uns sogar genau in ihrem Herzen. Das vierte Neuentstehende aus dem Gesetz der Drei wird der irdische Jesus sein: der Gegenwurf – nun in der Domäne der Stofflichkeit – des Herzens Gottes, das ewige »Wahrnehmen der Einheit«, das die Liebe ist. Dies ist die Trinität seiner Verkündigung und seiner Geburt.

Die drei triadischen Punkte

Die Einheit bleibt an der Spitze des Dreiecks in ihrer permanenten Rolle als das ewige Nichtmanifestierte. Da sich Jesus während der Zeit seines irdischen Lebens auf dieses ewige Nichtmanifestierte durchwegs als »mein Vater« bezieht, ist es zweckdienlich, diese Terminologie hier etwas genauer vorzustellen – insbesondere, wie wir noch sehen werden, weil das Thema der Abstammung sich für diese gesamte Triade als zentral herausstellt.

Das Wort bewegt sich jetzt zur Position des Manifestierenden, wo es das Herz Gottes ersetzt, welches gemäß unserem etablierten Muster als Prüfstein für das Neuentstehende wieder auftaucht und nun die essenzielle Natur des Menschseins Jesu übermittelt. Als Aktivierungsmittel wird das Wort mächtig davon zehren, dass sein Ursprung im Explosionsaspekt jenes ursprünglichen »Lichts des Feuers / darinnen die Einheit in Beweglikeit und Freude kommt« lag. Für das hier Neuentstehende wird es als Funken dienen, als Samen und als nach außen gerichtete Kraft. Von diesem Punkt an können wir es bei dem Namen nennen, mit dem es in dieser inkarnativen Trinität und in allen folgenden Entfaltungen bekannt ist: Geist.

Am dritten Punkt, oder am Punkt des Manifestierten, finden wir nun die Stofflichkeit. In der vorangegangenen Darlegung haben wir gesehen, dass die heilige Stofflichkeit im Wesentlichen gleichbedeutend ist mit der Gnade Gottes, weil diese Gnade nicht nur die *Ursache* des erschaffenen Daseins ist, sondern tatsächlich dessen innerste ›Natur‹ – die Ursprungsschwingung des Seins als solches.

Wie dem auch sei, unser Evangelium verkündet ein neues Bedeutungsspektrum dieser Stofflichkeit: »Und das Wort ist *Fleisch* geworden.« »Fleisch« meint Geschaffenheit. Oder genauer gesagt bedeutet es *zeitliche* Geschaffenheit: die Spanne eines irdischen Lebens, gelebt in einem Körper als ein individueller Mensch. Hier erreichen wir eine Ebene von Dichte, auf die wir zuvor in den subtilen und fließenden Reichen der ersten drei Triaden noch nicht gestoßen sind. Und hier also, in dieser Trinität, treffen Freiheit und Gezwungenheit direkt aufeinander: die *Fluidität* Göttlicher Potenzialität und die *Festigkeit,* die das enge Flussbett ist, welches jene durchfließen muss, um zu ihrer vollen Verwirklichung zu gelangen. Das Drama ist heftig und ergreifend.

Dieses Drama verläuft mit berührender Genauigkeit gemäß dem Plot der Verkündigungsgeschichte (Lukas 2.26–38); tatsächlich kann dieses Narrativ als das Paradigma der ganzen vierten Triade betrachtet werden. Ein Engel erscheint, verkündet einer jungen Frau eine Göttliche Empfängnis, sie gibt ihr Einverständnis, und ein Kind von gleichermaßen Göttlicher wie menschlicher Herkunft wird geboren. Doch die Präsenz des Gesetzes der Drei als der dieser Geschichte zugrunde liegenden Wirkungsweise ist auf Anhieb nicht leicht zu entdecken. »Engel–Maria–Jesus« ist zunächst eine einfache Dialektik, wie sie alle menschlichen Geburten (auf den ersten Blick) zu sein scheinen.[24] Wo finden wir in dieser Verkündigungsgeschichte die Präsenz *dreier* unabhängiger Quellen?

Wir finden sie in dem, was unseren Augen und Ohren in diesem Dialog verborgen bleibt: in der grundlegenden Spannung zwischen Einheit und Geist – dem heiligen Verneinen und dem heiligen Bejahen –, welche ihren Höhepunkt mit dem Erscheinen des Engels erlangt.

Mittlerweile ist uns diese Spannung gut bekannt. Wir sind ihr bereits in der ersten Trinität begegnet, der Prototrinität, die das Göttliche Äußere und das Gesetz der Drei ins Sein gerufen hat. »So sähnet sich der Wille nach der Einheit / und die Einheit sähnet sich nach der Empfindligkeit«,[25] schreibt Böhme; das Bewusstsein verlangt nach einem Spiegel, doch der Spiegel schafft eine Zweifaltigkeit, welche die ursprüngliche Einheit in zwei Teile schneidet. Es ist das fundamentale Göttliche Paradoxon, die Verwerfungslinie im Einheitsgrund, die scheinbar »bis ganz nach unten« reicht. In Gott gibt es das, was zu vollständigem Ausdruck und Verwirklichung nach außen presst, und in Gott gibt es das, was nach innen zieht, in Richtung des Gleichgewichts des absoluten Stillstands. Und die Spannung dieser Gegensätze ist, wie Böhme sie richtig benannte, die Angst.

Doch anders als in jener ersten Triade, in der noch nichts existierte, wodurch das Göttliche Begehren seinen Durst stillen konnte, gibt es jetzt ein Etwas. Der uranfängliche Funke hat sich zu einem tragfähigen Mittelboden entwickelt, einem fest ausgebildeten Strang in diesem Flechtwerk des Gesetzes der Drei. Er weist nun eine Abstammungslinie neuer, aus ihm hervorgegangener Resultate auf (Herz Gottes–Wort–Gnade) und er hat Substanz, Fleisch. Wenn überhaupt, dann ist jetzt die richtige Zeit zu schauen, ob dieses Fleisch genügend Gewicht erlangt hat, um die Spannung der Göttlichen Gegensätze zu ertragen.

24. Ich sage »auf den ersten Blick«, weil bei tiefergehender Überlegung deutlich wird, dass es tatsächlich in allen menschlichen Geburten drei ineinandergreifende Faktoren gibt: die Abstammungslinie des Vaters, die Abstammungslinie der Mutter sowie die »Seele« oder »Essenz«, die aus einem geheimnisvollen Jenseits zu kommen scheint, das niemals zur Gänze durch einen linearen Zusammenhang erklärt oder in einen solchen eingeordnet werden kann. Gurdjieff behauptete immer, dass unsere Essenz von den Sternen stammt.

25. Jakob Böhme: *Clavis,* Seite 236.

Die dritte Kraft in diesem Drama ist nicht nur das generische »Fleisch«, nicht bloß eine typologische Menschlichkeit, sondern ein ganz spezifisches menschliches Gefäß. Maria, die junge Frau, die als »Mutter Gottes« bekannt werden soll, ist in dieser Triade das heilige Versöhnen, so wie es ihr Sohn in der nächsten Triade sein wird; und ihr *fiat* (»Lass Deinen Willen an mir geschehen«) ertönt mit derselben kosmischen Ungeheuerlichkeit wie das Göttliche *fiat* (»Es werde Licht«), das in der vorangegangenen Trinität widerhallte. Das Unmögliche wird versucht: die Abmilderung der Göttlichen Angst in eine nährende menschliche Liebe.

Denise Levertov fängt die Bedeutung von Marias »erstaunlichem Wirken« in ihrem Gedicht "The Annunciation" (Die Verkündigung) vorzüglich ein:

In ihrem Schoß zu tragen
unermessliches Gewicht und Leichtigkeit; zu tragen
in verborgener, endlicher Innerlichkeit
neun Monate der Ewigkeit; zu umfassen
in der schmalen Vase des Daseins
alle Macht –
in engem Fleisch
alles Licht.

Dann zu gebären,
hinaus in die Luft zu pressen ein Menschenkind,
bedürftig, wie jedes andere,
nach Milch und Liebe –
und doch war es Gott.[26]

Das tiefgründige Zusammentreffen der Gegensätze, das in diesem Augenblick besiegelt liegt, klingt sogar in den mannigfaltigen Resonanzen des Wortspiels an. In ihrer Bereitschaft »zu (er)tragen«, das heißt, das Gewicht der Göttlichkeit »in der schmalen Vase des Daseins« zu tragen, »gebärt« sie auch, was bedeutet, sie bringt hervor (oder trägt als Frucht), die nächste und entscheidende Entwicklung in unserer trinitarischen Progression.

26. DENISE LEVERTOV: *A Door in the Hive,* New York: New Directions, 1989, Seite 87. Siehe dieselbe: *The Stream and the Sapphire: Selected Poems on Religious Themes,* New York: New Directions 1997, Seite 59–61.

Geschlecht und Personifizierung

Diese vierte Triade ist in höchstem und deutlichstem Maße die Welt der Personifizierung – und Personifizierung impliziert Geschlecht. Indem Jesus »Sohn« wird, wird Gott unvermeidlich »Vater«. Und Maria wird »Mutter«. Im Kontext dieser Trinität ist es unangemessen, sich auf Gott als »Mutter« zu beziehen; solch eine Bestimmung verwischt das essenzielle Geheimnis dessen, was sich gerade ereignet hat. Die traditionelle Sprache ist hier historisch richtig und in ihrer Symbolik akkurat.

Und dies ist auch die Triade, in der es technisch korrekt ist, davon zu sprechen, dass der Vater und der Geist (*Geist* hier verstanden als gestaltendes Prinzip und erzeugende Energie[27]) einen Sohn zur Welt bringen. Anstelle des *filioque* (das heißt, *qui ex patre filioque procedit:* »der aus dem Vater und dem Sohn hervorgeht«) haben wir es hier mit einem *spiritoque* (*qui ex patre spiritoque procedit:* »der aus dem Vater und dem Geist hervorgeht«) zu tun, und während Jesu irdischer Zeit bleibt dies die Konfiguration. Der Geist, der bei seiner Taufe auf ihn herabsinkt und ihn in seinen Augenblicken großer Stärke und großer Not erfüllt, der sein Leben beseelt und den er in der Stunde seines Todes zu Gott zurückbefiehlt, ist derselbe Geist, der in uns allen wirkt, insoweit wir erschaffene Menschen sind. Denn nicht nur in Jesus von Nazareth, sondern im Leben einer und eines jeden von uns scheint etwas geheimnisvolles Anderes am Werk zu sein, das unser Leben zu seinem eigenen Zweck gestaltet, und das, was uns von unserer Abstammung und Elternschaft bekannt ist, wird stets kompensiert von diesem geheimnisvollen Unbekannten, das uns vorwärts zu rufen und in Richtung unserer Bestimmung anzutreiben scheint. Wir alle sind letzten Endes Kinder des Geheimnisses, und was ein alter angelsächsischer Poet über Jesus gesagt hat, trifft in einem tieferen Sinn auf uns alle zu:

Komm jetzt, Wächter des Sieges
Erschaffer der Menschheit, und offenbare hier
Deine huldvolle Milde. Wir alle bedürfen es,

27. Die Autorin benutzt hier den Ausdruck *engendering energy,* was vom Wortsinn her und im vorliegenden Kontext auch als »ins Geschlecht bringende Energie« übersetzbar wäre [A.d.Ü.].

Die Sippe deiner Mutter zu kennen,
Die wahren Geheimnisse; denn weiter zu erklären
Deine Vaterschaft, vermögen wir nicht einen Deut.[28]

Und doch gibt es einen entscheidenden Unterschied. Alle anderen von uns haben zwei menschliche Elternteile, und das geheimnisvolle »Andere« ist die dritte Kraft in unserem Entstehen. Bei Jesus ist es, wie wir gesehen haben, genau das Gegenteil: erste und zweite Kraft werden vom Göttlichen beigesteuert, und es ist das menschliche Gefäß Maria, welche die dritte Kraft trägt. Diese Umkehrung des Musters ist von ausschlaggebender Bedeutung. Die christliche Tradition hat seit ihren frühesten Jahrhunderten darauf insistiert, dass Jesus eine Singularität ist – nicht nur ein Prophet, noch nicht einmal ein Avatar im Sinne, wie dieser Begriff üblicherweise in den asiatischen Traditionen verstanden wird, sondern ein einzigartiges und herausstechendes kosmisches Ereignis – und dass diese Einmaligkeit einzig und allein auf die Umstände seiner Abstammung und Empfängnis zurückzuführen ist. Dieses Bestehen, das den prosaischen Verstand verwirrt und sogar auf der Ebene der Allegorie undurchsichtig bleibt, findet seine eigentliche Erklärung auf der metaphysischen Ebene. Ein Entstehen auf gewöhnliche Weise, von einer rein menschlichen Elternschaft, unterstünde weiterhin »der alten Ordnung« – das heißt, es würde unter den Gesetzen und Bedingungen operieren, welche die materielle Existenz regeln, wie es durch die logoische Triade vorgesehen ist. Diese neue Konfiguration (Vater als zweite, Geist als erste und Stofflichkeit als dritte Kraft) erfüllt die erforderliche nächste Sequenz in der Vorwärtsbewegung des Gesetzes der Drei und treibt den Prozess folglich unvermeidbar weiter. Wie die christliche Tradition intuitiv genau wusste, wird Jesus, das Neuentstehende aus dieser vierten Triade, der Grundstein der Neuen Schöpfung.

28. Robert B. Burlin [Hrsg.]: *The Old English Advent: A Typological Commentary,* New Haven, CT: Yale University Press 1968, Seite 129.

15

Stadium 5: die messianische Trinität

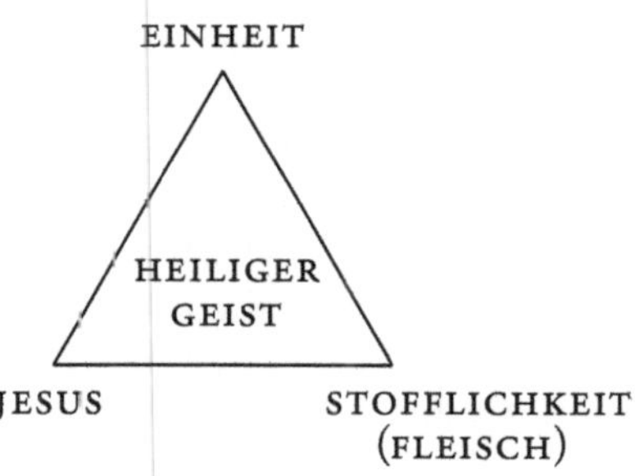

DIE FÜNFTE TRINITÄT ÜBERNIMMT DIE »RICHTIGE« *filioque*-Konfiguration des traditionellen Glaubensbekenntnisses: »Ich glaube an den Heiligen Geist, der aus dem Vater und dem Sohn hervorgeht.« Sie enthält das Wie und das Warum dieser Übertragung: wie der Heilige Geist sowohl die Wahrheit als auch die Macht des auferstandenen Christus ist, und warum der *filioque*-Ausdruck – »der aus dem Vater und dem Sohn hervorgeht« (nicht vom Vater allein) – tatsächlich korrekt und gemäß dem Gesetz der Drei kausal erforderlich ist.

Diese Triade deckt die menschliche Lebensspanne Jesu ab und erstreckt sich von seiner Geburt, über sein öffentliches Wirken, die Kreuzigung, den Tod, die Wiederauferstehung und die Himmelfahrt, bis hin zum Höhepunkt im Herabkommen des Geistes auf die Jüngerinnen und Jünger in jenem stürmischen pfingstlichen Aufstand:

> Als der Tag des Pfingstfestes gekommen war, waren alle zusammen am selben Ort. Da kam plötzlich vom Himmel her ein Brausen, wie wenn ein heftiger Sturm daherfährt, und erfüllte das ganze Haus, in dem sie saßen. Und es erschienen ihnen Zungen wie von Feuer, die sich verteilten; auf jeden von

> ihnen ließ sich eine nieder. Und alle wurden vom Heiligen Geist erfüllt und begannen, in anderen Sprachen zu reden, wie es der Geist ihnen eingab (Apostelgeschichte 2.1–4).

Insbesondere in jenen letzten dreiundvierzig Tagen des irdischen Lebens Jesu (von der Kreuzigung bis zur Himmelfahrt), als sich das, was den Anschein von Niederlage und Tod hat, plötzlich zu einer Reihe mysteriöser Auferstehungserscheinungen und danach zu einem sogar noch geheimnisvolleren endgültigen Aufwärtsverschwinden entwickelt, wechselt diese messianische Trinität jäh in den übernatürlichen Modus und erlangt in ihrem Verlauf eine strahlende Intensität. Sie scheint sich in zwei Reichen gleichzeitig zu entfalten, und die atemberaubende Schönheit ist, mit den Worten des Dichters Rilke, auch wahrzunehmen »als des Schrecklichen Anfang, den wir noch gerade ertragen«.[29] Und diese Empfindung ist in der Tat korrekt; in den inneren Traditionen des Westens wird dieses Reich oft als »das imaginative Reich« bezeichnet, was nicht »eingebildet«, sondern »hyper-real« bedeutet und Zeugnis für diese höhere und transfigurierte oder verklärte Wirklichkeit ablegt wie der Busch, der brennt, doch vom Feuer nicht verzehrt wird. Um es kurz zu machen und weil derart vieles von dem, was in Jesu Wirken im Hinblick auf das Gesetz der Drei so zentral ist, am besten (und eigentlich sogar *nur*) im Licht dieser letzten Vorkommnisse verstanden werden kann, will ich mich nun darauf konzentrieren.

Das Manifestierte: Jesus

Unseren erprobten Vorgaben entsprechend bewegt sich Jesus, das Neuentstehende der vorangegangenen Triade, nun zur Position des Manifestierten dieser neuen Triade. »Heiliges Versöhnen« ist der Begriff, mit dem dieser Punkt üblicherweise bezeichnet wird, und es ist fast unheimlich, wie sehr er sich mit dem tiefsten frühkirchlichen Verständnis von Auftrag und Identität Jesu als dem kosmischen Versöhner deckt – wie beispielsweise in der prägnanten Aussage des Paulus: »Ja, Gott war es, Der in Christus die Welt

29. Rainer Maria Rilke: »Die erste Elegie« in *Rainer Maria Rilke – Gesammelte Werke,* Stuttgart: Reclam Bibliothek, 2015, Seite 757.

mit Sich versöhnt hat« oder auch in der ausführlicheren Darlegung desselben Verständnisses in seinen Briefen an die Epheser und die Kolosser:

> Er hat uns das Geheimnis Seines Willens kundgetan, wie Er es gnädig im Voraus bestimmt hat in ihm [Christus]. Er hat beschlossen, die Fülle der Zeiten heraufzuführen, das All in Christus als dem Haupt zusammenzufassen, was im Himmel und auf Erden ist, in ihm (Epheser 1.9–10).

> Um durch ihn alles auf Ihn hin zu versöhnen. Alles im Himmel und auf Erden wollte Er zu Christus führen, der Frieden gestiftet hat am Kreuz durch sein Blut (Kolosser 1.20).

Das Manifestierende: die Stofflichkeit

Unser neues Manifestierende wird die Stofflichkeit, der wir bereits zuvor begegnet sind und die mittlerweile über eine bemerkenswerte Spanne von Aggregatszuständen verfügt. Stofflichkeit ist Fleisch, soviel ist schon mal sicher: die Festigkeit des körperlichen Daseins. Doch noch grundlegender, als Folge ihres Entspringens in der dritten Triade, ist Stofflichkeit die Gnade Gottes, Gottes Barmherzigkeit. Und wie wir aus der wunderbaren Erkenntnis Thomas Mertons erfahren konnten, stellt sich diese Gnade als nichts anderes heraus als Sophia, die verborgene Grundlage der Weisheit. Als »das durchdringende Leuchten Gottes« (in Mertons Vorstellung), »das Göttliche Licht, das [sich in allen Dingen] spiegelt«, ist sie die verborgene Grundlage alles Existierenden und die unsichtbare Kraft, welche die erschaffenen und die unerschaffenen Reiche zusammenhält. Im menschlichen Leben Jesu wird dieser verborgene Weisheitsgrund nun vollständig sichtbar, und in seinem »Gehorsam bis zum Tod« entfaltet die Sophia ihre ganze Macht.

Seit ich diese Worte vor mehr als einem Jahrzehnt zum ersten Mal niederschrieb, hat sich mein Denken weiterentwickelt. Heute würde ich dieser prächtigen Kette zunehmend femininer Präsenz eine weitere Perle hinzufügen – Maria Magdalena, deren Stofflichkeit, zumindest für die Dauer dieser Triade, von derselben Ordnung ist wie Jesus. Von der Kirche lange als eine reumütige Prostituierte dämonisiert, erhält sie heutzutage endlich die Anerkennung, die ihr rechtmäßig zusteht als Jesu liebste Blüte unter seinen Jüngern und Jüngerinnen und als seine ausdrücklich benannte Nachfolgerin.[30] Sie ist ein würdiger Zuwachs der sophianischen Abstammungslinie, doch was noch wichtiger ist: Sie ist eine *Frau,* nicht bloß ein Archetyp. Ihr menschliches Fleisch ist aus demselben Stoff geschaffen wie das Fleisch Jesu. Und da das Fleisch das Aktivierungsmittel in dieser Triade ist, wird sich der Zusammenhalt der beiden auf dieser Ebene nicht als bedeutungslos erweisen.

Das durchdringende Leuchten Gottes

Es ist offensichtlich, dass das verklärte Licht Jesu bereits sehr hell leuchtet in jenen unterschiedlichen Auferstehungserscheinungen, welche die letzten Kapitel im Lukas- und im Thomasevangelium mit den i-Tüpfelchen versehen. Zum Anfassen fest und doch vollkommen flüchtig – durch geschlossene Türen gehend, gleichzeitig an unterschiedlichen Orten auftauchend und wieder verschwindend –, scheint er nun mehr dem Geist als dem Fleisch anzugehören, als ob sein Wirken jetzt unter den Gesetzen eines neuen, unvergleichlich höheren Reichs des Seins stünde. Er ist eins mit der Energie der reinen Wahrheit und Liebe, und es ist diese Energie, die durch jene letzten Tage seines irdischen Lebens und in die Hände und Herzen seiner Jüngerinnen und Jünger fließt.

Für sie hat Jesus bereits lange vor seiner Kreuzigung das Fundament gelegt, das sie befähigt, ihn auch in einer subtileren Form erkennen und empfangen zu können. In Metaphern über Metaphern, die aus den Abschiedsreden in Johannes 15–17 nur so hervorpurzeln, offenbart er ihnen seine Vision einer neuen und tiefergehenden Art einer sie umrankenden Vertrautheit – die Kraft reiner, innerer Präsenz –, die es ihm erlauben wird, genauso ungehindert durch die Mauern und Pforten ihrer getrennten Ichbezogenheit zu gehen wie durch die Wände und Türen von Gebäuden. »Ich bin der Weinstock, ihr seid die Reben.« »Bleibt in mir, wie ich in euch bleibe.« »Ich werde euch nicht als Waisen zurücklassen.« »Ich habe ihnen die Herrlichkeit gegeben, die Du, Vater, mir gegeben hast, damit sie eins sind, wie wir eins sind.« Und als Instan-

30. Für ein ausführliches Portrait siehe CYNTHIA BOURGEAULT: *Maria Magdalena: Die Bedeutung der Frau im Herzen des Christentums* [Arbeitstitel], Xanten: Chalice Verlag, 2021.

ziierung[31] dieses Bundes hinterlässt er ihnen das Brot und den Wein, die sakramental aktiviert werden durch seinen kurz bevorstehenden Tod, als seinen eigenen Körper und sein eigenes Blut, wodurch es ihnen immer möglich sein wird, den Weg zu ihm zu finden. Darin werden sie ihm wirklich weiterhin begegnen – nicht in trauervoller Frömmigkeit, in einer schwindenden Erinnerung an »was einst war«, sondern in der Fülle seiner lebendigen Präsenz, die auf dieser subtileren Ebene wahrnehmbar bleibt. Dies ist die wirkliche Bedeutung des Begriffs *Anamnese* – »lebendige Erinnerung« –, worin Jesus ganz zweifellos ein lebender Meister war.

»Wenn das Weizenkorn nicht in die Erde fällt und stirbt...«

Einige Seiten zuvor habe ich erwähnt, dass im Tod Jesu der verborgene Weisheitsgrund seine ganze Macht entfaltet. Es würde den Rahmen dieser kurzen Untersuchung sprengen, in Gänze erklären zu wollen, warum dem so ist. Und tatsächlich besteht dafür auch keine Notwendigkeit, weil dies bereits brillant von Ladislaus Boros in seinem Buch *Mysterium mortis*[32] abgehandelt wurde, auf das ich diejenigen Leserinnen und Leser verweisen möchte, die dieser Frage systematischer nachgehen wollen. Doch lassen Sie mich um der Klarheit willen an dieser Stelle zumindest einen kurzen Überblick geben.

Wie Jakob Böhme gelangte auch Boros zu dem, was er wusste, größtenteils durch visionäre Erfahrung. Er war in den 1950er-Jahren ein aufgehender Stern am jesuitischen theologischen Firmament, bis ihn in den frühen 1960ern eine mächtige mystische Vision zu einem jähen Halt brachte, in welcher er mit überwältigender Klarheit etwas erkannte, was er im Nachhinein als seine »Endentscheidungshypothese« beschrieb, nämlich: »Im Tod eröffnet sich die Möglichkeit zum ersten vollpersonalen Akt des Men-

31. Die Autorin übernimmt diesen Begriff, »um die hier überraschend treffsichere Computersprache der modernen objektorientierten Programmierung zu verwenden: Brot und Wein wurden mit einer *Instanziierung* zu ›besonderen Instanzen‹ (oder Objekten) seines eigenen Auferstehungskörpers« (siehe CYNTHIA BOURGEAULT: *Jesus: Meister der Weisheit,* Seite 219) [A.d.Ü.].

32. LADISLAUS BOROS: *Mysterium mortis: Der Mensch in der letzten Entscheidung,* Kevelaer: Verlagsgemeinschaft Topos, 2017.

schen; somit ist er der seinsmäßig bevorzugte Ort des Bewusstwerdens, der Freiheit, der Gottbegegnung und der Entscheidung über das ewige Schicksal.«[33] Die Kernaussagen seines *Mysterium mortis* wurden in nur sechs Wochen mit glühender Inspiration niedergeschrieben und tragen jene unverkennbaren Zeichen eines Verständnisses, »das Fleisch und Blut nicht offenbart haben.« Nicht lange nach dessen Fertigstellung verließ Boros den Jesuitenorden, heiratete und bekam vier Kinder, bevor sein kurzes und schicksalsträchtiges Leben 1981 im Alter von nur dreiundfünfzig Jahren ein Ende fand.

Zentral in Boros' Metaphysik ist eine Vision, die jener sehr gleicht, die ich in unserer dritten Trinität darzulegen versucht habe. Er sieht die physikalische Welt als ein Ausgießen aus einem Ort »ursächlicher Einheit« (ich nannte es »heilige Stofflichkeit« oder »Gnade«), für die man im Tod vollständig präsent wird. »Das Leibfreiwerden der Seele im Tode bedeutet keinen schlechthinnigen Auszug aus der Materie, sondern eher das Eingehen in eine wesenhaftere Materiennähe, in einen gesamtkosmischen Weltbezug.«[34] Als Jesu vollständige Göttliche Menschlichkeit angelegt wurde, im Tod, genau im Herzen dieser ursächlichen Einheit, folgte sie demselben Muster und *wurde selbst zur neuen wurzelhaften Einheit:* »zum realontologischen Grund einer neuen Gesamtheilssituation für das ganze menschliche Geschlecht.«[35] Diese gewagte Behauptung passt gut zum traditionellen christlichen Verständnis, dass es Jesu *Tod* ist, der unsere Erlösung bewirkt (nicht irgendein tugendhafter Akt des Gehorsams und, überraschenderweise, auch nicht seine Auferstehung). Und sie hält ebenfalls eine Erklärung dafür bereit, warum in jenen Nachauferstehungserscheinungen seine physische Stofflichkeit so viel leichter und vertrauter erscheint, da sie nun wirklich einer anderen Ordnung des Seins angehört. Boros erklärt:

> Frei von der »fleischlichen« Raumzeitgebundenheit vermag Christus die Menschen aller Zeiten und aller Räume zu erreichen und sie zu Gliedern seines verklärten Leibes zu machen, das heißt, ihnen Anteil an seiner »pneumatischen« Leiblichkeit zu geben.[36]

33. Ebenda, Seite 9.
34. Ebenda, Seite 186.
35. Ebenda, Seite 188.
36. Ebenda, Seite 196.

Diese Vorstellung von der pneumatischen Körperlichkeit wird einen machtvollen Neuauftritt haben, wenn wir zur sechsten Triade kommen, wo ich dann einiges mehr dazu erläutern werde. Wir können jedoch bereits jetzt erkennen, dass die offensichtlichste Errungenschaft von Tod und Wiederauferstehung Jesu die Demonstration der Kontinuität der Personifizierung jenseits des physischen Todes ist. Wer auch immer Jesus *war,* er ist es *noch immer* – und die Kraft dieser Bestätigung funkelt durch die Osterzeit hindurch, wenn die Jüngerinnen und Jünger einzeln und / oder gemeinsam entdecken, dass ihre wildesten Hoffnungen wahr geworden sind. Ob in schwererer oder leichterer Körperlichkeit, er ist unbestritten Jesus – und das ist der Prüfstein, den sie zu brauchen scheinen, um ihren eigenen inneren Kompass für die nächste Etappe der Reise zu aktivieren.

Zweifellos geschieht hier mehr als nur eine Beteuerung; es kommt auch zu einer *Ermächtigung.* Maria Magdalena am Grab... Thomas... Die Jünger auf der Straße nach Emmaus... Simon Petrus am See Genezareth... »Brannte nicht unser Herz in uns, als er unterwegs mit uns redete?« (Lukas 24.32). Jedes Erscheinen Jesu ist auch ein *baraka,* eine Übermittlung spiritueller Energie, wenn alle Wunden und Zweifel geheilt und die Jünger und Jüngerinnen zu dem, was vor ihnen liegt, bevollmächtigt werden: »Gehet hinaus und verkündet.« »Weide meine Schafe.« Jesu wahres Geschenk an sie in jenen vierzig Tagen, in denen er weiter unter ihnen weilt, ist es, ihnen zu zeigen, dass das Feuer, welches in ihm lodert, genauso in ihnen brennt.

Die Himmelfahrt Christi

Eine letzte Aufgabe jedoch bleibt noch; Jesus hatte versprochen, den Jüngerinnen und Jüngern einen Beistand zu schicken: »Der Geist der Wahrheit wird euch in der ganzen Wahrheit leiten« (Johannes 16.13). Und vor dem Hintergrund all dessen, was er sie gelehrt hatte, und seines eigenen ausdrücklichen Versprechens, dass er sie nicht als Waisen zurücklassen, sondern nochmals kommen werde, wenn auch nicht in einer Gestalt, die für das menschliche Auge erkennbar sei (Johannes 14.18–19), scheint es nur vernünftig anzunehmen, dass dieser Geist der Wahrheit nichts weniger sein konnte als die intimste persönliche Begegnung mit Jesus.

Nicht bloß ein »allgemeiner« Führer, ein Gesandter aus den höheren Reichen, der niemals ihre menschlichen Herzen zufriedenstellen würde, sondern die unerschütterliche Gewissheit, dass ihr Geliebter tatsächlich unter ihnen ist.

Die Erfüllung dieses Versprechens – und damit die Vollendung dieser fünften Triade – ist, so glaube ich, in der Lücke der zehn Tage zwischen dem endgültigen Austritt Jesu aus seiner menschlichen Form und dem Herabkommen des Heiligen Geistes an Pfingsten erreicht.

Nochmals: Ich ertaste hier meinen Weg eher instinktiv als durch die theologische Tradition. Seit vielen Jahren hat mich etwas veranlasst, die zehn Tage dieses Himmelfahrtszeit-Fastens (so denke ich darüber) für eine der heiligsten und einschneidendsten Zeiten des Kirchenjahres zu halten. In der Einsamkeit als Eremitin hoch oben in den Bergen Colorados oder in meiner kleinen Inselhütte in Maine habe ich das Gefühl, dass in dem heiligen Schweigen dieser Tage eine gleichlaufende Bewegung im unsichtbaren Reich des Geistes geschieht: eine Bewegung von solch auserlesener Zartheit und Intimität, dass jede äußere Gestalt (üblicherweise ist dann der Frühling bereits weit fortgeschritten) sich dafür einkleidet: die Bäume in weißen, hochzeitlichen Blütenschleiern, die Erde in lieblichem Grün und ihre Blumen und Knospen goldfarben. Könnte dies das Hochzeitsbankett sein, das die Bibel schon so lange vorher andeutet?

Die Konfiguration unserer Triade bestätigt diese Intuition und setzt sie mit den tiefsten Ebenen archetypischer Imagination in Beziehung. Denn hier, in den Positionen des Manifestierten und des Manifestierenden perfekt aufeinander abgestimmt, stehen Christus und Sophia und schimmern in imaginativem Glanz durch die menschlichen Züge von Jesus und Maria Magdalena. Und hier, in den letzten Tagen, bevor diese fünfte Triade sich vollendet, steht die Arbeit, die diese beiden in jedem dieser Reiche – menschlich, imaginativ und archetypisch – gemeinsam zu erfüllen haben im vollkommenen Einklang mit der Brautmystik am schwer fassbaren magnetischen Norden des wahren mystischen Herzens des Christentums, vom Hohelied über die Hochzeit zu Kana bis zu den großen apokalyptischen Parabeln des Hochzeitsfestes:

> Nicht länger nennt man dich »Verlassene«
> und dein Land nicht mehr »Verwüstung«,

sondern du wirst heißen: »Ich habe Gefallen an dir«,
und dein Land wird »Vermählte« genannt.
Denn der Herr hat an dir Gefallen
und dein Land wird vermählt.

Wie der junge Mann die Jungfrau in Besitz nimmt,
so nehmen deine Söhne dich in Besitz.
Wie der Bräutigam sich freut über die Braut,
so freut sich dein Gott über dich.

Jesaja 62.4–5[37]

Diese Brautmystik kann nun vollständig und furchtlos gefeiert werden; dies ist die Zeit, zu der sie gehört.

Die drei Tage nach Jesu Tod sind in der Überlieferung als »Jesu Höllenfahrt« bekannt, während der, gemäß Boros, seine »menschliche Wirklichkeit [...] dem Weltgrund [...] eingestiftet« und zur neuen »Instrumentalursache«[38] oder wurzelhaften Einheit jedweder physikalischen Existenz wird. Die Himmelfahrt Christi ist ein paralleler Hiatus und das Zusammenschmelzen, in schweigender Ekstase, dieser beiden Ströme Göttlichen Seins, die nun endlich wiedervereint werden: die reflektierende Weisheit und die sich manifestierende Liebe. Die christliche Version der ewigen *Hierogamie* oder »heiligen Hochzeit« ist der permanente Eindruck des Gesichts und des Herzens des menschlichen Jesu in die empfangende Stofflichkeit der heiligen Weisheit, sodass das Neuentstehende aus dieser Vereinigung, der Heilige Geist, jetzt und von nun an für immer etwas ist, was es niemals zuvor war. Mehr als bloße Energie, mehr als nur reine Reflexion, ist es jetzt die Kontinuität der Person Jesu jenseits des Fleisches: seine Tinktur, seine Menschlichkeit, seine Präsenz. Von nun an wird die Begegnung mit dem Heiligen Geist in den Reichen des Seins eine persönliche Begegnung mit Jesus sein. Nicht einfach mit Weisheit, Wahrheit, Kraft und Liebe, sondern mit *seiner* Weisheit, seiner Wahrheit, seiner Kraft und seiner Liebe, indem er selbst kommt, um uns zu begegnen.

Dies ist – abgesehen von den metaphysischen Paradigmenverwechslungen, die es mit sich bringt – einer der Gründe, weshalb ich persönlich es unangemessen finde, den Heiligen Geist als eine

37. Seit fast zwanzig Jahren chante ich diese Stelle an jedem Mittwochmorgen.
38. LADISLAUS BOROS: *Mysterium mortis,* Seite 187.

»Sie« zu betrachten. Denn wenn wir dies tun, unterbrechen wir die Kontinuität zwischen der Person-im-Körper und der lebendigen Tinktur dieser Person jenseits des Körpers, was der Schlüssel ist zu unserem Auferstehungsglauben und auch zu unserer eigenen Passage durch den Tod. Unsere Essenz stirbt nicht, wenn unser physischer Körper stirbt; sie lebt in einer andersartigen, kostbaren und in Liebe stets auffindbaren Form weiter. Für Christen ist es daher nicht wirklich stimmig, den Heiligen Geist lediglich als generisches *chi,* als *ruach* oder als Lebenskraft – und auch nicht als Weisheit oder Sophia – anzusehen. Diese sind immer da, eingebettet in der wahren Bedeutung von Stofflichkeit. Doch jede Begegnung mit dem Heiligen Geist ist eine Begegnung mit dem lebendigen Jesus, unserem Meister und Lichtträger, in der Dimension reiner energetischer Präsenz. Oder um dasselbe auf eine Art zu sagen, die sich strikt an die Vorgaben unseres Paradigmas hält: Der Heilige Geist ist der Gegenwurf zum immer wieder erschaffenden und ordnenden Wort, doch jetzt im »Feld« von Jesus. Jesus ist der Boden, die Dimension – oder, gemäß unserer Gegenwurf-Metapher, das Tuch –, worüber das Göttliche Muster entfaltet wird.

Sie mögen sich fragen, welche Rolle Maria Magdalena in all dem hier spielt. Ganz einfach: Die menschliche Liebe ist der Prüfstein des Ganzen. In jenem Garten am Ostermorgen, als sie Jesu Verlangen: »Halte mich nicht fest, denn ich bin noch nicht zum Vater hinaufgegangen« akzeptiert und sanft den Raum weitet, machen ihre beiden menschlichen Herzen in diesem Augenblick jene heilige Alchimie durch, die der große Metaphysiker und Dichter John Donne beschrieben hat mit den Worten: »kein Riss, nur eine Ausdehnung, wie luftig dünn gehämmertes Gold.«[39] Ohne dass sie auch nur einen Hauch ihrer menschlichen Besonderheit verliert, wird ihre Liebe riesig, leuchtet im ganzen Kosmos und schließt all die sichtbaren und verborgenen Reiche in einer einzigen heiligen Umarmung zusammen, die wahrlich die Fülle der Gnade Gottes in sich trägt.

Verklärter Eros ist der unsterbliche Diamant, gepresst im tiefsten Inneren der Dichte dieser Welt. Nur hier, unter diesen extremen Bedingungen von Verdichtung und Druck kann er entstehen. Er ist der Zweck, für den dieses Reich erschaffen wurde. Er ist das,

39. John Donne: "A Valediction: Forbidding Mourning" in *The Complete Poems of John Donne,* Chicago: Packard, 1942, Seiten 32–33.

was wir Menschen hier entdecken sollen, und er ist, was wir aufgefordert sind, auf dem Altar unserer eigenen verklärten Herzen in den Kosmos zurückzubringen. Dies ist die Alchimie der Liebe, die Maria Magdalena während ihrer eigenen österlichen Qual so gut kennenlernte, und der Grund dafür, dass sie niemals aus der österlichen Gleichung herausgestrichen werden kann, denn sie ist die Hüterin ihres Rosettasteins.

Jesus nennen die Christen selbstverständlich den »Christus«, den Gesalbten; ihn so zu bezeichnen, schließt tatsächlich das früheste inoffizielle christliche Glaubensbekenntnis mit ein.[40] *Christos* ist das griechische Äquivalent dessen, was Jesu eigene semitische Kultur »Messias« nennen würde, und womit der lang erwartete Erbe des Thrones Davids gemeint ist. Indem er diesen Titel akzeptiert (was er mit beträchtlicher Ambivalenz getan zu haben scheint), verändert Jesus auch dessen Geltungsbereich vom irdischen Königtum zu einer Herrschaft vollkommen anderer Ordnung. Es ist diese letztere, innerlichere und leuchtendere Herrschaft, auf die ich hier anspiele, wenn ich diese Triade als »die messianische Trinität« bezeichne.

40. Weitere Informationen in diesem Zusammenhang finden Sie bei Raimon Panikkar: *Christophany,* Seiten 148–152.

16

Stadium 6: die pfingstliche Trinität

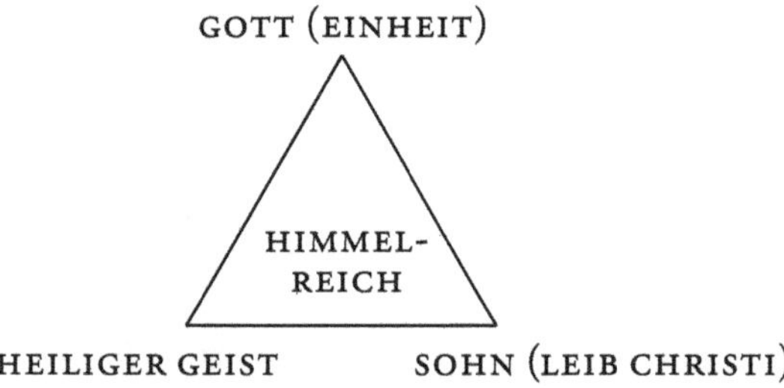

Er aber meinte den Tempel seines Leibes.

Johannes 2.20–21

DIESE LANGE EXKURSION DURCH DIE TRIADEN BRINGT UNS nun zu der vertrauten Dreifaltigkeit zurück, wie sie die Christenheit seit rund zwei Jahrtausenden kennt und in der sogar die drei Personen mit ihren uns bekannten Namen bezeichnet werden (falls wir den »Leib Christi« als Äquivalent von »Sohn« gelten lassen können, einen Punkt, den ich in Kürze erklären will) und ihre gewohnte Stellung einnehmen. Aus der erweiterten Perspektive betrachtet, die unsere bisherige Untersuchung eröffnet hat, können Sie nun vielleicht besser meine Abneigung verstehen, in diese Triade einzubrechen und ihre Teile nach Gutdünken umzugruppieren, bloß um heutigen Gendersensibilitäten und Gepflogenheiten politischer Korrektheit gerecht zu werden. Die vorliegende Konfiguration hat sich gesetzmäßig entwickelt und veranschaulicht, wenn wir sie richtig verstehen, präzise sowohl die Aufgabe als auch den essenziellen Energiefluss des nun erreichten Stadiums der Entfaltung.

Die sich daraus ergebende Folgerung trifft natürlich ebenso zu: Es wäre ein Fehler, diese vorliegende Konfiguration als das Schlussstadium der ganzen Angelegenheit anzusehen. Betrachten wir diese Triade unter dem längerfristigen Aspekt des Gesetzes der Drei, stellt sie sich nämlich als eine weitere Phase in einem Prinzip heraus, das konstant nach Veränderung und neuer Manifestation strebt. Wenn die Wirkung dieses Stadiums abgeschlossen ist, taucht mit Gewissheit eine neue Konfiguration auf.

Was aber ist die Wirkung dieses Stadiums? Diese Frage wird unsere Untersuchung in diesem Kapitel bestimmen, doch das Muster, welches sich aus dieser sechsten Triade erhebt, ist weder auf den ersten Blick noch leicht zu erfassen. Es scheint auf eine subtilere Verkörperung hinzuweisen; wir entdecken eine wesentliche Qualität von Lebendigkeit, die allen Dingen als animierendes Prinzip und Ziel innewohnt. Doch was noch bedeutsamer – und weitaus komplizierter – ist: Es weist scheinbar auf eine radikale Transformation des Bewusstseins hin, die uns ermöglichen soll, uns mit dieser inneren Lebendigkeit direkt zu verbinden in immer geringerer Abhängigkeit von der Vermittlung durch eine äußere Form – und schließlich sogar ganz ohne Vermittlung. Genauso wie Jesus dem Weg folgte, von einem vollständig fleischlichen über ein weniger fleischliches Menschensein (in jenen Nachauferstehungserscheinungen) bis hin zu einer ›pneumatischen Körperlichkeit‹ (reine spirituelle Energie, doch ganz zweifellos er selbst), scheint auch diese sechste, pfingstliche Trinität die Einladung auszuweiten, seinem Weg der »reinen Flamme« zu folgen, wenn der Docht unseres menschlichen Lebens in Liebe entzündet wird und den unvergänglichen Duft unserer eigenen wahren Selbstheit befreit. Vor dem »Inferno unseres Werdens« nicht zurückzuschrecken, stellt die große Herausforderung und die große Möglichkeit dieser Triade dar.

Doch lassen Sie uns schauen, wie dieses Mandat aus dem inneren Dynamismus der Trinität selbst entspringt.

Das Manifestierte: der Heilige Geist

In der Konfiguration dieses sechsten Stadiums bewegt sich der Heilige Geist an die Position des »Manifestierten« oder des heiligen Versöhnens. Unsere vierte Regel zeigt uns, dass dieser Heilige Geist der Gegenwurf des Wortes sein muss. Er ist von derselben Ordnung und verfügt über dieselbe formgebende Intelligenz seines logoischen Vorgängers, manifestiert sich nun jedoch im »Feld« von Jesus. Wir haben es hier nicht mit einer entfernten Reflexion oder einem Spiegelbild der unergründlichen Einheit zu tun, sondern mit dem, *was Gott tatsächlich ist,* wenn Er durch die Linse der menschlichen Wirklichkeit Jesu gebrochen (das heißt temperiert) wird. Hier trifft Gott auf Sich im Herzen der menschlichen Erfahrung; hier berührt Gott Sich aus dem Inneren, aus der Endlichkeit und Zerbrechlichkeit heraus.

Der Heilige Geist als solcher trägt eine Dimension in sich, die nur allzu leicht übersehen wird, wenn wir uns ihn nur als eine von oben kommende »höhere spirituelle Energie« denken. Der Heilige Geist kommt genauso »von unten«. Das heißt, er trägt den tiefen Abdruck des menschlichen Lebens Jesu in sich und verfügt aus diesem Grund über ein feines Gespür für unsere menschlichen Grenzen und Schwächen, welches daraus entspringt, »dass er dort war.« Am Schluss des vorangegangenen Kapitels habe ich erwähnt, dass von jetzt an und bis in alle Ewigkeit der Heilige Geist das Gesicht und das Herz Jesu trägt; er ist eine Begegnung, in körperloser Form, mit der unvergänglichen Lebendigkeit dieser Person.

Und er trägt auch all die Sanftmut und die Einfühlsamkeit in sich, die wir von seiner »mütterlichen« Seite her kennen, von seiner tiefen Verwurzelung im Grund von Sophia. Denn der Heilige Geist ist eigentlich weder Jesus noch Sophia, sondern Christosophia, jener uranfängliche Archetyp androgyner Ganzheit, die jetzt vollständig verwirklicht ist. Diese Zartheit finden wir wunderbar geschildert im letzten Kapitel von Valentin Tombergs *Meditations on the Tarot:*

> Es ist eine allgemeine Regel, dass die spirituelle Welt ganz und gar nicht dem tosenden Meer ähnelt, das die Dämme bricht, die es zurückhalten sollen, und das Land überschwemmt. Nein, was die spirituelle Welt, das heißt die »Sphäre des Heiligen Geistes«, kennzeichnet, ist die Rücksicht, die sie auf die Conditio humana nimmt. Größe und Häufigkeit der für einen Menschen von oben bestimmten Offenbarung werden mit viel Sorgfalt bemessen, um jede mögliche Störung im moralischen und spirituellen Gleichgewicht dieser Person zu vermeiden. Was die spirituelle Welt vorzieht, ist vor allem »sinnvolle Eingebung«, also einen sanften Fluss an Eingebung in genau dem Ausmaß, dass die intellektuellen und morali-

> schen Kräfte des Empfängers oder der Empfängerin wachsen und reifen können. Dabei wird eine Abfolge von Einzelheiten, die eine große Wahrheit enthalten, nach und nach enthüllt, bis die große Wahrheit vollständig im so vorbereiteten menschlichen Bewusstsein aufleuchtet. Dann wird dort gewiss Freude herrschen, aber keine rauschhafte Störung des Gleichgewichts.[41]

Natürlich steht diese Sanftmut im Kontrast zur ekstatischen Heftigkeit, die von gewissen Teilen der christlichen Gemeinschaft so hochgeschätzt und manchmal bewusst kultiviert wird. Im Widerhall der Lehren der höchsten spirituellen Wegweiser des Christentums, einschließlich des heilige Antonius, der Teresa von Ávila und des anonymen Autors der *Wolke des Nichtwissens,* empfiehlt Tomberg weise die strikte Einhaltung eines grundlegenden Prinzips, das er als *spirituelle Hygiene* bezeichnet – nämlich »dass, wer nach echter spiritueller Erfahrung strebt, niemals die *Intensität* der Erfahrung mit der offenbarten *Wahrheit* verwechselt.«[42] Ein besseres metaphysisches Verständnis der Wurzeln der Sanftmut im »Charakter« des Heiligen Geistes kann beträchtlich dabei helfen, diesen kostspieligen Fehler zu vermeiden.

Doch wenn der Heilige Geist den inneren Stempel von Jesu Menschlichkeit aufweist, trägt er diesen ganz offensichtlich in einer viel leichteren, feineren Form. Der Heilige Geist ist weder eine Erscheinung noch ein spiritualisierter Körper in der Art, wie ihn Jesus hatte, als er in jenen letzten vierzig Tagen auf der Erde wandelte. Damit will ich nicht bestreiten, dass solche körperlichen Erscheinungen des lebendigen Jesu noch immer von Zeit zu Zeit geschehen; das tun sie ganz gewiss. Doch ist dies nicht der übliche Modus seiner ständigen Verbundenheit mit uns, die durch den Heiligen Geist in unseren innersten Tiefen nachhallt, am Ort der ursächlichen Einheit, den er in seinem Tod als den Grund unseres Seins geltend macht und segnet.

Ich habe in diesem Buch das Wort »imaginativ« verwendet, um dieses leichtere, visionärere Reich der Wirklichkeit zu beschreiben. In den ursprünglichen Weisheitsanthropologien ist dieses Reich, wie der moderne Kommentator Jean-Yves Leloup unterstreicht, weder subjektiv noch privat, sondern »eine ontologische Wirk-

41. VALENTIN TOMBERG: *Meditations on the Tarot,* Seite 644.
42. Ebenda.

lichkeit, die der bloßen Möglichkeit ganz und gar überlegen ist.«[43] Es existiert objektiv und ist tatsächlich mit mehr wirklichem Sein ausgestattet als das unsrige. Die Wiederherstellung einer echten Rückverbindung zum Imaginativen betrachten viele Weisheitslehrer und -lehrerinnen – unter ihnen auch ich selbst – als die wichtigste Aufgabe unseres heutigen Zeitalters. Weil es das ist, worauf diese Triade des sechsten Stadiums beharrlich zusteuert.

Das Manifestierende: der Leib Christi

Der Übergang von physischem Fleisch und Blut zu deren imaginativem Gegenwurf geschieht ebenfalls am manifestierenden Punkt, für den ich vorgeschlagen habe, das vertraute Wort *Sohn* (das heißt die menschliche Person Jesu, ein Begriff, der zur vierten und fünften Triade gehört) durch das für dieses Stadium angemessene Äquivalent der *Leib Christi* zu ersetzen.

Der *Leib Christi,* so wie die Christen den Begriff heute verstehen, hat zwei Bedeutungen, die beide durch Jesus eingeführt wurden und auf diese stärker vergeistigte Verkörperung hinweisen. Wir verwenden ihn einerseits zur Benennung der Eucharistie, dem heiligen Mahl von Brot und Wein, das Jesus als den vorrangigen Viadukt zu seiner andauernden Präsenz unter uns bestimmte. Und wir nutzen ihn andererseits, um auf die Kirche zu verweisen, die Glaubensgemeinschaft, die einberufen wurde, um ein Leben gegenseitiger Dienerschaft in Liebe zu leben, wie Jesus es in seinen Abschiedsreden beschrieb und in seinen Lehren und seinem Beispiel vorlebte.

In beiden dieser Bedeutungen können wir (zumindest im Grundsatz) den gemeinsamen Nenner erkennen, dass es einer Art Transformation bedarf, bevor die äußere Substanz mit der inneren Wirklichkeit eins wird. In der Eucharistie geschieht dies durch den Akt der Konsekration, durch den gewöhnliches Brot und gewöhnlicher Wein in den lebendigen Leib und das lebendige Blut Christi verwandelt werden. In der Gemeinschaft der Gläubigen wird dem Sakrament der Taufe üblicherweise eine gleiche Verwandlungskraft zugeschrieben. Beide grundlegenden Sakramente christlichen

43. Jean-Yves Leloup: *The Gospel of Mary Magdalene,* Rochester, VT: New Traditions, 2002, Seite 153.

Lebens sind dazu bestimmt, die feinstofflichere innere Wirklichkeit zu aktivieren und sie als das neue Prinzip des spirituellen Wachstums zu etablieren.

So lautet jedenfalls die Theorie. In der Praxis jedoch wissen wir, wie fein die Linie ist zwischen einem Sakrament, das dieses innere Prinzip wirklich *aktiviert,* und einem, das es lediglich symbolisiert – und es in diesem Sinne *deaktiviert,* es durch eine nachempfundene Version ersetzt. Bis zu welchem Grad ist bewusstes, persönliches Erwachen oder Erkennen erforderlich, damit die Macht des Sakraments innerlich aktiviert werden kann? Seit tausend Jahren oder noch länger wird über diese Frage gestritten, die auf der Ebene der Theologie im Grunde genommen unlösbar ist. Von einem theologischen Standpunkt aus wird das *ex opere operato* (das Prinzip, wonach das Sakrament wirksam sei, auch ohne die beteiligten Akteure in Betracht zu ziehen) als unanfechtbar erachtet. Doch vom Standpunkt tatsächlicher spiritueller Praxis aus – das heißt, wenn wir den Weg gehen, der zur eigentlichen Transformation des eigenen Lebens in eine lebendige Zelle im Leib Christi führt – deutet einiges eindringlich darauf hin, dass persönliches, bewusstes Erwachen das katalytische Element darstellt.

Es ist fast ein Jahrtausend her, dass ein orthodoxer Mönch namens Symeon der Neue Theologe (949–1022) über dieses Rätsel sinnierte und noch eine dritte Bedeutung für den *Leib Christi* zur Sprache brachte, welche die anderen beiden entlang der Achse des Erwachens miteinander verknüpft. Sein verblüffend kühnes und intimes Gedicht bringt uns hart auf den inneren Boden der Verklärung zurück:

> Wir erwachen im Leib Christi,
> so wie Christus unsere Körper erweckt,
> und meine ärmliche Hand ist Christus. Er tritt ein
> in meinen Fuß und ist unendlich ich.
>
> Ich bewege meine Hand, und wunderbarerweise
> wird meine Hand zu Christus, wird alles von ihm
> (denn Gott ist unteilbar ganz
> und makellos in Seiner Gottheit).
>
> Ich bewege meinen Fuß, und all sogleich
> erscheint er im Strahl eines Blitzes.

Klingen meine Worte blasphemisch? –
Dann öffne ihm dein Herz

und lasse es zu, den einen zu empfangen,
der sich dir so tief öffnet.
Denn wenn wir ihn aufrichtig lieben,
erwachen wir im Leib Christi,

wo unser ganzer Körper, einfach überall,
in jedem noch so verborgenen Teil,
in Freude verwirklicht ist in ihm.
Und er macht uns ganz und gar wirklich.

Und alles, was verletzt ist, alles,
was uns so dunkel, grob, beschämend erschien,
verstümmelt, hässlich und unwiederbringlich
beschädigt, ist in ihm verwandelt

und als Ganzes erkannt, liebenswürdig
und strahlend in seinem Licht.
Wir erwachen als die Geliebten
in jedem letzten Teil unseres Körpers.[44]

In Symeons wundersamer Vision ist der Leib Christi eigentlich *der Leib im Inneren unseres Leibes:* die geheimnisvolle Göttliche Präsenz, die uns im Leben hält, uns heilt und uns von innen heraus neu erschafft. Doch dieser uns innewohnende ›Leib‹ ist auch außerhalb von uns und umgibt uns, denn wenn wir erwachen, finden wir uns selbst *darin.* In dem Augenblicklich verschwinden das Innere und das Äußere sofort in einer heilenden Einheit. Oder anders ausgedrückt: Der Leib Christi ist dort, wo – und er ist der oder die, als den oder die – wir uns im Moment unseres Erwachens selbst entdecken.

Das Schlüsselwort ist jedoch *erwachen:* Wir müssen in den Leib Christi hinein erwachen – und zwar *persönlich* und *bewusst.* Ohne unsere Zustimmung und Anwesenheit kann es nicht geschehen. Die christliche innere Tradition (zu deren bedeutendsten Reprä-

44. Symeon the New Theologian: "We Awaken in Christ's Body" in Stephen Mitchell [Hrsg.]: *The Enlightened Heart: An Anthology of Sacred Poetry,* New York: HarperCollins, 1993, Seite 38.

sentanten Symeon der Neue Theologe gehört) hat immer auf diesem Punkt bestanden – doch genauso haben es große Teile der »Mainstream«-Christenheit evangelischer und reformatorischer Traditionen getan. Auch Jakob Böhme bezog sich insbesondere auf diesen Akt inneren Erwachens (und selbstverständlich auf den Lebensweg, den dieser mit sich bringt) als »den Leib Christi annehmen« und erachtete es als erforderlich, dies zu tun, solange man noch auf der Erde ist, damit es irgendeine Hoffnung auf Fortbestand auch jenseits des Grabes gebe.[45] Gurdjieff verwendete zwar eine vollkommen andere Sprache, doch er verwies auf exakt denselben Punkt.[46]

Egal ob wir diesen Begriff in seiner Mikro- oder Makrobedeutung betrachten, diejenigen, welche die Zeichen lesen können (angefangen bei den von Jesus selbst gegebenen), finden auf jeden Fall schlüssige Hinweise auf das innere Erwachen als die entscheidende dritte Kraft, welche die eher äußeren und körperlichen Aspekte des Leibes Christi in eine lebendige Wirklichkeit einer innewohnenden Präsenz verwandelt. Ohne diese aktivierte Präsenz wird die lebendige Glaubensgemeinschaft unvermeidlich in das Gravitationsfeld eines niedrigeren Bewusstseins – also in die institutionalisierte Kirche – hinuntergezogen, wo sie bestenfalls darin versagt, sich zu verwirklichen, und im schlechtesten Fall sogar aktiv die ihr anvertraute, wichtige transformative Arbeit abtötet.

Es entsteht: das Himmelreich

»Das Himmelreich« ist der von Jesus selbst bevorzugte Begriff für die transformierte Wirklichkeit, die er anstrebt. Was aber könnte dies sein? Nochmals: Wer nicht begreift, was es mit dem Leib

45. Diesen Punkt betreffend siehe Jakob Böhme: *Christosophia: oder Der Weg zu Christo,* »Fünftes Büchlein: Vom übersinnlichen Leben«, Seite 143 ff, sowie insbesondere die einundzwanzigste Frage in Jakob Böhme: *Vierzig Fragen von der Seelen,* Seite 114 ff.

46. Die diesbezügliche Lehre Gurdjieffs lautet, dass, wenn ein Mensch darin versagt, sich in diesem Leben bewusst weiterzuentwickeln, beim Tod seine materiellen Elemente, aus denen er besteht, sich wieder in die dünne Schicht organischen Lebens auf dem Planeten hinein auflösen werden, deren grundlegende Funktion es sei, Nährstoffe für die weitere Evolution von Reichen zur Verfügung zu stellen, die der Erde untergeordnet sind. Gemäß seiner berühmten Aussage werden wir dadurch zu »Nahrung für den Mond«.

Christi auf sich hat, kann unmöglich erkennen, was das Himmelreich ist. Dann wird das Himmelreich fälschlicherweise (so wie es leider nur allzu häufig der Fall war) mit der triumphierenden Kirche verwechselt.

In Tat und Wahrheit ist das Himmelreich ganz und gar kein äußeres Reich. Jesus war hier überaus klar und betonte: »Mein Reich ist nicht von dieser Welt.« Es geht dabei nicht um physische Gebäude und institutionalisierte Programme, sondern um *eine andere Ebene des Bewusstseins,* um durch Erwachen transformiertes Bewusstsein. Es ist das Neuentstehende, welches ins Spiel kommt, wenn das gütige Licht des Heiligen Geistes die innere Lebendigkeit in der äußeren Form erleuchtet und den Leib Christi im Kern aller Dinge offenbart.

In einer aktuellen provozierenden Bearbeitung dieses Themas legt Jim Marion in seinem Buch *Putting on the Mind of Christ* nahe, dass dieses Himmelreich, in das uns Jesus weiterhin ruft, eigentlich »non-duales Bewusstsein« meint, ein Bewusstsein, das sich nicht um ein egoisches Zentrum dreht und die Welt nicht in Subjekt-Objekt-Gegensätzen sieht, welche dem egoischen Denken innewohnen.[47] Diese Sicht mag vielleicht eine Art moderner Rückprojizierung sein (und ist stark beeinflusst durch die Buddhismus-basierte Metaphysik von Ken Wilber), doch Marion begründet stichhaltig seine Auffassung, dass die Transformation von Bewusstsein, die Jesus selbst anstrebte und vorlebte, mit dem Begriff *non-duales Bewusstsein* funktioneller beschrieben werden kann als mittels all der sentimentalen und moralisierenden Rhetorik, mit der christliche Exegeten sie erklären. Das vollständige Fehlen jeglicher Subjekt-Objekt-Gegensätzlichkeit ist ganz gewiss der Kern von Jesu radikaler Vision der menschlichen Identität und erweist sich stets als der Schlüssel, der uns seine Parabeln und anderen herausfordernden Lehren erschließt. Nehmen wir beispielsweise seine Aussage: »Liebe deinen Nächsten wie dich selbst«; es heißt nicht: »Liebe deinen Nächsten *so sehr* wie dich selbst« (wie diese Lehre im Allgemeinen interpretiert wird), sondern: »Liebe deinen Nächsten *wie* dich selbst«,[48] also: Diese zwei scheinbar getrennten Indivi-

47. Jim Marion: *Putting on the Mind of Christ,* Charlottesville, VA: Hampton Roads, 2000; deutsch: *Der Weg zum Christus-Bewusstsein,* Petersberg: Via Nova, 2003.

48. Das englische *as yourself* lässt sich auch mit »*als* dich selbst« übersetzen [A.d.Ü.].

dualitäten sind austauschbar und untrennbar eins. Ähnliches sehen wir bei: »So werden die Letzten Erste sein und die Ersten Letzte«, oder bei: »Denn wer sein Leben retten will, wird es verlieren; wer aber sein Leben um meinetwillen verliert, wird es finden.« Diese Lehren werden in dem Moment verständlich, in dem wir begreifen, dass die grundlegende Illusion schon immer in der Vorstellung von einer getrennten Individualität lag, die es zu erhalten und zu verteidigen gelte. Obwohl ich nicht glaube, dass Jesu irdischer Auftrag bloß im Predigen des non-dualen Bewusstseins bestand, ist es wahr, dass er mit dem »Himmelreich« im Dienst von etwas unterwegs war, das nicht begriffen, geschweige denn erreicht werden kann, außer in non-dualem Bewusstsein.[49]

Was er tatsächlich ins Auge fasst, ist etwas leicht Subtileres – was wahrscheinlich nur durch einen westlichen und vielleicht sogar speziell christlich-spirituellen Filter sichtbar wird, und nicht im Licht der östlichen vereinigenden Modelle, die Marion so kühn darüberzustülpen versucht. In Jesu berühmter Parabel vom verlorenen Sohn beispielsweise geht es nicht einfach darum, dass der großzügige, seinem reumütigen Sohn verzeihende Vater non-duales Bewusstsein beweist. Was wirklich geschieht, ist, dass das non-duale Bewusstsein des Vaters Eigenschaften von Lebendigkeit an den Tag legt – *verwirklicht und offenkundig macht* –, die ansonsten keinen »Leib« fänden: Freude, Vergebung, Großzügigkeit, Ermächtigung. Durch das Handeln des Vaters strömten diese Eigenschaften, die keinen Körper haben, als eine belebende Kraft in die Welt. Genauso bildet Jesu Selbstopferung am Kreuz nicht einfach vollkommenes Dasein ab; sie *befreit* die heilende, transformierende Kraft hingegebener Liebe, die die Welt buchstäblich auf ein neues Fundament stellt.

Dieser feine, aber dennoch entscheidende Unterschied ist vielleicht der Kern der Andersartigkeit von westlichen und östlichen metaphysischen Milieus. Im Osten (genauso wie im klassischen Modell der *sophia perennis*, das die Metaphysik des Traditionalismus so stark beeinflusst hat) ist Erwachen *eine Rückkehr zu einer ursprünglichen Einheit.* Wir durchschauen die Trugbilder von Zeit und Trennung und erkennen die Einheit, die ihnen zugrunde liegt. Im Westen, insbesondere auf dem bewegten Boden des biblischen Christentums, ist Erwachen ein *schöpferischer Akt,* der feine-

49. Mehr zu diesem Thema finden Sie in Cynthia Bourgeault: *Jesus: Meister der Weisheit,* Kapitel 3.

re Eigenschaften und Aspekte des Göttlichen Seins zutage fördert – das heißt verwirklicht oder zur vollen Manifestation bringt –, die auf keine andere Art und Weise ausgedrückt werden können. Beispiele dieser Eigenschaften sind Gleichmut, Zartheit, Freude, Vergebung, Nachsicht, Großzügigkeit, Mitgefühl, Würde und grenzenlose Kreativität. In der christlichen Überlieferung sind diese Eigenschaften als »die Tugenden« oder »die Gaben des Geistes« bekannt. Die Sufi-Tradition nennt dieselben Tugenden »die Namen Gottes«. Unabhängig von den Begrifflichkeiten, die ihnen gegeben werden, geht es darum, dass sie gemäß westlichem Denken zur Manifestation gebracht werden durch das aktive Opfern (oder Hingeben) des Verhaftetseins auf einer niedrigeren, mehr nach außen orientierten Ebene des Bewusstseins, um etwas Höheres und Feineres zu befreien. Im Westen ist das Trugbild von Zeit und Trennung das Mittel, durch welches das Licht des Feuers sich ausdrückt, so wie die Kerze das Mittel ist, durch welches das Licht des Feuers sich ausdrückt. Erwachen ähnelt dem Anzünden des Streichholzes.

Das Licht des in Docht und Talg der Welt latenten Feuers ist das Himmelreich, auf das uns Jesus hinweist. Es ist, wie er uns versichert, »*in* der Welt, aber nicht *von* der Welt.«

Die Begegnung von Himmel und Erde

Funktionell gesprochen gleicht dieser verschlungene Tanz des »*in* aber nicht *von*« einer gefährlichen Gratwanderung, über die der christliche (und tatsächlich der gesamte westliche) spirituelle Pfad führt. Leicht fällt man hinab, einerseits in eine Art neo-östlichen Monismus, welcher die ultimative Wirklichkeit der geschaffenen Ordnung verneint, oder andererseits in einen spirituellen Materialismus, welcher das Äußere für das Innere hält und dabei vergisst, dass die Transformation das Tor dazwischen ist. Von diesen beiden Fehlern wurde der letztere während der zweitausend Jahre der Entfaltung der Triade des sechsten Stadiums weitaus häufiger gemacht. Sogar die Diskrepanz zwischen der äußerlich vertrauten Form dieser Trinität – Vater, Sohn und Heiliger Geist, der Formel, die routinemäßig jeden christlichen Gottesdienst anstimmt – und der geheimnisvollen Welt des inneren Erwachens, die wir auf diesen letzten Seiten erforscht haben, zeigt, wie überaus selten die

Kirche fähig war, das heilige Feuer, das in ihrer Tiefe schwelte, zu erkennen, geschweige denn zu entfachen.

Doch es ist möglich, sicher auf diesem schmalen Grat zu bleiben. In einem überzeugenden Passus aus seinem Buch *The Bond with the Beloved* von 1993 beschreibt der zeitgenössische Sufi-Lehrer Llewellyn Vaughan-Lee in Worten, die dieses Verständnis einer inneren Lebendigkeit anklingen lassen, was er als das auftauchende spirituelle Bewusstsein unserer Zeit erkennt:

> Wenn wir still an uns arbeiten, wird die Energie unserer Hingabe zu einem Lichtpunkt in dieser Welt. Gegenwärtig wird die Karte der Lichter der Liebenden Gottes immer dichter. Der Zweck dieser Karte ist es, die innere Energiestruktur des Planeten zu verändern. In früheren Zeiten wurde diese Energiestruktur von heiligen Orten wie Steinkreisen, Tempeln und Kathedralen aufrechterhalten. Im nächsten Stadium unserer kollektiven Evolution sind es die Herzen von Individuen, welche den kosmischen Ton des Planeten halten. Diesen Ton können wir uns als ein Lied vorstellen, das den Herzen der Suchenden eingeflößt wird. Es ist eine Eigenschaft der Freude, mit der die Welt beseelt wird. Es ist der Herzschlag der Welt, und er muss in unseren Städten und auf dem Land vernommen werden.[50]

In diesem bemerkenswerten Absatz bringt Vaughan-Lee den wesentlichen Kern der Konfiguration dieses sechsten Stadiums auf den Punkt: die Bewegung in Richtung einer zunehmenden *Spiritualisierung der Substanz.* Was früher in der schweren Dichte von Steinen und Gebäuden eingeschlossen war, ist nun in einem Geflecht von Herzen enthalten, die sich der Göttlichen Liebe ganz geöffnet haben. (Dies erweitert gewiss den Resonanzklang der Erklärung des Propheten Ezechiels: »Ich beseitige das Herz von Stein aus eurem Fleisch und gebe euch ein Herz von Fleisch«, Ezechiel 36.26.) So wie Talg und Docht in der Flamme aufgehen, wenn die Kerze angezündet ist, so müssen Steine und Mörtel der Kirche in der lebendigen Flamme der Liebe vergehen, um zu einem »reinen Diamanten« zu werden – wie Thomas Merton schreibt –, »funkelnd vom unsichtbaren Licht des Himmels«.

50. Llewellyn Vaughan-Lee: *The Bond with the Beloved,* Inverness, CA: The Golden Sufi Center, 1993, Seite 26.

Diese Worte schrieb Merton im Schlussabsatz seines Essays "A Member of the Human Race",[51] dem wir bereits in unserer Betrachtung der sophianischen Trinität begegnet sind (auf Seite 185, wo Merton sein kraftvolles Bild des *point vierge* vorstellte). Gegen Ende dieses Absatzes erblickt sein prophetisches Herz bereits jene lichterfüllte Vereinigung der Herzen, von der Vaughan-Lee soeben lebhaft gesprochen hat, und Merton fährt fort:

> Er ist in jedem Menschen, und könnten wir dies erkennen, würden wir Milliarden solcher Lichtpunkte zusammenströmen sehen im Antlitz und im Leuchten einer Sonne, die alle Finsternis und Grausamkeit des Lebens vollständig überblendet. [...] Ich kenne kein Programm, mit dem wir zu dieser Erkenntnis gelangen könnten. Sie kann uns nur geschenkt werden. Aber das Tor zum Himmel ist überall.[52]

»Das Tor zum Himmel ist überall.« In der unsichtbaren Weite und Tiefe von Christi »pneumatischer Leiblichkeit« (wie Boros sie nennt) enthält die physikalische Welt nun eine Welt in einer Welt: eine Welt, deren Schale geknackt wurde, die jetzt ihren Samen enthüllt und in der das, was in allem funkelt, die Eigenschaft ihrer Lebendigkeit ist. Das Himmelreich ist das erleuchtete Strahlen des Auges, das direkt ins Sein schaut und erkennt, dass es der Leib Christi *ist* – jeder Vogel, jedes Blatt, jeder Baum: die Fülle des Seins, verborgen in den zufälligen Pünktchen des Universums und vollkommen transparent für die Liebe, die dessen Quelle ist und dessen Bestimmung. Bedeutung tanzt innerhalb von Bedeutung; unsere menschlichen Leben stehen in Flammen, um die ursprüngliche Energie der Liebe freizusetzen, und zu unserem Erstaunen entdecken wir, wieviel Liebe in menschlichem Fleisch geboren werden kann.

Und das ist gut. Denn in der nächsten und letzten Drehung der Triade werden wir das Fleisch selbst hinter uns lassen.

51. Thomas Merton: "A Member of the Human Race" in *A Thomas Merton Reader*, Seiten 346–347.

52. Ebenda.

17

Stadium 7: die ökonomische Trinität

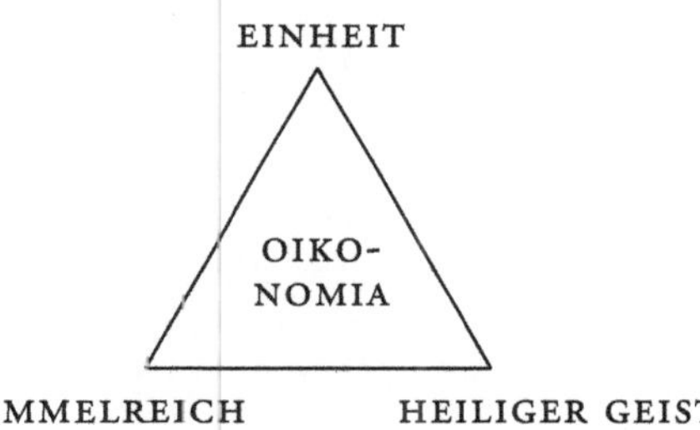

Und alles wird gut
Und alles Mögliche wird gut,
Wenn die Flammenzungen hineinschlagen
In den gekrönten Feuerknoten
Und das Feuer und die Rose eins sind.

T.S. Eliot: "Little Gidding"

ICH BENUTZE DAS WORT »OIKONOMIA«, ODER »GÖTTLICHER Plan«, im weitesten Sinne der kosmischen Vision des Neuen Testaments, wo es im Epheserbrief 1.9–10 heißt: »Er hat uns das Geheimnis Seines Willens kundgetan, wie Er es gnädig im Voraus bestimmt hat in ihm. Er hat beschlossen, die Fülle der Zeiten heraufzuführen, das All in Christus als dem Haupt zusammenzufassen, was im Himmel und auf Erden ist, in ihm.« In dieser siebten Dreifaltigkeit geht es um die Erfüllung der Zeit, die Wiedervereinigung von erschaffenen und nicht-erschaffenen Welten, die Verwirklichung all dessen, was zuvor Möglichkeit war. Sie ist dort, wo null und Unendlichkeit zusammenlaufen. Weitere biblische Namen für die Wirklichkeit, wie wir sie uns hier vorstellen, lauten *pleroma,* »die Fülle der Zeit« und *apokatastasis,* die endgültige

Wiederherstellung aller Dinge. Keines dieser Konzepte ist wirklich einfach.

Mittlerweise fragen Sie sich vielleicht – ein wenig nervös –, wie lange jedes dieser Stadien dauert. Dass diese sieben Trinitäten von sehr unterschiedlichem zeitlichem Bestand sind, haben wir bereits gesehen. Bei den ersten dreien können wir eigentlich nicht einmal von »zeitlicher Dauer« sprechen, da die Zeit noch gar nicht existierte. Die Triaden vier und fünf sind sehr kurz und entfalten sich innerhalb der irdischen Lebensspanne Jesu. Die sechste Triade, durch die wir uns zurzeit noch immer durchquälen, herrscht seit zweitausend Jahren, in denen die folgenden Fragen stets auf kleiner Flamme geköchelt haben: Wie lange noch? Wann eigentlich geschieht das angebliche »Zweite Kommen Christi«, das der Zeit, wie wir sie kennen, ein Ende setzen soll? Und was kommt danach?

Unsere letzte Triade wird uns diesbezüglich einige Anhaltspunkte liefern, allerdings keine dramatischen oder apokalyptischen. Die Verzückung wird nicht sogleich auf uns herabsteigen – jedenfalls noch nicht. Jede dieser Triaden verläuft durch ihren Bereich gemäß dem Gesetz der Sieben, und was die *Zuwachsrate* ihrer Vorwärtsbewegung betrifft – nun, die liegt ebenso an uns wie an Faktoren außerhalb unserer und vielleicht sogar außerhalb Göttlicher Kontrolle. Das Wichtige, worauf wir unser Augenmerk richten sollten, ist nicht das *Wann,* sondern das *Was.* In einem Kosmos, dessen tiefste Natur uns als Gnade offenbart wurde, müssen wir lediglich in der Güte dieser Umarmung bleiben und darauf vertrauen, dass wir, mit den Worten des Dichters Philip Booth, »bestimmt erfahren werden, was immer auch geschieht.«[53]

Die drei triadischen Punkte

Beginnen wir, indem wir uns zurechtzufinden versuchen in dieser neuen Umgebung, deren transparente Art sie an den äußersten Grenzen dessen ansiedelt, was der menschliche Verstand noch begreifen kann. Hier haben wir fast keine feste Materie mehr, an der wir uns noch festhalten könnten: Wir beschäftigen uns zur Gänze mit der energetischen Welt, mit feinen Schwingungen und Eigenschaften von Lebendigkeit, die auf der rein physikalischen Ebene

53. Philip Booth: “Heading out” in *Selves,* New York: Penguin Books, 1991, Seite 28.

eigentlich nicht mehr auszumachen sind. Wenn wir nochmals auf Valentin Tombergs Bild zurückgreifen (Seite 183), in dem er ausmalt, wie Göttliches Bewusstsein zu Energie kondensiert und Energie zu Materie, sind wir nun offensichtlich beim letzten Schritt dieses Verlaufs angekommen: Dort, wo Energie zurück ins Göttliche Bewusstsein ›verdunstet‹.

Wie immer verbleibt die Einheit – das Nichtmanifestierte, die unergründliche Unendlichkeit Gottes – als heiliges Verneinen an der oberen Spitze des Dreiecks. Das Neuentstehende unserer vorangegangenen Trinität, das Himmelreich, bewegt sich nun auf die Position des Manifestierten. Der Heilige Geist wird zum Manifestierenden. Nachdem wir uns in unserer letzten Triade mit der Abstammungslinie des Geistes vertraut gemacht haben und mit der hochzeitlichen Vereinigung, die dessen Identität für immer besiegelt hat, können wir nunmehr unerschrocken verkünden, dass das erleuchtende, aktivierende Prinzip, jetzt in der Rolle des heiligen Bejahens, nichts anderes ist als Christosophia, das ganz und gar androgyne Christus-Geistige, das in sich das verwirklichte Potenzial des Männlichen und des Weiblichen trägt: Weisheit, Wort, Gnade. Jene beiden Strömungen von Yin und Yang, reine Explosion und reines Bewusstsein, die wir in der zweiten Triade sich voneinander trennen sahen, sind nun vollkommen wiedervereint, und während sie zurück ins Meer fließen, tragen sie alles mit sich, was entlang ihrer Ufer gewachsen ist.

Das Himmelreich, am Pol des Manifestierten, beinhaltet noch allerletzte Spuren von Form. Und dem muss so sein, denn wenn wir uns (auf Seite 164) die Tabelle der Gegenwürfe anschauen, die unsere vier Grundregeln erläutern, erweist es sich als der Gegenwurf zur Stofflichkeit. Doch welche Art »Stofflichkeit« kann das sein? Wie wir bereits gesehen haben, hat es nicht die schwere physikalische Beschaffenheit von Steinen und Mörtel; es ist kein von Mauern umfasstes und verbarrikadiertes Neues Jerusalem. Auch ist es keine psychologisch ummantelte und verschanzte triumphierende Kirche, die ihre eigenen institutionellen Ziele für den Willen Gottes hält. Nein, es müsste ganz gewiss eine Stofflichkeit besitzen, die jener des brennenden Busches gleicht, den Moses in der Wüste sah (Exodus 3), jenem mächtigen Urbild, das die kontemplative Vorstellungskraft derart in seinen Bann gezogen hat. Wir haben es hier ganz und gar nicht mit einem »Ding« zu tun, sondern mit einer dynamischen Lebendigkeit, die sich in ihrer Bereitschaft manifestiert, entzündet zu werden. Sein ›Leib‹ wäre ein Leib von nahezu rein imaginativer Substanz und doch, obschon physisch formlos, von untrüglicher Identität. Es wäre, sagen wir, wie der ›Leib‹ des Dufts einer Rose oder wie der ›Leib‹ der spürbaren Heiligkeit in einer Kapelle, in der viel und tief gebetet wurde, oder wie die unmissverständliche Gewissheit der Präsenz, wenn das gesegnete Brot des Leibs Christi in unsere Hand gelegt wird.

»Verzehrt durch das, was seine Nahrung war«

In mir siehst du des Feuers letztes Sprühen,
Das, wie auf einer kalten Todesbahr',
Auf seiner Jugend Asche muss verglühen,
Verzehrt durch das, was seine Nahrung war.

In dieser eindringlichen Strophe aus seinem »Sonett 73« beschreibt Shakespeare ergreifend das übliche Resultat der Bereitschaft, sich entzünden zu lassen: Wir werden im Brandopfer verzehrt. Unser physisches Leben wird zu Docht und Talg für das Befreien dieses »Anderen«, und wenn Docht und Talg an ihr Ende kommen, erlischt die Flamme. Dies scheint die Bestimmung sterblicher Existenz zu sein.

Und doch loderte der brennende Busch in der Wüste und wurde *nicht* verzehrt. Kein Wunder, dass dieses Bild aus den Tagen Mose bis in unsere eigene Zeit so fest in der religiösen Vorstellung verankert ist: Es spricht direkt zu unseren tiefsten Ängsten und Sehnsüchten. Brannte dieser Busch mit unkörperlichem Feuer oder war er selbst unkörperlich? Könnte sein Brennen die geheimnisvolle Vereinigung von Fleisch und Geist repräsentieren, in einer Substanz, die so unvergänglich fein ist, dass das Gefäß das Brandopfer seines eigenen Werdens überlebt? Und könnte es sein, dass diese Vereinigung nicht nur in den höheren Reichen Früchte trägt, sondern auch hier in unserem eigenen, einem Regenbogen der Hoffnung gleich, der über dem leuchtet, was wie ein Meer des vollständigen Verlusts erscheint?

In unserer gesamten westlichen spirituellen Tradition haben nicht nur Theologen, sondern auch Dichter und Mystiker versucht, diese Substanz mittels des nahezu unfassbaren Konzepts des »Auferstehungskörpers« oder der »Engelsgestalt« zu beschreiben.

Doch hier versagen die Worte. »Es ist ein Leib«, bestätigt Böhme, doch keiner wie der unsrige:

> nicht grob-thierisches Fleisch, als wir im alten Adam haben, sondern subtieles Fleisch und Blut, ein solch Fleisch, das da kan durch Holz und Steine gehen, unzerbrochen des Steins, *wie Christus zu seinen Jüngern durch verschlossene Türen einging* [Joh 20.19], das ist ein Leib, in welchem kein Turba[e] [=Verwirrung, Durcheinander] noch Zerbrechen ist; dan kann die Hölle ihn nicht ergreifen: er ist ähnlich der Ewigkeit und ist doch wahrhafftig Fleisch und Blut, das unsere himmlische Hände betasten, greifen und fühlen, ein sichtiger Leib als hie in dieser Welt.[54]

Der christlichen Überlieferung nach ist dies der Körper, den wir alle vor dem Sündenfall Adams trugen, und seine Wiederherstellung kennzeichnet das Ende der Zeit, wie wir sie erfahren, und die vollständige Vollendung der Göttlichen Bestimmung.

Doch obwohl die Worte darin scheitern, dieses »Fleisch und Blut«, das *subtil* und doch *wirklich* ist, zu beschreiben, hat unsere christliche Tradition, und insbesondere das Bekenntnis von Nicäa, standhaft verlangt, dass wir an die Auferstehung des Leibes glauben. Und irgendwie, im intuitiven Wissen darum, dass diese zwei ›Enden der Zeit‹ – sowohl im Mikrosinn unserer eigenen persönlichen Existenz als auch im Makrosinn der endgültigen Vollendung der Göttlichen *oikonomia* – tatsächlich untrennbar miteinander verflochten sind und dass der ›Leib‹, der uns in beiden Fällen erwartet, derselbe ist, möchte ich vorschlagen, dass wir das Geheimnis dieser letzten Triade durch das Tor der Erfahrung unseres eigenen Todes betreten.

Nochmals Ladislaus Boros

Für diese Erkundung finden wir wahrscheinlich keinen besseren Wegweiser als Ladislaus Boros, dessen außergewöhnliches Buch *Mysterium mortis: Der Mensch in der letzten Entscheidung* ich bereits in Bezug auf Jesu Tod und Abstieg in die Hölle erwähnt habe.

54. Jakob Böhme: *Vierzig Fragen von der Seelen,* Seite 160–161.

Aber Boros beschäftigt sich darin auch eingehend mit dem Tod *jedes* Menschen, wenn er seine Hypothese ausbaut: »Im Tod eröffnet sich die Möglichkeit zum ersten vollpersonalen Akt des Menschen.« Boros' Beschreibung der unerbittlichen Reise des Lebens, mit seiner erst aufsteigenden und dann rasant fallenden Kurve hinaussprühender Energie und Freiheit, schwingt auf derselben Wellenlänge wie Shakespeares »verzehrt durch das, was seine Nahrung war.« Doch entgegen dieser Ebbe der äußeren Auflösung strömt die Flut des reinen Werdens. Boros schreibt:

> Das Absinken der Daseinskurve des »äußeren Menschen« macht sich schließlich bemerkbar. [...] Schließlich kommt noch die Tatsache des Vergehens mit elementarer Wucht zur Geltung und verursacht die Krise der Loslösung. Die Kraft des »äußeren Menschen« beginnt zu erlöschen. Dadurch wird die entscheidendste Erneuerung des »inneren Menschen«, die höchste Vergeistigung des Lebens ermöglicht. In der Meisterung dieser letzten Verknappung entsteht der Greis, der weise Mensch, dessen ganze Kraft geistig ist und von einer geradezu heiligen Gelassenheit herrührt. Vielleicht sprechen solche Menschen nicht viel oder doch nichts Bedeutendes. Doch verwandeln sie durch ihre einfache Gegenwart das Daseinsgefüge und machen es durchsichtig. Ihre Wesenstat ist die *geistige Transparenz des verwirklichten Daseinssinnes.* [...] Diese Menschen haben die ganze Energie des Lebens in Person umgewandelt.[55]

Um zu erklären, was er damit meint, fügt er noch hinzu:

> Aus den von Freuden und Trübsalen inhaltsschweren Tagen und Jahren hat sich etwas auskristallisiert, das in allem, was erlebt, erkämpft, geschafft, geduldet und geliebt wurde, schon entworfen war, das innere Selbst, die eigene und eigentlichste Schöpfung des Menschen.[56]

Aufgrund unserer Erforschung der sechsten Triade werden Sie wahrscheinlich schon bemerkt haben, worauf Boros hier hinaus-

55. LADISLAUS BOROS: *Mysterium mortis,* Seiten 75–76; die kursive Auszeichnung stammt von mir.
56. Ebenda, Seite 83.

will. Wir haben es mit einer sehr präzisen Beschreibung dessen zu tun, was ich im vorangegangenen Kapitel »die Spiritualisierung der Substanz« genannt habe: die authentische Arbeit des Entfaltens im sechsten Stadium (ob persönlich oder kosmisch) und der notwendige Katalysator für das Auftauchen des Himmelreichs. Dieses entgegenwirkende »Etwas« ist das, was ich zuvor mit »Blauverschiebung« meinte: die Kompression der ›Rohmaterialien‹ der physikalischen Raum-Zeit zu spiritueller Vollendung – zum »verwirklichten Daseinssinn«.

Dieser Prozess, der in der zweiten Hälfte unseres Lebens beginnt, erreicht seine Vollendung im Augenblick des Todes, behauptet Boros. Was zuvor die »Welle« eines Lebens war, verwandelt sich unverzüglich in ein »Teilchen«, das die ganze Bedeutung, Tinktur und Kraft dieses Lebens enthält, das unvergängliche Wesen (oder die Essenz) einer Person, die für immer erhalten bleibt als eine verwirklichte Eigenschaft Göttlicher Lebendigkeit (Boros verwendet diese Welle-Teilchen-Metapher zwar nicht, doch sie vermittelt seine Absicht gut). »Im Tode«, schreibt er, »wird der Mensch zum ersten Mal und endgültig zur Person, zum selbstständigen und vergeistigten Seinszentrum.«[57]

Dies ist der Grund, warum manche der intuitiveren Strömungen christlicher innerer Traditionen darauf bestehen, dass die Seele nicht der Ausgangspunkt unserer menschlichen Identität ist, sondern deren Kulmination; wir *beginnen* unsere Reise nicht mit einer Seele, sondern enden mit einer: als der »Teilchen«-Form der »Welle« unseres Lebens, gestaltet und ausgedrückt in der Zeit. Bei der Seele geht es nicht um das Mögliche, sondern um das Verwirklichte, und sie ist nur als Gegenwurf zu ›erlangen‹ – das heißt, nur in Einstimmung auf diese nächste Dimension, in der sie ihre wirkliche Gestalt in Fülle und Form annimmt.[58]

57. Ebenda, Seite 84.

58. Diese Argumentationskette ist besonders stark in der Gurdjieffschen Tradition. Der vielleicht einflussreichste Philosoph unserer Zeit, der sich diese Position zu eigen macht, ist Jacob Needleman, der, wie wir bereits sehen konnten, stark in der Gurdjieff-Linie verwurzelt ist. Sein erstklassiges Buch *Lost Christianity,* New York: Doubleday, 1985, nennt überzeugende Gründe für die Notwendigkeit, die Seele nicht als einen präexistenten Funken zu begreifen, sondern als das Meisterwerk eines bewusst gelebten Lebens. Gemäß Needleman wird die Seele geformt, indem Aufmerksamkeit und bewusstes Gegenwärtigsein auf das rohe psychologische Material unseres Lebens gerichtet werden.

Maurice Nicoll vertritt diese Position nachdrücklich in seinem bemerkenswerten Essay »Der Begriff der Rechtschaffenheit in den Evangelien«. Nicoll, Sie mögen sich erinnern, war ein Student der ersten Generation von Gurdjieff-Schülern und einer der wenigen, die dabei praktizierende Christen blieben. In seinem Kommentar zum Text aus dem Matthäusevangelium »Denn wer sein Leben retten will, wird es verlieren; wer aber sein Leben um meinetwillen verliert, wird es finden (16.25)« bemerkt er:

> Hier bedeutet »Leben« ursprünglich »Seele«. [...] Die Übersetzung des Wortes »Seele« mit »Leben« [...] ist richtig, wenn wir unter dem Wort »Leben« nicht das physische Leben – das Leben des Körpers – verstehen. [...] Man muss begreifen, dass das Leben eines Menschen nicht nur das äußere Leben seines physischen Körpers ist, sondern alles, was er denkt, wünscht und liebt. Das ist das Leben des Menschen, und das ist seine Seele. [...] denn was man innerlich bejaht, macht das Leben aus, es ist die Seele des Menschen.[59]

Nicoll folgert daraus:

> Aus alledem können wir anfangen zu begreifen, dass die *Seele* des Menschen nicht etwas Herrliches oder vollkommen Fertiges ist, sondern etwas, das sich in ihm formt, seinem Leben entsprechend, und dass sie tatsächlich *sein gesamtes Leben darstellt,* dass sie das Abbild dessen ist, was er gedacht, gefühlt und getan hat.[60]

Wenn dieses Prinzip akzeptiert werden kann, folgt daraus, dass die Seele und der Auferstehungskörper im Wesentlichen ein und dasselbe sind. Im und vom Leben geformt durch das mutige Zusammenflechten von Strängen aus Möglichkeit und Zeit, wird dieser Körper erst in der nächsten Dimension in Gänze offenbart – im Reich des Imaginativen. In unserer imaginativen Verkörperung sind wir reine Tinktur, der unvergängliche Duft der Qualität unserer Lebendigkeit.

59. Maurice Nicoll: *Ich bin der Weg,* Frankfurt am Main 1950, Seiten 97 und 99.
60. Ebenda, Seite 100.

Wir müssen uns jedoch bewusst sein, dass diese neue Dimension nicht dasselbe ist wie das Leben nach dem Tod. Sie ist nicht später, sondern *leichter,* eine feinere Qualität von Lebendigkeit, die bereits in uns wirkt (anders wären wir gar nicht lebendig) und schon immer den wahren ursächlichen Hintergrund darstellte, aus dem wir unser Leben, Atemzug um Atemzug, empfangen. Die einzige Zustandsveränderung, die durch den physischen Tod verursacht wird, besteht darin, dass es während der Zeit, in der wir äußerlich in menschliches Fleisch gekleidet sind, so scheint, als ob die neue Dimension *in uns* sei, wir jedoch, nachdem der physische Körper weggefallen ist, entdecken, dass wir bereits die ganze Zeit über *in ihr* waren!

Obwohl die vollständige Verwirklichung unserer imaginativen Identität eigentlich das Werk der nächsten Dimension ist, ist es beruhigend zu erkennen, dass das Höhere manchmal in das Tiefere hineinscheint und dabei die physische Form mit einem Licht aus dem Jenseits erleuchtet. Dies war gewiss das Licht, das in dem Busch leuchtete, der nicht verzehrt wurde, wie auch in jenen Auferstehungserscheinungen Jesu. Mit dem allgemeinen Aufwärtssog und der leichteren Gravitation der höheren Reiche einher geht die Versicherung, dass nichts vom Niedrigen jemals verloren geht; das Höhere kann eintreten, es nach Belieben durchdringen und – wie der bereits erwähnte Regenbogen über dem Meer des vollständigen Verlusts – davon künden, dass alle Reiche und Schwingungen der erschaffenen wie der nicht-erschaffenen Reiche in Liebe miteinander verbunden sind und dass das Navigieren zwischen den Welten nicht schwieriger ist, als sich in dieser ursächlichen Liebe aufzulösen und ihr zu erlauben, überallhin zu fließen.

Valentin Tomberg spricht in seinem Kapitel »Das Gericht« in *Meditations on the Tarot* sehr nachdrücklich davon:

> Somit wird der Auferstehungskörper nichts Mechanisches an sich haben, nichts Automatisches. [...] Er wird keine vorgefertigten und unveränderlichen ›Organe‹ besitzen. Nein, der Auferstehungskörper wird absolut beweglich sein und für jede Handlung das ›Organ‹ erzeugen, das zu ihr passt. Mal wird es ein strahlendes Licht sein – so, wie es Paulus auf seinem Weg nach Damaskus erlebt hat – und ein anderes Mal ein Strom der Herzlichkeit oder ein Atemhauch belebender Frische oder eine erleuchtete menschliche Gestalt oder eine

> menschliche Gestalt aus Fleisch. Denn der Auferstehungskörper wird ein *magischer Wille* sein, der sich zusammenziehen und ausdehnen kann. Er wird die Synthese von Leben und Tod sein, das heißt, er kann hier unten wie eine lebendige Person handeln und gleichzeitig die Freiheit von irdischen Verbindungen genießen wie eine verstorbene Person.[61]

Das bedeutet nicht, dass dieses Auflösen in die ursprüngliche Liebe einfach wäre. Es erfordert jedes Quäntchen Mut, Vertrauen und Hoffnung, das der menschliche Wille aufzubieten vermag, um die scheinbare Festigkeit der Form loszulassen und in tiefere Strömungen einzutreten. Aber die Reiche *sind* durchlässig, und nichts, das im festen Zustand erlangt wurde, geht dem feineren jemals verloren. Denn der Auferstehungskörper – also die vollkommen lebendige und fähig gewordene Seele – steht als Durchgang zwischen den beiden und trägt, in gleicher Weise Welle wie Teilchen, freudig die Ernte dessen nach Hause, was in Zeit und Form erlangt wurde.

Auf dieselbe Art können wir – wenn wir nun vom Mikrokosmos zum Makrokosmos gehen – sagen, dass die *oikonomia* die Seele Gottes ist. Denn sie ist Gottes verborgenes Ziel und wird in der Verflechtung des Möglichen und der Zeit vollständig offenbart, vollständig verwirklicht. Und wenn Alpha und Omega schließlich zusammenlaufen, wenn die Fülle der Zeit zur »geistigen Transparenz des verwirklichten Daseinssinnes« wird, offenbart sich die Dreifaltigkeit als der unvergängliche Duft der Lebendigkeit Gottes.

61. Valentin Tomberg: *Meditations on the Tarot,* Seite 577.

18

Reflexive Trinität

OBWOHL ES MIR NICHT DARUM GING, DIE ABFOLGE DIESER Trinitätskonfigurationen nach einem siebenfaltigen Schema zu veranschaulichen, sondern lediglich darum, ihre Aufeinanderfolge zu ihrer eigenen natürlichen Schlussfolgerung zu begleiten, war es möglicherweise unvermeidlich, dass sie sich gemäß einem solchen Schema entwickelt hat. Denn dieselbe esoterische Tradition, die das Gesetz der Drei formulierte, brachte auch das Gesetz der Sieben vor, welches besagt, dass jeder Reise durch die Zeit unumgänglich ein Prozess von sieben Stadien innewohnt. Obschon ich also keinesfalls darauf aus war, dies zu »beweisen«, liefert die Tatsache, dass das Muster, das sich hier auf diese Art dargestellt hat, eine zusätzliche Bestätigung, dass ich auf der richtigen Spur war.

Auf den letzten Seiten dieser Untersuchung möchte ich nun gerne jemandem meinen Dank bekunden, der ebenfalls zu diesen Ausführungen beigetragen hat und den ich bisher noch nicht erwähnt habe. Gleichzeitig werde ich seinen Beitrag nutzen, um ein weiteres nützliches Merkmal dieses kaleidoskopischen trinitarischen Modells hervorzuheben: seine Symmetrie.

Bei der besagten Quelle handelt es sich um ein bemerkenswertes, aber erstaunlich wenig bekanntes Buch mit dem Titel *The Reflexive Universe* von Arthur Young, einem Wissenschaftler und brillanten Amateur-Kosmologen. Das Buch wurde im Jahr 1986 mit einer Einführung von Jacob Needleman veröffentlicht, der mir auch erstmals ein Exemplar davon in die Hände legte.[62] Dieses mittlerweile ziemlich zerfledderte Buch ist mir nun seit mehr als einem Vierteljahrhundert ein treuer Reisebegleiter.

Durch Arthur Young begriff ich zum ersten Mal etwas, das unterdessen zu meinem eigenen metaphysischen Grundparadigma geworden ist und das ich (nicht Young) als »Blauverschiebung« bezeichne: nämlich die Vorstellung, dass der ›Abstieg‹ von Geist in

62. ARTHUR YOUNG: *The Reflexive Universe*, Mill Vallery, CA: Robert Briggs Associates, 1986.

Form nicht wirklich ein Herabkommen ist, sondern in Tat und Wahrheit ein Aufstieg. Young drückt es so aus: Die Göttliche Absicht »geht hinaus in die Materie, um sich die Mittel zu verschaffen, diese Absicht umzusetzen, und erreicht schließlich ihr Ziel, indem sie die Absicht, mit der sie ursprünglich hinausgesandt wurde, verwirklicht.«[63]

Als ich diese Idee vor mehr als fünfundzwanzig Jahren erstmals gedanklich umarmte, erkannte ich in Youngs Einsicht intuitiv den von mir gesuchten Schlüssel zum Öffnen dessen, was ich lange Zeit für eine metaphysische Straßenblockade gehalten hatte zwischen einerseits den östlichen und gnostischen Szenarien, die den »Fall« in die Materie als einen Fehler oder eine Illusion begreifen, und andererseits einer jüdisch-christlichen Weltsicht, welche die Schöpfung intuitiv als notwendig und wertvoll betrachtet, aber unfähig ist, ihr ein Motiv zuzuschreiben, das über die ausströmende »Güte« Gottes hinausgeht, und es daher auch nicht vermag, eine Ethik menschlicher planetarischer Verantwortlichkeit zu entwickeln, die das persönliche Drama von Reue und Erlösung übersteigt. Young schafft es, uns eine dritte Option vorzulegen: nämlich, dass die Göttliche Absicht die erschaffene Welt »braucht«, und zwar nicht nur, um die Göttlichen Attribute (wie Liebe, Schönheit, Standhaftigkeit) zu offenbaren, sondern um sie zu *verwirklichen.* Die Reise in die Zeit, in die Form und in die Zwänge ist auch eine Reise von der Potenzialität zur Verwirklichung und eine »Befreiung ins Sein« von Eigenschaften (wie Liebe und Großzügigkeit), die als reine Möglichkeit nicht existieren können, sondern nur als verwirklichtes Handeln.

In Youngs faszinierendem Szenario – das sich mehr in der physischen Domäne abspielt als in der metaphysischen – wird diese Verwirklichung in einem Prozess von sieben Stadien erreicht, der einem V-förmigen Verlauf folgt (Young nennt es einen »Bogen«). Die linke Seite des Bogens zeigt ein »Hinabsteigen« in die Form, wobei jedes der drei Stadien (Licht, Nuklearteilchen, Atome) ein wachsendes Eintauchen in Form und eine größere Einschränkung des Freiheitsgrades mit sich bringt. Der Bogen erreicht seinen Nadir im Stadium 4, der molekularen Ebene, und steigt auf seiner rechten Seite wieder zu immer größerer Freiheit und Ausdrucksstärke an. Wenn wir diese sieben »Königreiche« (wie Young die

63. Ebenda, Seite 207.

Stadien nennt) als eine evolutionäre Sequenz zeichnen, ergibt sich das folgende Muster:[64]

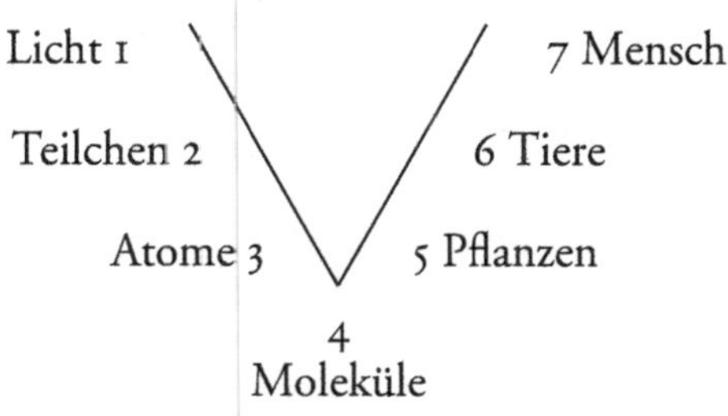

Das strukturelle Schlüsselelement ist hier die Symmetrie. Mit Stadium 4 als dem Drehpunkt zeigt Young, wie 3 symmetrisch ist zu 5, 2 zu 6 und 1 zu 7. Auf der anderen Seite der Achse spiegelt das Aufsteigen exakt das Hinabsteigen in die jeweiligen Grade von Freiheit und Beweglichkeit. Stadium 4 ist der Punkt größter Einschnürung. Young erinnert seine Leserschaft daran, dass Moleküle nur in gebundener Form existieren: als Ketten von Atomen, die durch chemische Verbindungen zusammengehalten werden und unfähig sind, sich unabhängig davon zu bewegen oder zu wachsen. Die Stadien 3 und 5 zeichnen sich durch »einen Freiheitsgrad« aus (Atome können sich frei bewegen, haben jedoch eine feste nukleare Masse; Pflanzen können wachsen und sich reproduzieren), die Stadien 2 und 6 durch »zwei Freiheitsgrade« (Nukleartteilchen haben keine feste nukleare Masse und können daher willkürlich erscheinen und verschwinden; Tiere können sowohl wachsen als auch sich bewegen) und die Stadien 1 und 7 durch »drei Freiheitsgrade« (Licht ist – zumindest in Youngs Schema – völlig uneingeschränkt; Menschen können sich bewegen, wachsen und bewusst reflektieren). Der Unterschied, der diesen Symmetrien zugrunde liegt, besteht darin, dass auf der linken Seite des Bogens Freiheit willkürlich und spontan ist, auf der rechten Seite hingegen bewusst und freiwillig.[65] Young betont die entscheidende Bedeutung des vierten, des am stärksten eingeschränkten Stadiums; es ist »die Arbeitsgrundlage, die der Prozess erreichen muss, bevor er beginnen kann, sich wieder aufzubauen«.[66]

64. Ebenda, Seite 91.
65. Ebenda, Seite 42.
66. Ebenda, Seite 36.

Youngs Paradigma ist es überaus wert, in seinem eigenen Licht genauer erforscht zu werden; mein Hauptgrund, es hier anzuführen, liegt darin, dass es meine Neugier hinsichtlich der Frage geweckt hat, ob die von mir in diesem Buch beschriebene Entfaltung der Trinität in sieben Stadien eine vergleichbare Symmetrie zwischen Hinabsteigen und Aufsteigen zeigt. Meine Schlussfolgerung lautet, dass dem so ist.

Am deutlichsten wird dies bei den Triaden zwei (der uranfänglichen) und sechs (der pfingstlichen Trinität), welche tatsächlich Spiegelbilder sind:

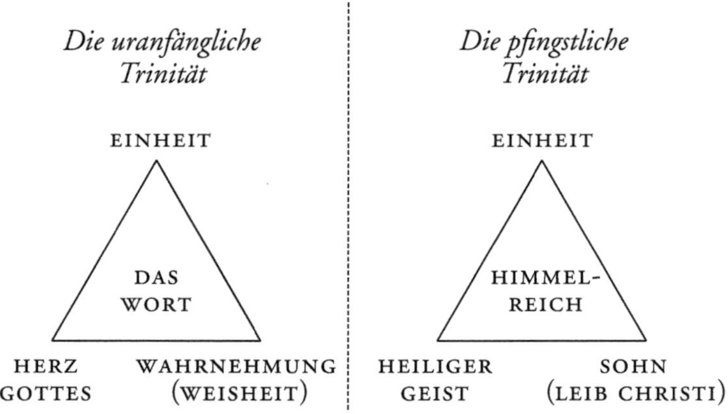

Beide Triaden sind so aufgebaut, dass sie leicht in das traditionelle Muster von Vater, Sohn und Heiligem Geist passen, wobei die drei »Personen« der Dreifaltigkeit den uns vertrauten drei triadischen Punkten zugeordnet sind. Doch während die erste dieses Paares die *kosmologische* Trinität ist (die Trinität vor aller Zeit und Form), trägt die zweite die einzigartige Prägung der menschlichen Wirklichkeit von Jesus Christus. In der uranfänglichen Trinität haben wir gesehen, dass alle triadischen Punkte gleichermaßen männlich wie weiblich sind und dass eine androgyne Bildsprache daher nicht nur angemessen, sondern zwingend ist. In der pfingstlichen Trinität muss die Metaphorik wesentlich sorgfältiger angegangen werden. Wenn wir einen historischen männlichen Jesus haben, der sich auf die Einheit als »Vater« bezieht, müssen wir uns schwierige Fragen über die Rolle stellen, die eine geschlechtergerechte Sprache bei der Vermittlung dieses lebendigen Empfindens von persönlicher Verwandtschaft im Herzen des christlichen Selbstverständnisses spielen soll. (Im Gegensatz dazu ist eine genderneutrale trinitarische Formel wie »Schöpfendes – Erlösendes – Heiligendes« vollkommen unpersönlich.) Vielleicht läge die gütlichste Lösung letzten Endes darin, mit dieser besonderen Triade einfach etwas großzügiger umzugehen und dafür in anderen Triaden nach Elementen Ausschau zu halten, welche die Genderbalance wieder herstellen.

Ich glaube, dass die meisten Rätsel in den heutigen Trinitätstheologien dadurch verursacht werden, dass diese beiden »Doppelgänger«-Dreifaltigkeiten auf den gegenüberliegenden Seiten des Bogens – der kosmologischen und der historischen – nicht ausreichend unterschieden werden. Obschon sie tatsächlich symmetrisch sind, reflektieren sie verschiedene Stadien des Prozesses und erfordern unterschiedliche Weisen, über diesen Prozess zu sprechen. Wie Sie wissen, lag eines meiner Hauptziele dieser Untersuchung darin, den Druck von der pfingstlichen Trinität zu nehmen, indem ich sie in eine erweiterte Familie von Trinitäten gestellt habe, sodass wir uns nicht länger gezwungen fühlen, ihr jede einzelne Aussage aufzubürden, die wir über die Wirklichkeit Gottes machen müssen.

Auf ähnliche Art und Weise spiegeln sich die Triaden drei (die sophianische) und fünf (die messianische Trinität) von den gegenüberliegenden Seiten des Bogens. Triade drei hat als ihren versöhnenden Boden das Wort, Triade fünf das fleischgewordene Wort Jesus. Beide haben ihr manifestierendes Prinzip in etwas, das ich als »Herz Gottes« bezeichnet habe. Doch in der Triade drei wirkt dieses Herz als ein kosmisches Prinzip (der verborgene Grund der Liebe, wie Merton es vielleicht genannt hätte), während es in der Triade fünf den Stempel der menschlichen Geschaffenheit und aufopfernden Liebe Jesu trägt; es ist *sein* Herz, *seine* Stofflichkeit. Und wenn wir ihre beiden Neuentstehenden miteinander vergleichen, erkennen wir, dass die heilige Stofflichkeit, die das Hinabsteigen in das Fleisch ermöglicht, ausgeglichen wird durch den Heiligen Geist, der den Weg daraus hinaus weist.

Die Triaden eins (die Proto-) und sieben (die ökonomische Trinität) zeigen ein ähnliches Gleichgewicht. Beide entfalten sich in Reichen weit jenseits des Physischen und Zeitlichen – tatsächlich sogar an den äußersten Grenzen unseres Vorstellungsvermögens. In der ersten Triade sehen wir die anfänglichen Regungen des Göttlichen Dynamismus, der die Reise in die Manifestation anstößt. Und in der siebten streben wir auf jene »Vollendung der Absicht« zu, die diese Regungen vermutlich beruhigt und das Gleichgewicht der unergründlichen Einheit wiederherstellt. Das Sein löst sich wieder im Nichtsein auf, dem es schon immer angehört hat. Doch indem Alpha und Omega konvergieren (nachdem die beiden nicht mehr auseinandergehalten werden müssen), erkennen wir nun, dass das allererste Neuentstehende, das Herz, und das allerletzte, die *oikonomia* oder die Fülle des Herzens, ein und dasselbe sind. Die verborgene, unbekannte, überwesentliche Einheit hat ihre eigene Tiefe »erkannt«.

Und am Punkt des Nadirs, dem Zentrum der vierten Triade, steht Jesus. Aus gutem Grund bezeichneten ihn patristische Theologen intuitiv als den »Dreh- und Angelpunkt« der Erlösung. (Young, der keinen Hinweis darauf liefert, dass er patristische Theologen gelesen hat, nennt diesen Punkt »die Wendung«.) In dieser vierten Konfiguration können wir mithilfe von Youngs Einblicken neue Schwingungsebenen in der intuitiven christlichen Einsicht erkennen, dass Gott in Jesus zum Menschen wurde – oder in anderen Worten, dass Gottes Sehnsucht, in die Form hinabzusteigen, in Jesus ihren Endpunkt erreichte, die dichteste und konzentrierteste Einbettung in Form, die dem Göttlichen überhaupt möglich ist – und dass genau aus diesem Grund die Schöpfung angekommen ist auf der »Arbeitsgrundlage, die der Prozess erreichen muss, bevor er beginnen kann, sich wieder aufzubauen.« In Jesus erreicht die Liebe Gottes, die hinabsteigt in immer spezifischere Formen des Geschaffenen, ihren Punkt der maximalen Verdichtung und Einschränkung. Von hier, von diesem Dreh- und Angelpunkt aus, muss sie unvermeidlich weiterkatapultiert werden.

Doch darf man sich dies nicht als eine Richtungsänderung vorstellen, wie es in den alten *exitus-et-reditus*-Schulen des Emanationismus üblich war. Obschon es aus unserem Blickwinkel wie ein Hinabsteigen und Aufsteigen erscheint, gibt es in Wirklichkeit keine Richtungs- oder Geschwindigkeitsänderung – nur eine andauernde Vorwärtsbewegung entlang der parabelförmigen Kurve des Göttlichen Willens gemäß dem Gesetz der Drei.

Teil vier

Die Macht der Drei nutzbar machen

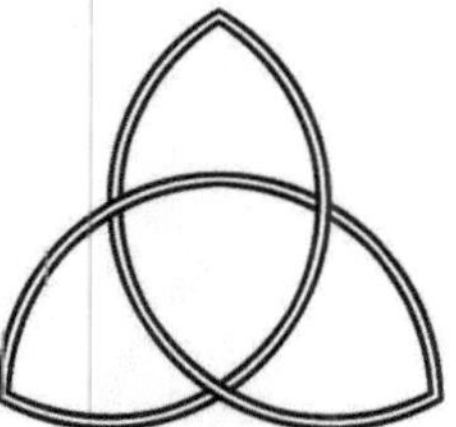

19

Das Amateurfunkgerät im Geschirrregal

WORAUF ICH IN DIESEM BUCH HINAUSWOLLTE, IST IM GRUNDE genommen eine Wette, bei der es im klassischen Sinne des Theologen Paul Ricœur darum geht, dass das Testgelände für spirituelle Wahrheit nicht in der abstrakten Spekulation, sondern in der erlebten Erfahrung liegt. Wir bestimmen eine Prämisse und falls diese richtig ist, werden wir beim Versuch, sie in die Tat umzusetzen, sehen, wie sie sich bewahrheitet.[1]

Meine Wette lautet also, dass hinter den drei Personen der Dreifaltigkeit das Gesetz der Drei steht. Beginnend bei dieser Ausgangsprämisse, habe ich mich an die Kernaussage des Gesetzes der Drei gehalten – die Verflechtung von dreien erzeugt ein Viertes in einer neuen Dimension –, um die Dreifaltigkeit in einer Reihe von sieben aufeinanderfolgenden Entfaltungen zu entwickeln, welche sich von Alpha bis Omega über die ganze Skala erstrecken, vom Quellgebiet der Schöpfung bis hin zur Erfüllung der Zeit. Innerhalb dieser erweiterten Trinität, so habe ich versucht aufzuzeigen, gibt es genügend Raum, den Umfang und den Dynamismus der Göttlichen Kreativität zu erleben und – noch wichtiger – an diesem Dynamismus teilzuhaben, wenn wir unser Leben nach dem Gesetz der Drei ausrichten.

So möchte ich denn mit diesem Buch im Wesentlichen die Mechanik offenlegen, deren Verständnis uns einen besseren Zugang verschaffen kann zu der bereits zitierten und wirklich bemerkens-

1. Paul Ricœur (1913–2005) war einer der angesehensten Philosophen des zwanzigsten Jahrhunderts mit einer langen Liste von Publikationen. Meine Einführung in Ricœurs Konzept der »Wette« gestaltete sich jedoch wesentlich informeller: Mein Eremitenlehrer Bruder Raphael Robin war von dieser Idee sehr angetan und kam während unserer dreijährigen Zusammenarbeit immer wieder darauf zurück. Ich glaube, Raphael bezog sich auf Ricœurs Buch *Symbolik des Bösen* (Freiburg/München: Verlag Karl Alber, 2002), obwohl ich dies persönlich nie verifiziert habe. Auf Paul Ricœur und die Wette als hermeneutisches Prinzip nehme ich stärker Bezug in meinem Buch *Love is Stronger than Death,* New York, Bell Tower, 1999, Seite 167.

werten Einsicht von Beatrice Bruteau: »Es ist diese Präsenz der Trinität als ein sich auf jeder Stufe der kosmischen Ordnung wiederholendes Muster, welche das Universum zur Manifestation Gottes und damit heilig macht.«[2]

Was also hat uns dieses erweiterte Trinitätsverständnis zu bieten, das unserem bisherigen Modell gefehlt hat? Ich bin mir sicher, dass diese Frage nun, da wir uns auf der Zielgerade dieser Präsentation befinden, bei den meisten Leserinnen und Lesern ganz oben steht. Wenn uns das alte Modell doch mehr als sechzehn Jahrhunderte gedient hat, warum sollten wir es dann solch einer radikalen Prüfung unterziehen? Würden die relativ kleinen Anpassungen, wie sie Catherine LaCugna und andere vorgeschlagen haben, nicht ausreichen, um uns wieder auf Kurs zu bringen? Wenn doch die größten mystischen Theologen des Christentums – einschließlich der kappadokischen Kirchenväter, des heiligen Augustinus und des heiligen Bernhards von Clairvaux – lebendiges Wasser aus dieser Quelle geschöpft haben, wer bin ich dann zu behaupten, dass die Quelle versiegt sei?

Aber die Sache ist die: Genau das sage ich *nicht.* Im Gegensatz zur momentan wachsenden Mehrheit in liberalen theologischen Kreisen habe ich nachdrücklich erklärt, und werde dies auch weiterhin tun, dass mit unserem vertrauten Modell alles in Ordnung ist. Ich wiederhole: *Damit ist alles in Ordnung.* Die »Personen« sind richtig benannt und konfiguriert, und nichts muss daran geändert werden. Das einzige Problem liegt darin, dass wir es hier mit einem Standbild zu tun haben, mit einer Phase aus einer sich bewegenden Sequenz, und dieses Buch behauptet: Der Paradigmennotstand der heutigen Trinitätstheologie ist hauptsächlich darauf zurückzuführen, dass versucht wurde, etwas in Teilchenform zu pressen, was in Wirklichkeit Wellenform aufweist.

Oder, um zur Metapher zurückzukehren, die ich ganz am Anfang dieses Buches eingeführt habe: Es ist, als ob man die Trinität wie ein Geschirrregal nutzt, obwohl in dessen Innerem die ganze Zeit über ein metaphysisches Amateurfunkgerät mit beachtlicher Bandbreite darauf wartet, entdeckt zu werden. Meine Wette lautet, dass wir in dieser erweiterten Trinität nicht bloß die Geräumigkeit finden, um traditionelle theologische Straßenblockaden aufzu-

2. Beatrice Bruteau: *God's Ecstasy,* Seite 83.

lösen, sondern auch eine neue Fähigkeit, das Christentum als dynamischen und integralen Weg zu leben, was es in Wirklichkeit auch ist.

Wie könnte sich dies abspielen? Laut Paul Ricœur lässt sich die hermeneutische Wette nur durch Ausprobieren entscheiden. Der letzten Frage – Ist es wahr? – nähern wir uns am elegantesten durch die Erkundigung: »Inwiefern ist es sinnvoll, auf solch eine Art und Weise darüber zu denken?« Und so möchte ich in diesem abschließenden Kapitel einige Wege vorschlagen, auf denen ein erweitertes und dynamisches Trinitätsverständnis, das explizit an ein kosmisches Gesetz gebunden ist, für ein Christentum sinnvoll sein könnte, das darum ringt, mit intakter Identität und visionärer Vorstellungskraft ins einundzwanzigste Jahrhundert zu gelangen. Dieser Ansatz erlaubt mir auch, einige der zentralen Punkte dieses Buches nochmals Revue passieren zu lassen und aufzuzeigen, welches die wichtigsten Aspekte einer weiterführenden Reflexion und Diskussion sein könnten. Mittlerweile wird es wohl niemanden mehr überraschen, dass sich die Anzahl dieser Punkte auf sieben beläuft.

I

Das Problem des »fehlenden« Femininen

Der erste Punkt besteht darin, dass sich dieses erweiterte Modell in überzeugender Weise mit der ursprünglichen Ausgangsfrage dieser Untersuchung auseinandersetzt: mit dem Problem der »fehlenden« Repräsentanz des Femininen in der Dreifaltigkeit. Wenn wir die Trinität gemäß dem Gesetz der Drei in Bewegung versetzen, entdecken wir, dass es bei ihr nicht um »Personen« als permanente, feststehende Identitäten geht, sondern vielmehr um *Personifizierungen* fließender und miteinander verflochtener Energieströme – eine Vorstellung, die dem, was die kappadokischen Kirchenväter ursprünglich im Sinn hatten, tatsächlich näherkommt. Deren Begriff *Hypostasen,* üblicherweise mit »Personen« übersetzt, kommt unserer modernen Vorstellung von »Zuständen« näher, den mannigfaltigen Formen, in denen eine einzige Substanz existieren kann (wie die chemische Verbindung H_2O in den ›Personen‹ von Wasser, Dampf und Eis existiert). Das Gesetz der Drei bestätigt das Fließen, welches die ursprüngliche kappadokische Dreifaltigkeit implizierte, und gibt uns mächtige neue Werkzeuge in die Hand, mit denen wir arbeiten können.

In unserer eigenen besonderen Trinität (der des sechsten Stadiums) ist das Feminine am offensichtlichsten präsent in der christosopianischen Energie, die aus dem Heiligen Geist fließt, der nicht per se feminin ist, sondern *androgyn,* der hochzeitlichen Vereinigung des menschlichen Jesus und der ewigen Jungfrau Weisheit.[3] Das Feminine wird auch stark von dem Neuentstehenden transportiert, das aus dieser Trinität emporsteigt – dem Himmelreich – und das als Gegenwurf zur nun ersetzten Stofflichkeit (siehe die Tabelle der Gegenwürfe auf Seite 164) eine Abstammungslinie trägt, die in der uranfänglichen Sophia entspringt und deren menschliches Gesicht Maria ist. Dies erklärt, warum das Feminine sich in unserer Zeit so mächtig erhoben hat und weshalb Sophia dermaßen universell zur Geltung kommt. Gemäß der Wirkungsweise des Gesetzes der Drei *muss* dem so sein, denn die Tinktur unserer heutigen Zeit ist mit dem Femininen durchtränkt, und ihre Essenz wird immer offensichtlicher werden, je weiter diese spezielle trinitarische Konfiguration sich vollendet.

Das gegenwärtige Bestreben, innerhalb der Trinität eine feminine Präsenz sicherzustellen, ist notwendig und richtig, jedoch haben die der Substanztheologie der Vergangenheit verbundenen Theologinnen und Theologen bisher an der falschen Stelle danach gesucht. Das Feminine lebt nicht in festgeschlechtlichen »Personen«, die in ihren jeweiligen triadischen Punkten auf ihren Posten sitzen, sondern in der sophianischen Energie, die mitten aus dem Herzen der Trinität aufsteigt. »Sie« ist das Vierte in einer neuen Dimension. Im erweiterten Gefüge des Gesetzes der Drei sind wir entbunden von diesen endlosen, aussichtslosen Gesprächen über religiöse Geschlechter und Sprache und werden sanft vorangetrieben in Richtung unserer wahren Rolle als Geburtshelferinnen und Gestalter dieses zutiefst sophianischen Neuentstehenden, auf dass es für die Zeit, die noch vor uns liegt, stark und wahrhaft heilig versöhnend wird.

3. Für Details dazu siehe Kapitel 15.

2
Ein re-mythologisiertes Christentum

Zweitens schafft dieses neue, erweiterte trinitarische Modell einen großzügigeren Rahmen für die reiche mythologische und persönliche Sprache des traditionellen christlichen Verständnisses. Ich hoffe, dass die Erkundung, die wir in Teil drei abgeschlossen haben, dies umfassend aufzeigen konnte. Es geht nicht darum, die Sprache des Christentums zu entmythologisieren oder zu neutralisieren; wir müssen einfach nur jeden Ausdruck der mystischen Ganzheit seiner richtigen Trinität zuweisen. Alle diese zutiefst archetypischen und vereinigenden Bilder – die jungfräuliche Geburt, die mystische Vermählung, die Auferstehung des Körpers, Alpha und Omega, der mystische Leib Christi, die letzte Vollendung aller Dinge in Christus – werden uns zurückgegeben nicht nur als persönliche Metaphern für Transformation, sondern als kosmische Wahrheiten, die buchstäblich verwurzelt sind in einer immens erweiterten, zweiachsigen Wirklichkeit. Sie schwingen in unserer inneren Vorstellungskraft so stark nach, weil sie wortwörtlich in einer kosmischen Topologie gewachsen sind; die Schöpfung selbst ist hier vorbeigekommen.

Während das moderne liberal-progressive Christentum einen starken Hang hat zur Entmythologisierung (das heißt zum Kleinreden des christlichen Mysteriums, damit es leichter in den Geltungsbereich historischer Faktizität hineinpasst), soll die auf diesen Seiten dargelegte alternative Möglichkeit *das kosmische Spielfeld erweitern,* sodass es zumindest zum Maßstab des menschlichen Herzens passt. Das Gesetz der Drei zeigt uns einen Weg, dies zu tun, und wenn die Trinität als dessen primäres Mandala begriffen wird, vermittelt es uns das Wissen darum, wie die riesige Schatzkammer des christlichen Symbolismus betreten und seine transformative Macht wiedererweckt werden kann.

3
Das Primat Christi zurückfordern

Die Bedeutung dieses Wissens zeigt sich besonders klar, wenn wir es auf das anwenden, was die gängige theologische Terminologie den »Skandal der Partikularität« nennt: den einmaligen und unwiederholbaren vollständigen Ausdruck der Fülle Gottes in der Manifestation Jesu Christi. Heutzutage lässt sich sagen, dass diese Behauptung mehr zu einer Verpflichtung geworden ist, als dass sie einen Gewinn darstellt. Nach zweitausend Jahren des religiösen Imperialismus ist es nachvollziehbar, weshalb sich achtsame zeitgenössische Christen in einer pluralistischen Welt von dieser kosmischen Einzigartigkeit, die vormals für Christus behauptet wurde, verabschieden wollen. Auch die heutigen Jesusbilder neigen zur Tendenz des Kleinredens und zeichnen den menschlichen Jesus in entsprechend bescheideneren spirituellen Kategorien – als Lehrer, Bruder, Prophet, Mystiker, Revolutionär –, während sie gleichzeitig das »Christusbewusstsein« als ein universales kosmisches Prinzip herausstellen, das allen Traditionen offensteht.

Jedoch, bereits Raimon Panikkar hat darauf beharrt, gibt es kein Christentum, ohne die Zentralität Christi anzuerkennen – nicht bloß als Stifter, Lehrmeister oder erleuchtetes Wesen, sondern in einem gewissen Sinne als »die Ikone aller Wirklichkeit«, die auf eine besonders intensive und erleuchtete Weise das Wesen Gottes in sich trägt, das Hologramm der Wirklichkeit als solcher. Innerhalb des Weitwinkelobjektivs des Gesetzes der Drei wird diese Forderung wieder verständlich.

Ihr theologischer Grundstein wurde am Konzil von Chalzedon (im Jahr 451) in der bekanntermaßen schwierigen Lehre von den »zwei Naturen Christi« herausgearbeitet. Dieses zentrale christologische Dogma besagt, dass die Persönlichkeit von Jesus Christus in zwei Naturen existiert, einer wahrhaft menschlichen und einer wahrhaft Göttlichen, *«inconfuse, immutabiliter, indivise, inseparabiliter»* (unvermischt, unverwandelt, ungetrennt, ungesondert).[4] Das Wie dieses unverständlichen Zweiergespanns hat den christlichen Intellekt seit mehr als sechzehn Jahrhunderten geplagt und fällt in unserer heutigen, theologisch ängstlichen Zeit leicht der Entlarvungstendenz des postmodernen Verstandes zum Opfer. Dass dem liberal-progressiven Christentum bei dieser Sache die Nerven versagen, bringt wohl oder übel den wichtigsten Pfeiler des dogmatischen Gerüsts um diese zentrale christliche Intuition herum zum Einsturz, die besagt, dass in der Person Jesu Himmel und

4. Eine gut durchdachte Zusammenfassung dieses schwierigen Themas finden Sie bei RAIMON PANIKKAR: *Christophany,* Seite 150.

Erde auf eine entscheidende und ultimative Weise zusammengebracht wurden.

Das Gesetz der Drei kann helfen, die Mechanik dieser theologisch stichhaltigen, aber dennoch verwirrenden Lehre zu erhellen. Und die Lösung ist so einfach, wenn wir sie erst einmal in diesen Begrifflichkeiten sehen: Die zwei Naturen sind miteinander verbunden im Dynamismus der sich entfaltenden Trinität als solcher. Jede Triade fängt eine andere Phase dieses einzigen, vereinigenden Strahls Göttlicher Selbstenthüllung ein. In jener ersten Triade, der Prototrinität, ist die christliche Präsenz als das manifestiert, was ich mit *Herz Gottes* bezeichnet habe: das innerste, selbst-projizierende Wissen Gottes. In der zweiten manifestiert sie sich als Logos; in der dritten als Stofflichkeit, dem grundlegenden Baustein unseres sichtbaren Universums. In der vierten Trinität begegnen wir dem vollkommen menschlichen Jesus, und in den drei darauffolgenden Triaden treffen wir auf die zunehmend spiritualisierten Aspekte dieser selben christlichen Präsenz: auf die Christosophia oder den Geist, auf den mystischem Leib oder das Himmelreich, und auf die *oikonomia* oder die verwirklichte Fülle, die so kraftvoll angesprochen wird in jener großen kosmischen Hymne in den Kolosser-Briefen (1.17): »In ihm hat alles Bestand.« Sie alle sind unterschiedliche Ausdrücke dieser einzigen christlichen Abstammungslinie des *«inconfuse, immutabiliter, indivise, inseparabiliter»*. Doch auf eine holografische Weise, die für jene frühen patristischen Kirchenväter des vierten Jahrhunderts (als das Konzept des Hologramms noch unbekannt war) wahrscheinlich unvorstellbar gewesen sein muss, trägt jeder dieser Ausdrücke die Fülle der gesamten Abstammungslinie in sich und ist eine vollständige Instanziierung dieser Linie.

Mithilfe des Gesetzes der Drei ist es möglich, sowohl die Kühnheit als auch die Kohärenz jener ursprünglichen christlichen Vision von Christus als dem Grundstein jedweder Wirklichkeit wieder zu reklamieren, ohne den ausschließenden und triumphalistischen Kategorien der Vergangenheit auf den Leim zu gehen. Das Problem bestand die längste Zeit nicht darin, dass die Vision zu grandios war, sondern die Landkarte zu klein.

4
Die ternäre Metaphysik kommt zur Geltung

Wenn Christus tatsächlich, wie Panikkar es sieht, die »Ikone aller Wirklichkeit« ist, und wenn das Gesetz der Drei wirklich ein kosmisches Gesetz ist, das den dynamischen, selbst-projizierenden Aspekt Gottes regelt (eine andere Art, das Gesetz der Welterschaffung zu beschreiben), dann scheint es unumgänglich, dass der menschliche Jesus den Dynamismus des Gesetzes der Drei in der höchsten und intensivsten Art und Weise manifestierte. Panikkar argumentiert einleuchtend, dass der Ursprung der Dreifaltigkeitslehre nicht in spätpatristischen Spekulationen liegt, sondern im Geist Christi selbst – einem Geist, den die Trinität mit akribischer Genauigkeit reproduziert. Für jene, die Ohren haben, um zu hören, bietet sie ein leuchtendes Zugangstor zu diesem Geist und eine umfassende Praxis, um am Leben Christi teilzuhaben, und zwar nicht durch äußerliche Nachahmung, sondern durch eine innere Aneignung ihres zentralen transformativen Prinzips.

Ist diese intrinsische Beziehung zwischen der Trinität und dem Geist Christi erst einmal als das erkannt, was sie ist – nämliche die evolutionäre Enthüllung eines komplett neuen metaphysischen Systems, das auf Dreiheit anstelle von Zweiheit basiert –, fügen sich so viele der Puzzleteile wie von selbst zusammen. Jetzt können wir den Dynamismus verstehen, von dem Bruno Barnhart so überzeugend spricht – warum die Geschichte des Westens in all ihrer verfahrenen, zentrifugalen Heftigkeit kein Betrug am Weg Christi ist, sondern dessen gesetzmäßige und unumgängliche Verlaufsbahn. Wir können erkennen, warum das orthodoxe Christentum (zumindest im Westen) dazu neigte, seinem eigenen reichen mystischen und kontemplativem Erbe zu misstrauen, und gegenüber seinen neuplatonischen Strömungen von Natur aus argwöhnisch war; und wir können nachvollziehen, weshalb Teilhard de Chardin den kosmischen Christus derart tief als die Antriebswelle der Evolution empfand. Sie alle sind am Schattentanzen mit dem Gesetz der Drei – mit seiner Erdigkeit, seiner evolutionären Schubkraft, seinem Dynamismus. Ist diese ternäre Präsenz erst einmal als das erkannt, was sie ist, steht uns endlich der Weg offen, eine authentische christliche Weisheitstradition zu formulieren, die auf ihrem ursprünglichen metaphysischen Boden der Dreiheit gründet. Endlich erkennen wir das hässliche Entlein im binären Ententeich als einen Schwan.

Diese Erkenntnis macht dann ihrerseits den Weg frei, in der größeren Gemeinschaft der Weltreligionen die besondere Verbundenheit des Christentums mit der Trinität zu erklären. Diese ist kein, wie es die Juden und die Muslime befürchten, Aufgeben der großen Tradition des abrahamitischen Monotheismus zugunsten eines künstlichen, dogmatisch getriebenen Tritheismus. Wenn die Trinität nicht als drei individuell anzubetende Göttliche Personen begriffen wird, sondern als ein Mandala Göttlicher Wirklichkeit, das dem Christentum auf eine besondere Art anvertraut ist, löst sich ein großer Teil des Problems auf. Esoterisch verstanden, erklärt die Dreifachheit der Trinität ganz einfach, dass dieses Fließen das Wesen Gottes ist, dass Relationalität das gesamte Feld der manifestierten Wirklichkeit durchdringt und dass in jeder Situation der optimale Praxisbezug darin besteht, die dreifaltige Natur aller Prozesse einzugestehen und zu versuchen, als Geburtshelfer für die dritte Kraft zu wirken.

Selbstverständlich müssen Sie kein Christ sein, um mit dem Gesetz der Drei zu arbeiten; als ein grundlegendes kosmisches Gesetz kann es von allen Religionen gleichermaßen genutzt werden und steht in gleichem Maße auch rein säkularen Zugängen offen. Aber weil die Quellen des Christentums (falls ich meine Wette gewinnen sollte) derart genau in der historischen Offenbarung dieses Gesetzes in der Person von Jesus Christus liegen, folgt daraus, dass in unserer universellen Familie der Weltreligionen insbesondere eine christliche Person aufgerufen ist, auf ganz besondere und absichtsvolle Art und Weise mit dem Gesetz der Drei zu arbeiten. Und dies führt uns direkt zum nächsten Punkt.

5

Theologie und Praxis zusammenführen

In Teil eins haben wir eine Menge Zeit darauf verwendet, das Gesetz der Drei als ein praktisches Werkzeug zur inneren und äußeren Transformation kennenzulernen. Seine Stärke liegt in seiner Konsistenz und Vielseitigkeit genauso wie in seinem weiten Anwendungsbereich. Wir haben gesehen, dass es gleichermaßen bei zwischenmenschlichen Angelegenheiten, beim Analysieren von

Literatur, beim Einschätzen von theologischen Aussagen, bei weltwirtschaftlichen Fragen, bei der Mediation in Konfliktsituationen und bei der Ideenfindung für eine nachhaltige Welt eingesetzt werden kann. Wo auch immer wir auf ein echtes Neuentstehendes treffen, ist das Gesetz der Drei auf irgendeine Weise involviert.

Wenn wir behaupten, der Weg des Christentums habe eine besondere Affinität zum Gesetz der Drei, stellen wir ihm damit ein mächtiges Werkzeug zur Verfügung, um das Mysterium öffentlich ins Gespräch zu bringen. Stellen Sie sich vor, wie sich die Energien unseres Planeten verändern würden, wenn Christen en masse ihre Verpflichtung ernst nähmen, mit dem Gesetz der Drei als ihrer grundlegenden spirituellen Praxis zu arbeiten. Angesichts der riesigen Herausforderungen unserer Zeit – ökologisch, ökonomisch, politisch – würden sie aufhören, voreingenommen zu urteilen (weil laut dem Gesetz der Drei die verneinende Kraft ein rechtmäßiger Mitspieler in jedem Ausgleich ist), würden über das Denken in Kategorien von »Gewinnern und Verlierern« (ja sogar über Klein-Klein-Kompromisse) hinausgehen und stattdessen in allen Situationen danach streben, ihren Verstand und ihr Herz auf die dritte Kraft auszurichten. Was für ein mächtiges morphogenetisches Feld würde sich dadurch ergeben!

Näher an meinem eigenen unmittelbaren Interessengebiet – dem Bereich der christlichen kontemplativen Praxis – bietet das Gesetz der Drei eine kongeniale metaphysische Grundlage, auf der wir die biblische Einladung, uns »in den Geist Christi zu kleiden«, erkunden können, und zwar viel weitgehender, als die traditionellen, von der christlich-asketischen Theologie gelieferten Kategorien es vermochten. Ich bin sicherlich nicht die einzige praktizierende Christin, der die kognitive Dissonanz aufgefallen ist zwischen der inkarnationszentrierten christlichen Theologie und deren körperverleugnenden Praxis. Noch einmal: Sollte ich meine Wette gewinnen, kann die Ursache dieser Dissonanz auf einen metaphysischen Zusammenprall zwischen dem ternären Herzen des Christentums und seinem binären Kopf zurückgeführt werden und auch auf die Tatsache, dass der dominierende Strang seiner asketischen Theologie lange vom christlichen Neuplatonismus getragen wurde mit seinem aufwärtsorientierten Mystizismus und inhärenten Misstrauen gegenüber der Materie. Vor einem ternären Hintergrund können wir nicht nur die tiefe Weisheit, sondern auch die neu-kalibrierte spirituelle Flugbahn wertschätzen, wie sie aus dem bereits zitierten eindrücklichen Kommentar von Bruno Barnhart spricht:

> Die geheime Kraft der Evangelien, häufig noch nicht einmal von der Christenheit selbst erkannt, liegt im Auf- und Einbringen all unserer Leidenschaft, unserer entropisch-zentrifugalen Energie, unseres Hinausstrebens und unserer vitalen Zwanghaftigkeit, Weltlichkeit und Fleischlichkeit in diese Göttliche Energie, die stetig aus ihrer verborgenen Quelle hervorströmt.[5]

Dies bedeutet in der Praxis also, dass der christliche kontemplative Mensch aufhören muss, gegen die Welt, den Körper, die Weltlichkeit, die Unordnung und vor allem gegen den unvermeidbaren Schub in Richtung Zukunft anzukämpfen, weil die selbst-projizierende Natur der Göttlichen Liebe fortfahren wird, ihre Präsenz entlang der horizontalen Achse kundzutun. Teilhard de Chardin hatte diesbezüglich vollkommen recht. In einer Welt des einundzwanzigsten Jahrhunderts, die sich rasant zu ihrem Omega-Punkt hin entwickelt (mehr dazu im übernächsten Unterkapitel) wird die spirituelle Praxis wegverlagert werden müssen von Körperunterwerfung und Weltflucht und neu ausgerichtet auf den Erwerb einer aufgeweckten und geschmeidigen Achtsamkeit, die sich selbst für die dritte Kraft leichter verfügbar macht. Natürlich hat uns Jesus selbst all dies bereits vorgelebt; die Rückgewinnung einer ternären Perspektive setzt lediglich die richtige Betonung wieder auf das, was schon von Anfang an dar war.

6
Alpha

Wenn das Gesetz der Drei tatsächlich das Gesetz der Welterschaffung ist, muss es per Definition bereits »am Anfang« existiert haben – das heißt bei der Entstehung von Raum und Zeit, wie wir sie heute kennen. Und wenn die Trinität tatsächlich unser christliches Verbindungsglied zum Gesetz der Drei ist – wie Gurdjieff angedeutet hat –, bedeutet dies, dass sie logischerweise ein kosmo-

5. Bruno Barnhart: *Second Simplicity,* Seite 21.

genetisches Prinzip ist. Die Christenheit hat die revolutionären Implikationen dieser Behauptung noch kaum zu erahnen begonnen, geschweige denn zu nutzen. In diesem Abschnitt möchte ich ein bisschen umfassender über etwas nachdenken, das die ganze Zeit über ein unterschwelliges Thema war: nämlich das Potenzial der Dreifaltigkeit, insbesondere in Verbindung mit dem Gesetz der Drei, das Zerwürfnis zwischen naturwissenschaftlicher und biblischer Kosmologie zu heilen, das seit mehr als fünf Jahrhunderten den westlichen Geist quält.

Während ihrer ersten fünfzehnhundert Jahre lebte die Christenheit in einem vereinigten Kosmos. Die biblische Welt war auch die naturwissenschaftliche Welt; die im Buch Genesis erzählte Schöpfungsgeschichte war die einzige »Geschichte des Universums«, von der die christliche Welt wusste. Dann, in einer Reihe von Erschütterungen, die gegen Ende des fünfzehnten Jahrhunderts einsetzten, begann dieser vereinigte Kosmos auseinanderzufallen. Von Kolumbus, Kopernikus und Galileo (und vielen anderen, die in ihren Fußstapfen folgten) erfuhren wir neue und schwierige Wahrheiten: dass die Erde keine Scheibe ist, dass sie nicht das Zentrum des Universums, sondern nur ein winzige Kugel ist, die in einem kleinen Sonnensystem kreist, das in den unermesslichen Weiten von Raum und Zeit liegt, deren Dimensionen unsere wildesten biblischen Vorstellungen übertrafen. Der größte Teil der Mainstream-Christenheit akzeptierte schließlich diese neue kosmologische Landkarte, bezahlte jedoch teuer dafür: mit dem Verlust jenes früheren Gefühls der Kohärenz. Ohne viel Aufhebens kauften wir uns in etwas ein, das ich den »Jesus-Themenpark« nenne: ein fesselndes, doch entschieden kleineres Universum mit seinen bekannten theologischen Karussells und Achterbahnen. Im Namen intellektueller Seriosität haben wir uns gewöhnt an dieses »Problemchen« zwischen naturwissenschaftlicher Wirklichkeit und biblischer Wirklichkeit, wobei die wissenschaftliche die größere, objektivere, »wahrere« darstellt und die religiöse die kleinere, persönlichere und subjektivere. Im Grunde genommen ist dies zum Verrücktwerden und, gemäß meiner Überzeugung, die Wurzel von so vielem an Entfremdung und intellektuellem Zynismus unserer postmodernen Welt.[6]

6. Eine brillante Darstellung dieser San-Andreas-Verwerfung, die sich durch das westliche Christentum zieht, finden Sie bei RICHARD TARNAS: *The Passion of the Western Mind,* New York: Ballantine Books, 1991; deutsch: *Idee und Leiden-*

Der – äußerst erfolgreiche – fundamentalistische Ansatz besteht darin, die Welt zurück auf ihre biblischen Grundlagen zu schrumpfen und sie durch »den Glauben« hartnäckig dort festzuhalten. Die Kohärenz ist wiederhergestellt, doch auch dieses Mal zu einem hohen Preis.

Kann die Dreifaltigkeit, zurückreklamiert als kosmogenes Prinzip, das angetrieben wird vom Gesetz der Drei, irgendetwas zur Auflösung dieses Dilemmas beitragen? Das entspricht meiner festen Überzeugung und war eine meiner wesentlichen Absichten für das Verfassen dieses Buches.

Die ganze christliche Geschichte hindurch gab es, insbesondere im Ostchristentum, immer wieder dahingehende Andeutungen, dass die Dreifaltigkeit tatsächlich irgendwie mit der Kosmogenese verbunden und wenn nicht schon an sich ein kosmogenes Prinzip, dann zumindest der ursprüngliche Ausdruck eines solchen sei. Die orthodoxe Theologie pflegte lange Zeit den Unterschied hochzuhalten zwischen der *ousia* Gottes (der unbeschreiblichen, unbegreiflichen Göttlichen Essenz, die manchmal als »Gottheit« bezeichnet wurde) und der *energia* Gottes (jener selbstmitteilenden, ausströmenden Strahlung, die in der und durch die Trinität erkennbar ist). Während der christliche Westen mit der Vorstellung von einem »Gott hinter Gott« immer haderte und darauf bestand, dass es nichts Göttliches gebe, das nicht zur Gänze in der Dreifaltigkeit ausgedrückt sei, fühlten sich seine größten Mystiker – darunter Meister Eckhart und Jakob Böhme – in ähnlicher Weise hingezogen zu dieser zentralen Idee einer unbegreiflichen Gottheit, Deren primäres Manifestationsprinzip die Trinität sei. Böhmes Beobachtung haben wir bereits zitiert: »Wie dann in allen Dingen eine dreyfache Qual ist, da sie eines des andern Spiegel / Gebären und Ursache ist / nichts ausgenommen / es stehet alles nach dem Wesen der 3. Zahl.«[7]

In unseren Tagen wurde diese Auffassung von der Trinität als einem grundlegenden kosmogenen Muster kraftvoll wiederbelebt von Beatrice Bruteau, die, wie wir im Kapitel 6 gesehen haben, aus eigenen intellektuellen Kräften um Haaresbreite zur Rekonstruk-

schaft: Die Wege des westlichen Denkens, München 1999. Raimon Panikkar bezieht sich in einem Kommentar in *Christophany,* Seite 146, ebenfalls kurz aber aufschlussreich auf dieses Schisma: »Die christliche Vision hat ihre Grundlage heute insofern verloren, als dass es ihr an einer adäquaten Kosmovision mangelt.«

7. Jakob Böhme: *Vierzig Fragen von der Seelen,* Seite 15.

tion des Gesetzes der Drei gelangt. Ihr Argument, dass eine Gott-Gemeinschaft notwendigerweise aus drei Personen bestehen muss, weil drei die erforderliche Zahl ist, um die dynamischen und diffundierenden Eigenschaften der Agape-Liebe aufrechtzuerhalten, umschreibt im Wesentlichen das Gesetz der Drei abzüglich der Mathematik. Und ihre akribische Darlegung, dass die als »ursprüngliche symbiotische Einheit« verstandene Trinität das Muster für jede nachfolgende Evolution in einem »selbst-erschaffenden Universum« liefert, ist, auch ganz abgesehen vom Gesetz der Drei, eine augenöffnende Lektüre. Ganz eindeutig gibt es beachtenswerte Aspekte der trinitarischen Dynamik, die der traditionellen westlichen Theologie bisher laufend entgangen sind.

In diesem Buch habe ich eine beträchtliche Anzahl Seiten auf Jakob Böhme verwendet, weil ich glaube, dass er von allen visionären Genies des Christentums derjenige ist, der nicht nur das Prinzip, sondern auch die tatsächliche Mechanik am stärksten erahnt, durch welche die Trinität ihre kosmogene Wirkung ausübt. In Kapitel 8 habe ich versucht, seine »drei Prinzipien, sieben Eigenschaften« entsprechend dem Gesetz der Drei neu zu formulieren. Dergestalt angeordnet ergeben sie eine dreistufige Protoschöpfung, in der die unergründliche Einheit die wesentlichen inneren Bedingungen aufstellt, die es der äußeren Welt ermöglichen werden, sich zu manifestieren. Das »am Anfang« des biblischen Berichts entspricht tatsächlich dem Stadium vier auf unserer erweiterten kosmogenen Karte.

Obschon es eine Weile dauern mag, sich aus traditioneller theologischer Perspektive daran zu gewöhnen, ist es interessant, dass Kosmologen mittlerweile dasselbe spekulative Gebiet aktiv untersuchen. »Was war vor dem Big Bang?« ist heute eine legitime und lebendige Arena der wissenschaftlichen Forschung, weil ganz offensichtlich sehr spezifische und mathematisch berechenbare Bedingungen vorhanden gewesen sein müssen, um die Gegebenheiten zu ermöglichen, unter denen eine solche hypothetische uranfängliche Explosion geschehen konnte.

Unglücklicherweise fehlt es mir an der naturwissenschaftlichen Ausbildung, um dieser komplexen Mathematik aus erster Hand folgen zu können, und so habe ich mich der Hilfe verlässlicher Übersetzer bedient, wie Brian Greene und einiger persönlicher Bekannten, die auf dem Gebiet der theoretischen Physik arbeiten, um zumindest mit der Quintessenz der diesbezüglichen aktuellen

Diskussion Schritt halten zu können.[8] Und die Quintessenz lautet, dass es tatsächlich eine große Überschneidung gibt zwischen den jüngsten wissenschaftlichen Berechnungen dazu, wie eine hypothetische Protoschöpfung aussehen könnte, und Böhmes visionsbasierter Darstellung desselben Themas, insbesondere wenn es in einem Gesetz-der-Drei-Format betrachtet wird. Zumindest scheint es eine ausreichende Resonanz zu geben, die nahelegt, dass nicht nur Theologen, sondern auch Kosmologen den mystischen Wanderungen dieses mittelalterlichen Schumachers deutlich mehr Aufmerksamkeit zollen sollten. In jenem »Anfang aller Anfänge«, in jenen ersten kosmischen Regungen des »Eindrucks des Nichts ins Etwas« kommen nicht nur die vier bedeutenden physikalischen Grundkräfte – die starke, die schwache und die elektromagnetische Wechselwirkung sowie die Gravitation – in einer Kraft zusammen, es besteht auch Grund zur Annahme, dass dort die naturwissenschaftliche und die spirituelle Kosmologie zusammenfinden könnten. Jedenfalls gehe ich davon aus, dass wir in diesem visionären Quellgebiet, das mittels des Gesetzes der Drei navigierbar wird, den Boden finden, auf dem die Geschichten des Universums gemäß der biblischen Tradition und gemäß dem Narrativ der heutigen Kosmologie sich miteinander versöhnen lassen.[9]

Wie dem auch sei, um dies zu tun, brauchen wir die vollständig erweiterte Karte, wie ich sie hier mithilfe des Gesetzes der Drei ausgebreitet habe. Auf der Grundlage des klassischen Standbildes der Trinität der traditionellen Theologie kann dies nicht aufgezeigt werden. Es braucht die ganze siebenfache trinitarische Erweite-

8. Siehe insbesondere Brian Greene: *Das elegante Universum: Superstrings, verborgene Dimensionen und die Suche nach der Weltformel*, München: Goldmann Verlag, 2005, Unterkapitel »Vor dem Anfang?«. Dankbar bin ich auch für die Gespräche mit Dr. Tom Tiedje, Professor der Physik und Ingenieurwissenschaft an der University of British Columbia, und mit Dr. Jyri Paloheimo an der Universität von Toronto.

9. Wir können im Rahmen dieses Buches nicht sämtlichen Implikationen nachgehen, die sich unter der Perspektive des Gesetzes der Drei aus der Böhmschen Kosmologie ergeben, aber auf eine sehr bedeutsame Korrelation möchte ich an dieser Stelle doch noch hinweisen, und zwar mit dem bereits zitierten provozierenden Kommentar des Hermeneutikers Valentin Tomberg in seinem Buch *Meditations on the Tarot:*

> Die moderne Wissenschaft ist zu dem Schluss gekommen, dass es sich bei Materie nur um konzentrierte Energie handelt – was Alchimisten und Hermeneutiker im Übrigen bereits seit Tausenden von Jahren gewusst

> haben. Früher oder später wird die Wissenschaft ebenfalls entdecken, dass das, was wir »Energie« nennen, lediglich konzentrierte übersinnliche Kraft ist, und diese Entdeckung wird schließlich zur Anerkennung der Tatsache führen, dass jede übersinnliche Kraft schlicht und ergreifend die Konzentration von Bewusstsein ist, das heißt Geist (Seite 574).

Tombergs schematische Darstellung ist zweckdienlich, da sie uns gewandt von den bekannten wissenschaftlichen Referenzpunkten im physikalischen Bereich in die subtileren energetischen Bereiche führt, die früher nur von spirituellen Traditionen beschrieben wurden. Heute weiß so gut wie jedes Schulkind, dass Materie konzentrierte Energie ist. Und das von Tomberg vorausgesagte »Früher oder später« ist die heutige Realität, in der die Wissenschaft aktiv erforscht, was Tomberg »übersinnliche Energie« nennt: die nachweisbaren physikalischen Effekte jener subtileren Energien wie Aufmerksamkeit, Wille, Gebet und Liebe. Die dritte Phase in Tombergs Szenario – von der übersinnlichen Kraft zum Bewusstsein – ist momentan Gegenstand intensiver wissenschaftlicher Forschung auf dem sich rasch etablierenden Feld der Neurobiologie, obwohl ich befürchte, dass die meisten Wissenschaftler ein bisschen zögern würden angesichts von Tombergs pauschaler Gleichsetzung von Bewusstsein mit Geist. Was Tomberg hier eigentlich aufzeigt, ist eine Art räumliche Kosmologie: Er beschreibt, wie die Reihe von »Konzentrationen« in unserem physikalischen Universum kulminiert und zwar in Begriffen der klassischen spirituellen Reiche der großen Seinskette: grobstofflich (Materie), feinstofflich (Energie), verursachend (übersinnliche Kraft) und nondual (Bewusstsein).

Was mich an der Stelle interessiert, ist, wie exakt diese Stadien mit jenen ersten drei Triaden von Böhmes Kosmologie übereinstimmen (natürlich wiederum: eingepasst in das Format des Gesetzes der Drei und nachgebildet gemäß den ersten drei Triaden meiner eigenen Trinitätsentwicklung in Teil drei). Wenn wir uns die große Seinskette zurück »nach oben« arbeiten, ist die »Konzentration« von übersinnlicher Kraft in Energie die Domäne von Böhmes dritter Triade (beziehungsweise meiner sophianischen Trinität); die »Konzentration« von Bewusstsein in übersinnlicher Kraft ist Gegenstand seiner zweiten Triade (meiner uranfänglichen Trinität). Was Tomberg außer Acht zu lassen scheint, was jedoch sehr deutlich Sache ist von Böhmes erster Triade (meiner Prototrinität), ist die Tatsache, dass Bewusstsein selbst bereits eine »Konzentration« darstellt: nämlich die Konzentration der unergründlichen Einheit, des reinen, undifferenzierten Felds Göttlicher Allwissenheit in das Bewusstsein des »Mitwissens« oder »reflektierten Wissens«.

Diese zweite Überschneidung von Böhme und Tomberg (neben der ersten von Tomberg und der Naturwissenschaft) bekräftigt, dass Böhme mit seiner Ahnung einer Protoschöpfung auf der richtigen Spur ist und stabile Bezüge herstellt zwischen seiner zeitlichen Abfolge und der klassischen metaphysischen Karte in Gestalt dieser großen Seinskette oder Kette der Wesen. Wenn, wie ich oben im Haupttext dieses Kapitels darstelle, Böhmes Kosmologie anscheinend auch durch einige Überlegungen erhärtet wird, wie sie von führenden theoretischen Physikern angestellt werden, wenn sie die Bedingungen beschreiben, die den Big Bang ermöglicht haben könnten, dann sind wir sehr nah dran, die Punkte zwischen Naturwissenschaft und spiritueller Kosmologie zu verbinden.

rung, in der die ersten drei Protoschöpfungsstadien ausführlich dargelegt sind. Erst wenn wir uns den vollständigen kosmischen Dynamismus vorstellen können, vermögen wir, den Ort zu erkennen, an dem die Geschichten zusammenkommen, oder wertzuschätzen, wie brillant die biblische Geschichte in den größeren kosmischen Strom eingebunden ist.

7
Omega

Die Erwartung einer letztendlichen Apokalypse war fast von Beginn an Teil der christlichen Weltsicht. Die Frühchristen lebten in ungeduldiger Erwartung der *parousia,* des Zweiten Kommens Christi. Um das Jahr 1000 fegte eine »Endzeit«-Inbrunst durch das Christentum, wie sie auch beim Übergang ins dritte Jahrtausend zu beobachten war und erst jetzt langsam nachlässt. Von Nostradamus bis zu den *Prophezeiungen von Celestine,* von der »Entrückung der Gemeinde« bis zum Maya-Kalender: Die Ankündigung eines nahe bevorstehenden, endgültigen Kataklysmus verfolgt uns weiterhin. Eine Endvorstellung scheint tief in den Strukturen des westlichen Geistes verankert zu sein, obschon die meisten der Ausdrucksformen dieser Idee bislang dramatisierend waren und nach Strafe klangen. Mit der hier dargelegten erweiterten Trinität können wir uns diese Übergangszeit auf eine neue Art und Weise vorstellen, eher wie Teilhard de Chardin sie sah: nicht als eine feurige Götterdämmerung, sondern als eine Liebe, die unter den Bedingungen dieses besonderen Manifestationsverlaufs zur Fülle und zum Abschluss kommt.

Immer wieder haben wir unserem Planeten Prophezeiungen des bevorstehenden Untergangs an den Kopf geschleudert, und immer wieder sind wir am nächsten Morgen in einer Welt erwacht, die noch immer besteht und uns entzückt. Unsere Erde scheint unendlich solider, widerstandsfähiger und nachsichtiger zu sein als unser fieberndes Gehirn. Und doch ist es keine Alternative, zurück in den Schlaf zu fallen und zu verkünden: »Alles ist gut.« Tempo und Ausmaß der Veränderungen fast schon auf tagtäglicher Basis legen nahe, dass wir uns in einer Zeit rasanter Beschleunigung befinden, in einem dramatischen Vorwärtsstoß entlang einer unbekannten Zeitachse, deren Herausforderungen wir nicht länger guten Gewissens ignorieren können. Worauf auch immer dieser Planet sich zubewegt, er braucht das Beste und Tiefste aus dem menschlichen Herzen und dem menschlichen Verstand, um auf Kurs zu bleiben.

Ausgehend von der siebenfachen Erweiterung der Trinität, die ich mit Ihnen hier geteilt habe, möchte ich eine etwas andere Art vorschlagen, wie wir unsere kosmische Standortbestimmung vornehmen können. Die Verkündung einer Endzeit ist berechtigt, doch es ist nicht die Welt, die zu Ende geht – sondern vielmehr das sechste Zeitalter, dieser große Zweitausend-Jahre-Zyklus, der unter der Ägide der pfingstlichen Trinität (wie ich sie bezeichnet habe) stand: Vater, Sohn und Heiliger Geist. Wenn wir heute unter der liberalen Christenheit eine nervöse Unruhe rund um die Benennung der Personen der Dreifaltigkeit feststellen, ist diese Unruhe wohlbegründet, denn sie spricht von der wesentlich dramatischeren Neukonfiguration, da das Himmelreich, das Neuentstehende in unserer gegenwärtigen (und nun vergehenden) Trinität, an die Position des heiligen Versöhnens in einem aufgehenden siebten trinitarischen Zeitalters rückt. Diese aufkommende Konfiguration, Sie erinnern sich, ist die folgende:

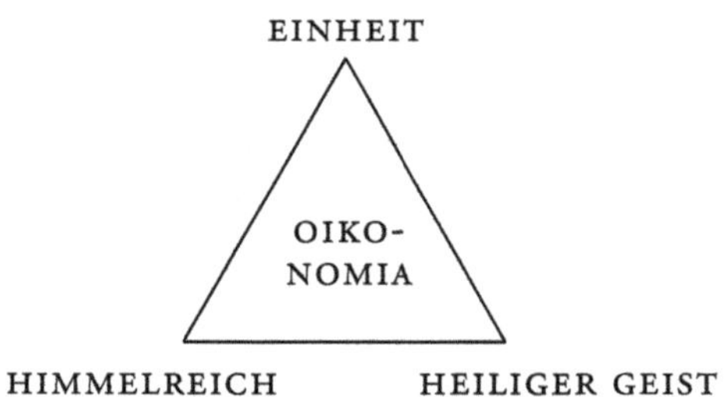

Wenn wir uns auf dieser Karte richtig orientieren können, wird sie uns mit Sicherheit einen Gesamtüberblick verschaffen, der es uns erlaubt, kreativ, mutig und gewandt mit den einzigartigen Herausforderungen unserer Gegenwart umzugehen. Was die Apokalypse angeht, sind wir noch nicht aus dem Schneider: Der Omega-Punkt ist tatsächlich eine bevorstehende Realität, und gemäß den Überlegungen, die ich hier zur Entfaltung der Trinität angestellt habe, wird dieses siebte Zeitalter die Oktave der gegenwärtigen Sequenz vollenden. (Auch was diesen Punkt betrifft, hatte Teilhard de

Chardin recht; vor dem Hintergrund des Gesetzes der Drei ist seine herausfordernde Vision nicht mehr länger anormal, sondern ausdrücklich voraussagbar.) Aber ebenso wenig wird unser Planet morgen vergehen, denn wir stehen noch immer erst an der Schwelle eines neuen Zeitalters und die bewusste Evolution muss noch eine beträchtliche Strecke zurücklegen, bevor die Angelegenheit dieser Oktave zu Ende gebracht ist. Unsere siebte Trinität vermittelt uns eine Ahnung davon, worauf unsere Zukunft zusteuert, und ein Gespür für die Aufgaben, die uns abverlangt werden könnten.

Obwohl die meisten Menschen meinen, das Wort *Apokalypse* bedeute einen endgültigen Untergang, drückt es nicht das aus (überprüfen Sie es in einem Lexikon): Es bedeutet »entschleiern«, buchstäblich »enthüllen«. Und Entschleierung scheint tatsächlich die Agenda dieser letzten Triade zu sein, denn das, was an jedem der triadischen Punkte nach und nach zum Vorschein kommt, ist die Einheit, die unter der Oberfläche der Vielfalt hell leuchtet. Die lange Reise durch Wahrnehmbarkeit und Unterscheidbarkeit (»Empfindligkeit« und »Schiedlichkeit«, wie Böhme sie nennt) erreicht ihre Bestimmung, wenn die unergründliche Einheit als *oikonomia,* als die Fülle aller Dinge, zu sich selbst zurückkehrt. Wie wir in Teil drei erörtert haben, obliegt es uns Menschen dieses Stadiums, unser Herz einfach immer tiefer in die heilige Stofflichkeit dieser Einheit selbst zu versenken und in dieser transparenteren Wirklichkeit leben zu lernen. Was in einem früheren Zeitalter der selten erreichte Zustand eines Heiligen war, ist in unserer Epoche die neue Grundlinie für ein bewusstes Menschsein und eine Voraussetzung, um unserer Rolle in der nächsten Phase der großen Entfaltung gerecht zu werden, die schon bald einsetzen wird, wenn sich das Kaleidoskop ein weiteres Mal dreht und unsere Welt auf ihren Omega-Punkt zuläuft: die Erfüllung der Liebe.

Die Bestätigung finden wir wieder in der Welt um uns herum. Wir sind tatsächlich dabei, in Richtung Einheit zu konvergieren, ihr entgegenzuwirbeln. Unsere globalen Systeme sind bereits unentwirrbar miteinander verflochten. Wir wissen, dass wir ökologisch ein einziger Planet sind – ganz egal, wie lauthals wir versuchen, dies in Abrede zu stellen. Wirtschaft und Kommunikation sind bereits dort angelangt und schon längst zu einem einzigen globalen Netzwerk verschmolzen. Wir konvergieren in Richtung einer Einheit, die von den Menschen eine andere Geisteshaltung erfordert, eine andere Art, in der Kollektivität ihre Identität zu finden. Und tatsächlich scheint eine Antwort auf diese evolutionäre Herausforderung mit einer solch aufrichtigen und breit-abgestützten Spontanität aufzutauchen, dass viele der Kommentatoren unsere Ära nun als »die zweite Achsenzeit« bezeichnen.[10] Zum ersten Mal in der Geschichte (soweit wir wissen) scheint eine kritische Masse von Menschen die Fähigkeit eines non-dualen Bewusstseins zu erlangen – das heißt die Fähigkeit, vom Standpunkt der Einheit aus wahrzunehmen und vom Ganzen aus die Teile zu denken –, und sie machen mutig Gebrauch von den Werkzeugen der Cybertechnologie, um ihren Einfluss geltend zu machen. Genau dies sah Teilhard de Chardin in seiner Vorstellung der »Vereinigung«: eine Beschleunigung des evolutionären Prozesses durch die Konvergenz menschlicher Energie. Genau das ist es auch, was unsere Trinität der sieben Stadien voraussagt, wenn sich das voll entwickelte Himmelreich, oder die spiritualisierte Menschheit, die verwirklichte Frucht unserer eigenen trinitarischen Ära, an die Stelle des katalytischen Elements für die Entfaltung – oder Entschleierung – der *oikonomia* bewegt. Aus dieser weiter gefassten Perspektive können wir vielleicht eine neue Klarheit finden und wieder Mut fassen, was uns erlaubt, dem, was vor uns liegt, in einem Geist der bewussten Teilhabe zu begegnen, anstatt unter Zeter und Mordio in die Zukunft geschleppt zu werden.

Zwar leben wir auch in einem Zeitalter von Schmerz und Tod, in dem alte Formen in einer steigenden Flut neuer Bedürfnisse und neuer Ansichten untergehen. Doch in dem Maße, in dem wir Christen die Werkzeuge zur Hand nehmen, die uns das Gesetz der Drei zur Verfügung stellt, seinem Dynamismus vertrauen und ihm

10. Der Begriff *erste Achsenzeit* wurde vom deutschen Philosophen Karl Jaspers geprägt und beschreibt die bemerkenswerte Periode der sechshundert Jahre zwischen 800 vor bis 200 nach Christus, als scheinbar spontan und weltweit eine neue Art von Bewusstsein auftauchte, das die Grundlagen für die Zivilisation legte, wie wir sie heute kennen. Was in jener Zeit zum ersten Mal zum Durchbruch kam, war im Wesentlichen ein Sinn für die persönliche Verantwortlichkeit und die individuelle Bestimmung vor Gott (oder der Göttlichen Wirklichkeit). Dieses neu auftauchende Gefühl lässt sich bei den großen Meistern jener Zeit beobachten, als sei eine Fackel an ihnen vorübergezogen: von Laotse in China über Buddha und den Propheten des Alten Testaments bis hin zu Zarathustra und Pythagoras. Die Quellen der *philosophia perennis* liegen gewiss auch im Anbruch dieses Achsenzeitalters. Was steht diesen großen spirituellen Traditionen in Zukunft wohl noch bevor, so könnte man sich fragen, wenn ein neues Bewusstsein sich auszudrücken beginnt, das wieder stärker auf Kollektivität beruht, doch nun auf einer unendlich höheren und differenzierteren Ebene?

erlauben, neue Möglichkeiten zu flechten, muss das Christentum nicht zwangsläufig ein Opfer sein. In seinen Grundsätzen ist es eine Religion, die auf Zukunft ausgerichtet ist, auf Neugeburt, auf Hoffnung. Der Geist Christi, dieses Urbild der Dreiheit, katapultiert uns direkt in die Zukunft, und dort – falls wir es schaffen, unsere Orientierung nicht zu verlieren und die uns anvertrauten Werkzeuge einzusetzen – können wir wahrhaft weiterhin teilhaben an dieser erstaunlichen neuen Entfaltung und diesen Planeten mit spiritueller Intelligenz und tiefgreifend verwandelter Liebe mitgestalten auf seinem Lauf in Richtung Erfüllung.

Hilfreiche Auflistungen

Die drei Kräfte
erzeugen, miteinander verflochten,
ein Viertes in einer neuen Dimension

Bejahend (erste Kraft, das Manifestierende)
Verneinend (zweite Kraft, das Nichtmanifestierte)
Versöhnend (dritte Kraft, das Manifestierte)
Das Neuentstehende (das Vierte in einer neuen Dimension)

Die drei Prinzipien
nach Jakob Böhme

Erstes Prinzip (Feuer, Zorn)
Zweites Prinzip (Lichtwelt, Licht/Liebe,Weisheit, Liebe)
Drittes Prinzip (sichtbare Welt)

Die sieben Eigenschaften der drei Prinzipien nach Jakob Böhme

1. Begehren (Anziehung)
2. Unruhe (schneidend, zerbrechend)
3. Qual (auch Wahrnehmung)
4. Feuer
5. Licht / Liebe
6. Klang
7. Substanz (Wesen)

Unsere vier Grundregeln

1. Die Verflechtung von dreien erzeugt ein Viertes in einer neuen Dimension.
2. Jedes Neuentstehende der vorangegangenen Triade wird zum heiligen Versöhnen in der nachfolgenden Triade.
3. Das heilige Verneinen (die zweite Kraft) wird immer vom Göttlichen Nichtmanifestierten wahrgenommen.
4. Das Neuentstehende jeder Triade ist ein Gegenwurf des jetzt ersetzten heiligen Bejahens der vorangegangenen Triade.

	Trinitarisch Neuentstehendes	*Parallele Trinitäten*
(1)	Herz (Gottes)	Prototrinität
(2)	Wort (Geist)	Uranfängliche Trinität
(3)	Stofflichkeit (heilige Stofflichkeit)	Sophianische Trinität
(4)	Jesus	Inkarnierte Trinität
(5)	Heiliger Geist	Messianische Trinität
(6)	Himmelreich	Pfingstliche Trinität
(7)	*Oikonomia*	Ökonomische Trinität

Bibliografie

Diese Bibliografie beinhaltet vor allem die Bücher, aus denen hier im Text zitiert wurde, ergänzt um eine ausgewählte Liste weiterer Schlüsselwerke aus relevanten Bereichen. Sie erhebt keinerlei Anspruch auf Vollständigkeit, sondern bietet lediglich eine Grundlage für weitere Nachforschungen.

AMIS, ROBIN: *A Different Christianity,* Albany, NY: SUNY Press, 1995.

BARNHART, BRUNO: *The Future of Wisdom; Toward a Rebirth of Sapiential Christianity,* New York: Continuum, 2008.

BARNHART, BRUNO: *Second Simplicity: The Inner Shape of Christianity,* Mahwah, New York: Paulist Press, 1999.

BENNETT, JOHN G.: The *Dramatic Universe,* 4 volumes, Charles Town, WV: Claymont Communications, 1987.

BENNETT, JOHN G.: *Energies Material, Vital, Cosmic.* Charles Town, WV: Claymont Communications, 1989.

BENNETT, JOHN G.: *Gurdjieff: Making a New World,* Santa Fe: Bennett Books, 1993.

BENNETT, JOHN G.: *Die inneren Welten des Menschen,* Zürich: Chalice Verlag, 2009.

BENNETT, JOHN G.: *Die Meister der Weisheit,* Südergellersen: Verlag Bruno Martin, 1993.

BENNETT, JOHN G.: *Die sieben Linien der spirituellen Arbeit,* Xanten: Chalice Verlag, 2016.

BIRKEL, MICHAEL L. und JEFF BACH [Übersetzer]: *Genius of the Transcendent: Mystical Writings of Jakob Boehme,* Boston: Shambhala Publications, 2010.

BÖHME, JAKOB: *Aurora* [1612 / 1613], Amsterdam 1682.

BÖHME, JAKOB: *Beschreibung der drei Prinzipien göttlichen Wesens* [1619] in *Sämtliche Schriften,* herausgegeben von Will-Erich Peuckert und August Faust, Stuttgart: Friedrich Frommanns Verlag, 1942, Band 2.

BÖHME, JAKOB: *Christosophia: oder Der Weg zu Christo* [1621], Amsterdam 1731.

BÖHME, JAKOB: *Clavis* [1624], Amsterdam 1682.

BÖHME, JAKOB: *Mysterium Magnum* [1623] in *Sämtliche Schriften,* herausgegeben von Will-Erich Peuckert und August Faust, Stuttgart: Friedrich Frommanns Verlag, 1958, Bände 7 und 8.

BÖHME, JAKOB: *Theosophische Send-Briefe* [1618–1624], Amsterdam 1682.

BÖHME, JAKOB: *Vierzig Fragen von der Seelen* [1620], Amsterdam: Hans Fabeln, 1648.

BÖHME, JAKOB: *Von dem Dreyfachen Leben des Menschen* [1620] in *Sämtliche Schriften,* herausgegeben von Will-Erich Peuckert und August Faust, Stuttgart: Friedrich Frommanns Verlag, 1942.

BÖHME, JAKOB: Diverse Texte und Informationen zu finden bei der Internationalen Jacob Böhme Gesellschaft e.V.: www.jacob-boehme.org

BOROS, LADISLAUS: *Mysterium mortis – Der Mensch in der letzten Entscheidung,* Kevelaer: Verlagsgemeinschaft Topos, 2017.

BOURGEAULT, CYNTHIA: "Boehme for Beginners" in *Gnosis,* Nr. 45, Herbst 1997.

BOURGEAULT, CYNTHIA: *Chanting the Psalms,* Boston: Shambhala Publications, 2006.

BOURGEAULT, CYNTHIA: *Jesus: Meister der Weisheit,* Xanten: Chalice Verlag, 2020.

BOURGEAULT, CYNTHIA: *Love Is Stronger Than Death: The Mystical Union of Two Souls,* New York: Bell Tower, 1999; reissued in paperback: Telephone, TX: Praxis Publishing, 2007.

BOURGEAULT, CYNTHIA: *The Meaning of Mary Magdalene: Discovering the Woman at the Heart of Christianity,* Boston 2010; deutsche Ausgabe voraussichtlich 2021 (Chalice Verlag).

BOURGEAULT, CYNTHIA: *The Wisdom Way of Knowing,* San Francisco: Jossey Bass, 2003.

BRUTEAU, BEATRICE: *God's Ecstasy: The Creation of a Self-Creating World,* New York: Crossroad, 1997.

CLÉMENT, OLIVIER: *The Roots of Christian Mysticism: Text and Commentary,* Hyde Park, NY: New City Press, 1993.

CORBIN, HENRY: *The Man of Light in Iranian Sufism,* Boston: Shambhala Publications, 1994.

COUSINS, EWERT H.: *Christ of the 21st Century,* Rockport, MA: Element, 1992.

Daniels, David: *The Essential Enneagram: The Definitive Personality Test and Self-Discovery Guide,* New York: HarperCollins, 2009.

Daniels, David: "Working with the Harmony Triads" in *Talk Monthly* (Online journal of the Enneagram Association in the Narrative Tradition), Mai 2012.

Delio, Ilia: *Christ in Evolution,* Maryknoll, New York: Orbis Books, 2008.

De Lubac, Henri: *Teilhard de Chardin: The Man and His Meaning,* New York: Hawthorn Books, 1965.

Dillard, Annie: *Holy the Firm,* New York: Harper and Row, 1977.

Faivre, Antoine und Jacob Needleman [Hrsg.]: *Modern Esoteric Spirituality,* Band 21 aus der Reihe *World Spirituality: An Encyclopedic History of the Religious Quest,* New York 1992.

Greene, Brian: *The Elegant Universe,* New York: Vintage Books, 1999; deutsch: *Das elegante Universum: Superstrings, verborgene Dimensionen und die Suche nach der Weltformel,* München: Goldmann Verlag, 2005.

Gurdjieff, G.I.: *Aus der wirklichen Welt – Gurdjieffs Gespräche mit seinen Schülern,* Basel: Sphinx Verlag, 1982.

Gurdjieff, G.I.: *Beelzebubs Erzählungen für seinen Enkel: Eine objektiv unparteiische Kritik des Lebens des Menschen,* 3 Bände, Basel: Sphinx Verlag, 1981.

Gurdjieff, G.I.: *Begegnungen mit bemerkenswerten Menschen* [*All und Alles,* Zweite Serie], Freiburg im Breisgau: Aurum Verlag, 1978.

Gurdjieff, G.I.: *Das Leben ist nur dann wirklich, wenn »Ich Bin«* [*All und Alles,* Dritte Serie], Basel: Sphinx Verlag, 1987.

Halevi, Z'ev ben Shimon: *The Kabbalistic Tree of Life,* Kabbalah Society, Tree of Life Publishing Company, 1972, 2009.

Haught, John F.: *God beyond Darwin: A Theology of Evolution,* Boulder, CO: Westview Press, 2000.

Helminski, Kabir: *Living Presence: A Sufi Way to Mindfulness and the Essential Self,* New York: Jeremy Tarcher, 1992.

Hurley, Kathleen und Dobson, Theodore: *My Best Self: Using the Enneagramm to Free the Soul,* New York 1993.

Johnson, Elizabeth: *She Who Is: The Mystery of God in Feminist Theological Discourse,* New York: Crossroad, 1992; deutsch: *Ich bin, Die Ich bin,* Düsseldorf: Patmos Verlag, 1994.

King, Ursula: *Christ in all Things,* Maryknoll, NY: Orbis Books, 1977.

King, Ursula: *Towards a New Mysticism: Teilhard de Chardin & Eastern Religions,* New York: Seabury Press, 1980.

LaCugna, Catherine Mowry: *God for Us: The Trinity and Christian Life,* San Francisco: HarperSanFrancisco, 1991.

Leloup, Jean-Yves: *The Gospel of Mary Magdalene,* Rochester, VT: Inner Traditions, 2002.

Lipsey, Roger: *Gurdjieff in neuem Licht: Sein Leben, sein Werk, sein Vermächtnis,* Xanten: Chalice Verlag, 2020.

Lovejoy, Arthur: *The Great Chain of Being,* Cambridge, MA: Harvard University Press, 1936, 1964.

Luke, Helen: *Old Age,* New York: Parabola Books, 1987.

Maitri, Sandra: *The Spiritual Dimension of the Enneagram: Nine Faces of the Soul,* New York: Tarcher / Penguin, 2000.

Marion, Jim: *Putting on the Mind of Christ,* Charlottesville, VA: Hampton Roads, 2000; deutsch: *Der Weg zum Christus-Bewusstsein,* Petersberg: Via Nova, 2003.

Merton, Thomas: *Conjectures of a Bystander,* New York: Doubleday Image, 1966.

Merton, Thomas: "Hagia Sophia" in *A Thomas Merton Reader,* herausgegeben von Thomas McDonnell, New York: Doubleday Image Books, 1989.

Moore, James: *Gurdjieff: The Anatomy of a Myth,* Rockport, MA: Element, 1991; deutsch: *Georg Iwanowitsch Gurdjieff: Magier, Mystiker, Menschenfänger,* Bern: Scherz Verlag, 1992.

Needleman, Jacob: *Lost Christianity,* New York: Doubleday, 1985.

Needleman, Jacob: *What Is God?,* New York: Jeremy Tarcher / Penguin, 2009.

Nicoll, Maurice: *The New Man,* New York: Penguin Books, 1983; deutsch: *Ich bin der Weg,* Frankfurt am Main: Sten-Verlag, 1950.

Nicoll, Maurice: *Psychological Commentaries on the Teaching of Ouspensky and Gurdjieff,* five volumes, London: Watkins Publishing, 1976; London and Boulder: Shambhala Publications, 1984.

O'Connor, Flannery: "Good Country People" in Flannery O'Connor: *The Complete Stories,* New York: Hartcourt Brace Jovaovich, 1977.

Ouspensky, P.D.: *Auf der Suche nach dem Wunderbaren – Perspektiven der Welterfahrung und der Selbsterkenntnis,* Bern, München Wien: Otto Wilhelm Barth-Verlag, 1993.

Palmer, Helen: *The Enneagram: Understanding Yourself and the Others in Your Life,* San Francisco: Harper and Row, 1988.

Panikkar, Raimon: *Christophany: The Fullness of Man,* Maryknoll, NY: Orbis Books, 2004; deutsch: *Christophanie: Erfahrung des Heiligen als Erscheinung Christi,* Herder, Freiburg 2006.

Panikkar, Raimon: *The Trinity and the Religious Experience of Man,* New York: Orbis Books, 1973; deutsch: *Trinität: Über das Zentrum menschlicher Erfahrung,* München: Kösel, 1993.

Pramuk, Christopher: *Sophia: The Hidden Christ of Thomas Merton,* Collegeville, MN: Liturgical Press, 2009.

Rahner, Karl: »Bemerkungen zum dogmatischen Traktat *De Trinitate*« in *Schriften zur Theologie,* Einsiedeln 1960, Band 4.

Rahner, Karl: *Der eine Gott und der dreieine Gott: Das Gottesverständnis bei Christen, Juden und Muslimen,* München u.a.: Schnell und Steiner, 1983.

Riso, Don Richard und Hudson, Russ: *Understanding the Enneagram,* New York: Houghton Mifflin Harcourt, 1990.

De Salzmann, Jeanne: *Die Wirklichkeit des Seins,* Xanten: Chalice Verlag, 2017.

Schuon, Frithof: *Von der inneren Einheit der Religionen,* Freiburg: Verlag Hans-Jürgen Maurer, 2007.

Shapiro, Rami: *The Divine Feminine in Biblical Wisdom Literature,* Woodstock, VT: Skylight Paths, 2005.

Sviri, Sara: *The Taste of Hidden Things,* CA: Golden Sufi Center, 1997.

Tarnus, Richard: *The Passion of the Western Mind,* New York: Ballantine Books, 1991.

Teilhard de Chardin, Pierre: *Activation of Energy,* translated by René Hague, New York: Hartcourt Brace Jovaovich, 1970.

Teilhard de Chardin, Pierre: *Christianity and Evolution,* translated by René Hague, New York: Hartcourt Brace Jovaovich, 1971.

Teilhard de Chardin, Pierre: *The Divine Milieu: An Essay on the Interior Life,* translated by William Collins, New York: Harper and Row, 1960.

Teilhard de Chardin, Pierre: *The Phenomenon of Man,* translated by Bernard Wall, New York: Harper and Row, 1959.

TEILHARD DE CHARDIN, PIERRE: *Science and Christ,* translated by René Hague, New York: Harper and Row, 1968.

TOMBERG, VALENTIN: *Meditations on the Tarot,* Rockport, MA: Element, 1993; deutsch: *Der wandernde Narr: Die Liebe und ihre Symbole – Eine christliche Tarot-Meditation,* Luxembourg: Kairos Edition, 2007.

VAUGHAN-LEE, LLEWELLYN: *The Bond with the Beloved,* Inverness, CA: The Golden Sufi Center, 1993.

WELWOOD, JOHN: *Toward a Psychology of Awakening,* Boston: Shambhala Publications, 2000.

WILBER, KEN: *The Eye of the Spirit,* Boston: Shambhala, 1997.

WILBER, KEN: *Integral Spirituality,* Boston: Shambhala, 2006; deutsch: *Integrale Spiritualität,* München: Kösel, 2007.

YOUNG, ARTHUR: *The Reflexive Universe,* Mill Vallery, CA: Robert Briggs Associates, 1986.

Über die Autorin

Cynthia Bourgeault ist eine amerikanische zeitgenössische Mystikerin, Leiterin von Einkehrtagen und international bekannte Autorin und Referentin. Die Doktorin der Mediävistik und Priesterin der episkopalen anglikanischen Kirche lebt in einer Einsiedelei auf Eagle Island vor der Küste von Maine und hält weltweit eine große Zahl von Vorträgen und Seminaren zum Thema des christlichen kontemplativen Pfades. Neben ihrer wissenschaftlichen und theologischen Ausbildung studierte sie viele Jahre in einer Gurdjieff-Schule und beschäftigte sich auch intensiv mit dem Sufismus sowie den mystischen Traditionen des Ostens. Sie engagiert sich für den interspirituellen und interreligiösen Dialog und ist eine der führenden Lehrerinnen der Praxis des Gebets der Sammlung (oder des zentrierenden Gebets) nach Thomas Keating, Bruno Barnhart und Richard Rohr, mit denen sie jahrelang eng zusammengearbeitet hat. Cynthia Bourgeault war eine Gründungsdirektorin der Aspen Wisdom School wie auch der Contemplative Society bei Vancouver, Kanada, wo sie lange als Lehrerin und Beraterin tätig war. Sie hat zahlreiche Artikel für internationale Fachmagazine sowie rund ein Dutzend Bücher zur kontemplativen Praxis und zur christlichen Weisheitstradition verfasst.

Weiterführende Informationen unter
www.cynthiabourgeault.org

Register

J

K

L

M

Der Chalice Verlag widmet sich
der Publikation von wertvollen Texten
aus verschiedenen spirituellen Traditionen

Unser gesamtes aktuelles Verlagsprogramm sowie
weiterführende Textbeiträge, Audioaufnahmen und Videos
finden Sie auf unserer Webseite

www.chalice-verlag.com

Wie Sie unsere Arbeit unterstützen können

Gute Bücher mit anspruchsvoller Literatur zu machen,
ist heutzutage ein steiniges Unterfangen, besonders
für kleine Verlage, die knappe finanzielle Mittel
mit umso mehr Herzblut wettmachen müssen.
Wir sind ein nicht-profitorientierter Kleinverlag,
arbeiten für weniger als ein Taschengeld und reinvestieren
alle unsere Erträge in neue Buchprojekte.

Wenn Sie den Chalice Verlag unterstützen möchten,
freuen wir uns natürlich über jeden Kauf und
jede Weiterempfehlung der von uns verlegten Bücher.
Auch falls Sie uns eine Spende zukommen lassen möchten,
die uns neue Buchprojekte ermöglichen hilft und
unsere Verlagsarbeit fördert, danken wir Ihnen von Herzen.

Unsere Bankverbindung:
Iban-Nr. DE89 3545 0000 1150 0050 54 · Bic WELADED1MOR

Unser PayPal-Konto: kontakt@chalice-verlag.com

Chalice Verlag

Wenn Sie all das, was Sie über Jesus zu wissen *glauben,* beiseitelegen und die Evangelien lesen, als wäre es das erste Mal, geschieht Bemerkenswertes: Jesus begegnet Ihnen als ein Meister der Weisheit, der eine Transformation von Herz und Bewusstsein lehrt, welche die Kraft hat, unser Leben vollständig zu verwandeln. Cynthia Bourgeault, die episkopale anglikanische Priesterin und Kontemplationslehrerin, bietet eine mystisch inspirierte und wissenschaftlich fundierte Neubetrachtung der Frohen Botschaft Christi: eine exzellente Auslegung der glänzenden Vision des Jesus von Nazareth, die mutig aufräumt mit den überkommenen Dogmen einer patriarchalischen und paternalistischen Theologie und die innere Bedeutung der christlichen Mysterien frisch und intelligent beleuchtet. Unter Einbezug der jüngsten Erkenntnisse der Bibelforschung, neuer Quellen wie der Evangelien des Thomas und der Maria Magdalena sowie von spirituellen Einsichten auch aus anderen Weisheitstraditionen erklärt die Autorin mit viel Esprit und einer guten Prise Humor, wie wir die Worte und Gleichnisse Jesu über den Verstand in unser Herz bringen und sie in unserem Alltagsleben aufblühen lassen können. In einem großen Praxisteil gibt sie zusätzlich wertvolle Anleitungen aus ihrer jahrelangen Erfahrung mit Übungen wie dem zentrierenden Gebet oder dem Gebet der Sammlung, der Textmeditation der *lectio Divina* sowie der »Willkommensübung« und dem Chanten oder Singen von heiligen Texten wie den Psalmen.

ISBN 978-3-942914-44-4
260 Seiten

Ein weises Wort besagt: Die dunkelste Stunde liegt kurz vor der Morgendämmerung. Ebenso wissen wir: Alles Leben beginnt im Dunkel. Warum also fürchten wir die Dunkelheit und versuchen so angestrengt, sie zu meiden? Könnte es sein, dass wir große Möglichkeiten vertun, wenn wir den dunklen Aspekten und Phasen unseres Lebens um jeden Preis zu entfliehen versuchen? Noch bevor Licht war, war Gott. Tatsächlich erschuf Er alles – das Universum, die Welt und uns als Sein Abbild, Sein Gleichnis und Seinen Atem – aus der tiefsten Dunkelheit heraus. In diesem geistreichen und ermutigenden Buch untersucht der Mystiker, Priester, Theologe und Psychologe Paul Coutinho, weshalb selbst gläubige Menschen sich vor Zeiten des Dunkels, des Schmerzes, der Veränderung und des Sterbens fürchten, wo wir doch alle wissen müssten, dass ohne Dunkelheit auch kein Licht auf unseren Lebensweg fallen und uns nach Hause leiten könnte. Mit seinem undogmatischen östlichen Blick auf eine gelebte christliche Spiritualität und anhand eindrücklicher Geschichten aus seiner eigenen Lebens- und Berufserfahrung in Indien und den USA zeigt uns der Autor, wie wir unsere Angst vor diesem Dunkel überwinden und gestärkt aus persönlichen Krisen hervorgehen können. Indem wir die wichtige Rolle der Dunkelheit auf unserer spirituellen Reise verstehen lernen, vermögen wir die Göttliche Liebe an Orten und zu Zeiten zu erfahren, wo wir sie am wenigsten vermuten.

ISBN 978-3-905272-25-3
148 Seiten

Ein mutiger Glaube erfordert einen großen Gott. In welche beschränkten Vorstellungen und Konzepte haben Sie das Göttliche eingesperrt? Falls Ihre Beziehung zu Gott distanziert oder beiläufig und Ihre Erfahrung des Göttlichen im Leben lau oder berechenbar geworden sind, lädt Paul Coutinho Sie ein, daran zu glauben, dass Gott größer ist – viel, viel größer! Jenseits von theologischem Dogmatismus und konfessioneller Schrebergärtnerei ist dieses Buch eine grandiose Aufforderung, in unserem Glauben tiefer zu leben und stärker zu wachsen, indem wir einen Gott umarmen, Dessen Liebe wahrhaftig keine Schranken kennt. Der aus Indien stammende und in den USA lehrende Priester, Psychologe und Theologe begeistert mit seinen Schriften und Vorträgen, die sich – mit einem östlichen Blick auf unsere westliche Spiritualität – der unermüdlichen Suche des Herzens nach dem Göttlichen widmen und unserem Verlangen, das Leben in seiner ganzen Fülle zu erfahren. *Wie groß ist dein Gott?* ist ein wunderbarer Wegweiser aus engen Bachläufen hinaus in den Fluss des Lebens und ins offene Meer des Göttlichen. Der Autor ermutigt uns mit aus dem Leben gegriffenen Geschichten, einer guten Prise Humor und wertvollen Inspirationen für unseren persönlichen Alltag, Herz und Verstand zu gebrauchen, sodass wir die unermessliche Weite Gottes erfahren können. Wir beginnen zu erkennen, dass eine immer tiefere Beziehung mit dem Göttlichen der wahre Zweck jeglicher Religion ist.

ISBN 978-3-942914-24-6
172 Seiten

Das Johannesevangelium ist einer der bekanntesten und schwierigsten Texte des Neuen Testaments und hat mit seiner poetischen Schönheit und tiefen Spiritualität schon sehr viele Interpreten beschäftigt. Von besonderer Kraft und klarer Vision ist die Deutung von Johannes Scotus Eriugena, des irischen Weisen aus dem neunten Jahrhundert. Seine *Homilie* über den Prolog dieses Evangeliums, die im Mittelalter sehr einflussreich war, ist eines der frühesten Zeugnisse der keltisch-christlichen Mystik und deutet die Schrift außergewöhnlich originell und inspiriert. Auf den Schwingen des Adlers (dem traditionellen christlichen Symbol für Johannes) trägt uns Eriugena empor und lässt uns den Ursprung des Universums und unser eigenes Wesen aus einer Perspektive schauen, die weit über die Welt der Erscheinungen hinausgeht. Für Eriugena ist Gott transzendent in Seinem unerschaffenen Wesen und gleichzeitig immanent in Seiner erschaffenen Natur. Diese hat sich im Anfang von Gott entfremdet und ist nun aufgefordert, zu Ihm zurückzukehren. Jesus, das Fleisch gewordene Wort, erinnert den Menschen an sein wahres Wesen und seine Bestimmung zur Rückkehr in die Einheit allen Seins.

Dieses Buch erschließt die Homilie Eriugenas in der wunderbaren Übersetzung und mit den ausführlichen Reflexionen von Christopher Bamford, dem renommierten Autor und Herausgeber auf dem Gebiet der westlichen Spiritualität.

ISBN 978-3-905272-86-4
228 Seiten

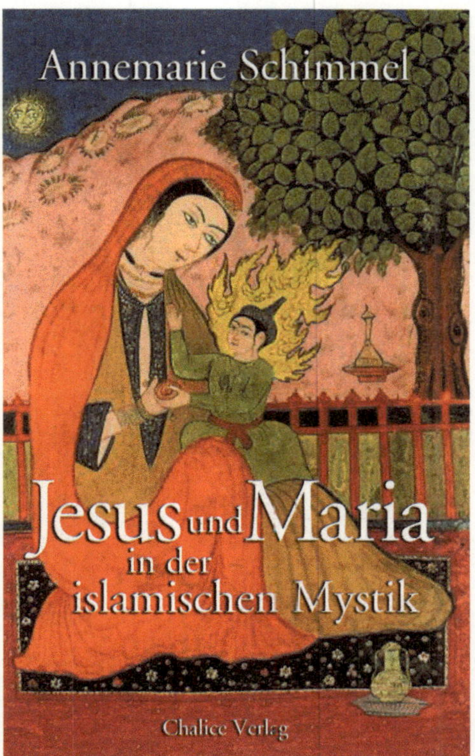

Nur wenige Christen wissen, dass Jesus in 15 Suren und 93 Versen des Korans erwähnt wird und Maria gar die einzige darin namentlich genannte Frau ist. Jesus gilt im Islam als der letzte Prophet vor Mohammed und als ein großer Gesandter, ja sogar als »Geist und Wort Gottes«. Auch wenn sie die christliche Vorstellung der Gottessohnschaft nicht teilen können und die Geschichte der Kreuzigung anders erzählen, bezeugen viele Muslime, so wie es auch Mohammed getan hat, ihren großen Respekt vor der Jungfrau Maria und ihrem Sohn Jesus, der nach islamischem Verständnis am Jüngsten Tag wiederkehren, den Antichristen besiegen und die Menschen zum wahren Glauben führen wird. Dabei eröffnen die insbesondere im Sufismus verbreiteten, höchst interessanten Interpretationen der Verkündigung, der Empfängnis und der Geburt Jesu, seiner Wundertätigkeit und seiner Funktion und Bedeutung als *Rūḥ Allāh* überraschende Einblicke, die für manchen Christen sehr inspirierend sein dürften. Die weltbekannte Orientalistin Annemarie Schimmel präsentiert hier die religiösen, volkstümlichen und literarischen Bilder und Erzählungen der islamischen Welt über Jesus und Maria in einer umfassenden Darstellung und mit einer großen Auswahl wundervoll übersetzter und lehrreich kommentierter Textstellen. Damit veranschaulicht sie, von welch immenser Bedeutung diese beiden zentralen Gestalten für einen verständnisvollen und fruchtbaren christlich-islamischen Dialog sind.

ISBN 978-3-942914-30-7
164 Seiten

»Komm, komm, wer immer du bist…« Das Lebenswerk von Dschalāl ad-Dīn Rūmī (1207–1273), des wohl bekanntesten Vertreters des Sufismus und, neben Hafis, bedeutendsten Dichters persischer Sprache, ist eine Verstand und Herz ergreifende Einladung, die vielfarbige Schönheit und spirituelle Tiefe der islamischen Mystik kennenzulernen. Ob in seinem berühmten Lehrgedicht *Masnawī,* in seinen philosophisch-theosophischen Prosaschriften oder in der auf ihn zurückgehenden Drehtanz-Zeremonie der Mevlevi-Derwische – Rūmīs unerschöpfliche Kreativität ist ein permanentes Umkreisen des Geheimnisses von Gott, dem Geliebten und der Liebe. Wie nachhaltig sein Wirken konfessionelle Schranken und kulturelle Epochen überwand, demonstrieren die Tausenden von Trauernden aus allen Religionsgemeinschaften, die bei der Beisetzung im türkischen Konya an seinem Sarg vorüberzogen, wie auch die Tatsache, dass er noch heute als einer der meistgelesenen Poeten in den Vereinigten Staaten gilt. In dieser exzellenten Biografie zeichnet die renommierte Sufismus-Kennerin ein überzeugendes Bild von Leben und Werk des großen Mystikers und seiner historischen, politischen, kulturellen und theologischen Hintergründe. Sie lässt uns eintauchen in seine Liebes- und Glaubenseinsichten, die sie mit einer exquisiten Auswahl seiner wundervollen Texte illustriert. Entzückt lauschen wir Rūmīs Sehnsuchtsmelodien nach der Einheit und lassen uns in den Bann seiner Gottesfreude ziehen.

ISBN 978-3-942914-19-2
228 Seiten

»Das gesamte *Masnawī* endlich auf Deutsch in Versform – eines der wichtigsten Werke in der Geschichte der religiösen Literatur.«

Navid Kermani
Friedenspreisträger des Deutschen Buchhandels

❧

Das *Masnawī* des großen persischen Dichters Dschalāl ad-Dīn Rūmī zählt nicht nur zu den Schlüsselwerken des Sufismus und den hellsten Glanzlichtern orientalischer Lyrik und islamischer Poesie, es gehört ebenso zu den bedeutendsten Werken der Weltliteratur und hat über Jahrhunderte hinweg Bewunderung in allen Kulturkreisen gefunden. Die hier in einer zweibändigen Gesamtausgabe von insgesamt über 1500 Seiten vorliegende kongeniale Übertragung aus dem persischen Original ist die erste deutsche Versübersetzung des *Masnawīs* mit seinen sechs Büchern zu je rund viertausend Doppelversen und ist vollständig in Blankversen gehalten, der in der deutschen wie auch in der englischen Literatur klassischen reimlosen Versform.

❧

»Wenn es je einen inspirierten Dichter unter den Muslimen gegeben hat, so war es gewisslich Rūmī. Er soll seine Verse größtenteils in einer Art Verzückung diktiert haben. Seine Bildersprache spiegelt die gesamte Bildungswelt seiner Zeit. Man ist immer wieder überrascht, wie frisch und lebendig die Dialoge wirken.«

Annemarie Schimmel
Friedenspreisträgerin des Deutschen Buchhandels

978-3-942914-51-2
760 Seiten

978-3-942914-52-9
ca. 800 Seiten

Im spirituellen Schrifttum des Islams stellt die *Abhandlung über die Liebe* einen Höhepunkt dar; sie ist im Ganzen wie im Detail ein vollendetes Meisterwerk. Alles, was vor Ibn 'Arabī zu diesem, insbesondere für das esoterische Verständnis des Korans so zentralen Thema gesagt wurde, fasst der »größte Meister« hier zusammen, geht aber noch weit darüber hinaus. Kein spiritueller Lehrer hat seither derart wirklichkeitsgetreue, ursprüngliche, tiefgründige und vollständige Sichtweisen auf das Wesen und die Essenz der Liebe dargestellt.

In dem hier zum ersten Mal auf Deutsch vorliegenden Kapitel 178 seiner umfangreichen *Mekkanischen Eröffnungen* beleuchtet der »Lehrer der Sufis« alle Formen der Liebe, die natürliche oder physische, die spirituelle und die Göttliche. Die falsche, im Westen – heutzutage wie auch in der Vergangenheit – verbreitete Meinung, der Islam sei lediglich eine Religion der Strenge und formaler Vorschriften, in der Göttliche Transzendenz alles derart aufsauge, dass ein menschliches Wesen nicht einmal mehr an der Liebe teilhaben könne, wird hier mit großer Einblickskraft in die tiefsten Zusammenhänge und in poetischer Sprache richtiggestellt.

ISBN 978-3-905272-74-1
280 Seiten

Sex ist eine der machtvollsten Kräfte in unserem Leben, und doch vermögen nur die wenigsten Menschen, ihn ganzheitlich zu betrachten. Weit über Fortpflanzung und Vergnügen hinaus kommt ihm besondere Bedeutung für die spirituelle Transformation des Menschen zu. Suchenden, denen sich zu diesem Thema schwierige Fragen stellen, bietet dieses Buch neue Denkanstöße und überraschende Blickwinkel auf eines der größten Wunder und tiefsten Rätsel der Schöpfung. In den hier zusammengestellten Auszügen aus seinen Vorträgen behandelt der Naturwissenschaftler, Philosoph und spirituelle Lehrer Bennett Themen wie den Ursprung der Sexualität, ihr Verhältnis zur Liebe, die Bedeutung des Geschlechtsakts, die komplementären Rollen von Mann, Frau und Kind, Ehe und Partnerschaft, Fortpflanzung, Elternschaft, Kreativität, »negativen Sex« sowie psychologische und gesellschaftliche Aspekte.

»Die innere Spaltung des Menschen ist die Trennung seiner geistigen und materiellen Hälften. Sie führt zur Unzufriedenheit und Suche, die seine Transformation erst ermöglichen. Die wirkliche Freude am Sex liegt weder in gedanklicher Stimulation noch in emotionaler Erregung, sondern in verbesserter Klarheit, Kraft und Stärke der Erfahrung auf allen Ebenen. Im Geschlechtsakt können wir wahrhaft wir selbst sein, und dies sollte uns in Sachen Sex sehr feinfühlig machen.«

ISBN 978-3-942914-06-2
120 Seiten

Eine ebenso spannende wie humorvolle, tiefgründige wie lehrreiche Liebes- und Abenteuergeschichte über Verlust und Neubeginn, über den Auszug aus der eigenen kleinen Welt und das Erwachen im großen Unbekannten. Es treten auf: Daud, ein erfolgreicher Kaufmann von der Mittelmeerinsel Aruad; Takla, eine junge Köchin im berühmten Nonnenkloster von Saidnaya; und Shams, ein alter Ziegenbock aus den Hügeln über Damaskus. Diese drei Unerschrockenen begleitet die *Damaszener Trommel* durch die syrische Landschaft des neunzehnten Jahrhunderts, mit ihrem vielgesichtigen Kaleidoskop von Völkern, Kulturen und Religionen aus der Levante, auf ihrer abenteuerlichen Reise durch Zeit und Raum und darüber hinaus. Eine zauberhafte Erzählung über Liebe und Selbsterkenntnis, Mut und Vertrauen, Schicksal und Bestimmung, Hingabe und Freiheit. In dieser modernen Tausendundeine-Nacht-Geschichte voller Überraschungen erleben wir die Abgründe des allzu Menschlichen und höchste Menschlichkeit, Niedertracht und Großmut, kriminelle Machenschaften und spirituelle Höhenflüge und begegnen Bösewichten und Helden, Narren und Weisen – und jeder Menge Ziegen. Christopher Ryan studierte Persisch und Osmanisch und schrieb als profunder Kenner der Menschen und Traditionen im Nahen Osten viele Jahre für englische Zeitschriften. In der *Damaszener Trommel* zieht er uns augenzwinkernd in den Bann einer höheren Wirklichkeit, die er im Stil des Magischen Realismus lebendig werden lässt.

ISBN 978-3-942914-21-5
300 Seiten

Ein Schatz tiefer Einsichten aus spiritueller Perspektive in das große Mysterium des Atems. Inspirierende Vorträge, praktische Übungsanleitungen und eine Auswahl poetischer Texte aus unterschiedlichsten Traditionen laden uns ein, den Atem als Wunder auf vielen Ebenen zu erforschen.

Was ist dieser Atem? Welche Bedeutung liegt in diesem Leben spendenden Geheimnis? Wie wichtig ist das bewusste Atmen für echte spirituelle Transformation? Was sagt uns die Tatsache, dass unser Leben all seine Möglichkeiten zwischen einem Einatmen und einem Ausatmen entfaltet? Wie hängt das alles mit dem Rhythmus des Universums und der Zeit zusammen? Welche Rolle spielt der Atem im »Werden des Seins« aus dem immerwährenden »Schoß des Augenblicks«? Wie können wir Nahrung einatmen und sie ins alchimistische Exilier destillieren, das wir für die nachhaltige Verwandlung unseres Lebens brauchen? Wie können wir ausatmen, um die Atmosphäre in einem Raum oder in einer Situation zu verändern, in Verantwortung für unsere Mitmenschen und für die »kommende Welt«? Was könnte es bedeuten, dass Jesus »auf dem Wasser wandelte« und dass »Atem und Geist eins sind«? Welches ist die esoterische Beziehung zwischen Maria, Jesus, dem Geist Gottes, *Rūḥ Allāh,* und Christus?

Vor dem Hintergrund seines lebenslangen Studiums der inneren Essenz der Sufi-Lehren liefert uns der Autor Gedankenanstöße und praktische Tipps zur Atemarbeit in unserem Alltag.

ISBN 978-3-942914-09-3
172 Seiten

Guter Geschmack will gelernt sein: *Le bon-goût s'apprend.* Das gilt insbesondere für das spirituelle Schmecken der Einheit des Seins. In dieser einzigartigen Anthologie beschreiben liebestrunkene Sufis, wahrheitshungrige Gnostiker, erkenntnisdurstige Geisterseher und verschmitzt-weise Skandalgurus, hingebungsvolle Brotbäcker, humorbegnadete Geschichtenerzähler, ägäisverzauberte Lebensreisende und extremfastende Meisterspione Möglichkeiten und Wege, das Feine vom Groben zu unterscheiden, das Obere mit dem Unteren zu verbinden und so die scheinbare Trennlinie zwischen dem Körperlichen und dem Spirituellen zu überwinden. Wenn wir die ›Küchenarbeit an uns selbst‹ in der richtigen, nämlich dienenden Haltung angehen, kultivieren wir in uns diesen guten, feinen Geschmack für die Nähe Gottes. Bewusstes Kochen und Gekochtwerden lässt uns die Heiligkeit in der Transformation von Äußerem und Innerem entdecken.

Neben Ausgesuchtem von Dschalāl ad-Dīn Rūmī, Bahauddin Walad, Hafis, Khalil Gibran, Bülent Rauf, Reshad Feild, Muzaffer Ozak, G.I. Gurdjieff, P.D. Ouspensky, Idries Shah, Osho, Scotus Eriugena, Emanuel Swedenborg oder Henry Miller finden sich hier zum ersten Mal auf Deutsch vorliegende Trouvaillen von Annemarie Schimmel, Muḥyīddīn Ibn ʿArabī, John G. Bennett, Christopher Bamford und Paul Dukes.

ISBN 978-3-942914-20-8
324 Seiten

Was ist das Wesen des Kindes? Was bedeutet Kind*heit* als Archetyp, als spirituelles Ideal und lebendige Wirklichkeit? Wie können wir Kindern helfen, das zu werden, was zu sein sie von der Schöpfung gedacht sind? Was können wir von ihnen lernen, da wir doch aufgerufen sind, zu werden wie sie? Wie können wir ihnen in liebender Achtsamkeit begegnen und ihnen die Art von Nahrung verschaffen, die sie in unserer Zeit brauchen? Dieses Lesebuch bietet Denkanstöße, Erfahrungsberichte und Verhaltensvorschläge aus dem Weisheitsschatz der mystischen Überlieferungen der verschiedenen Religionen wie auch von maßgeblichen Wegbereitenden einer neuen ganzheitlichen Pädagogik. Nicht nur Eltern, Betreuende und Erziehende sind hier angesprochen, sondern alle, die die »versöhnende Kraft des Kindes« (Gurdjieff) verstehen möchten, die »Achtung haben vor den Geheimnissen und den Schwankungen der schweren Arbeit des Wachsens« (Janusz Korczak) und die es sich zur Aufgabe machen, das Kind als »lebendiges menschliches Bild der Wahrheit zu umsorgen« (Bülent Rauf). Und weil letztlich »alle Bildung Selbstbildung ist« (Edith Stein), geht es dabei immer auch um unser »inneres« Kind, das, »wenn die Zeit reif ist, in uns geboren wird« (Reshad Feild). Dieses Buch kann uns helfen, zu verstehen und unsere Kinder zu lehren, was Gott zu jeder und jedem Einzelnen von uns sagt: »Du bist Mein Schmuck; du bist Meine Schönheit; du bist Meine Vollkommenheit; du bist Mein Name« (al-Dschīlī).

ISBN 978-3-942914-34-5
480 Seiten